KB267415

지은이 **르네 빠딜라** C. René Padilla

르네 빠딜라는 남미의 뛰어난 복음주의 신학자이다.
부에노스 아이레스의 카이로스 재단과 남미신학협회의 창립자이며, 현재 미가네트워크의 회장이고, 영국과 아일랜드의 Tear Fund와 IFES를 섬기고 있다.
빠딜라는 스토트와 함께 로잔언약을 주도하였으며 제3세계 복음주의자들을 대변하는 대표 주자이다. 이 책은 1985년 영어로, 1986년 서반아어로, 그 뒤로 포르투갈어, 독일어, 스웨덴어, 한국어로 번역·출판되었다.

옮긴이 **이 문 장**

역자는 고려대학교 영어영문학과(BA), 총신대학교신학대학원(M.div.)과 미국 고든-코넬 신학교(Th.M.), 미국 예일대학교 신학부(STM), 영국 에딘베러대학교 신학부(성경해석학 전공) 박사(Ph.D.)과정을 마치고 에딘버러대학교와 고든-코넬 신학교에서 교수로 학생들을 가르쳤다. 지금은 두레교회 담임으로 교회를 섬기고 있다.

Published in English under the title ;
   Mission Between the Times : Essays on the Kingdom (Revised & Updated)
      by C. René Padilla
      published by Langham Monographs :
      PO Box 296, Carlisle, Cumbria, CA3 9WZ, United Kingdom
All rights reserved.

Used and translated by the permission of C. René Padilla
Korean Edition Copyright ⓒ 2012 Daejanggan Publisher. in Daejeon, South Korea.

복음에 대한 새로운 이해(개정증보판)

지은이   르네 빠딜라
옮긴이   이문장
초판발행   2012년 7월 27일

펴낸이   배용하
책임편집   윤순하
교열·교정   이승은, 이준용
등록   제364-2008-000013호
펴낸곳   도서출판 대장간
           www.daejanggan.org
           대전광역시 동구 삼성동 285-16번지
           전화 (042) 673-7424 전송 (042) 623-1424

ISBN   978-89-7071-264-2

 값 13,000원

복음에 대한 새로운 이해

르네 빠딜라 지음

이문장 옮김

MISSION
BETWEEN THE TIMES

C. René Padilla

| 추천의 글 |

좋은 책, 좋은 신학 또는 좋은 선교학을 판별하는 기준은 시간이다. 본
서의 내용은 25년 전, 책이 처음 쓰였던 때처럼 지금도 유효하다. 많은 사
람이 우상숭배의 유혹을 경고하고, 저항하기 어려운 자기중심적 상황 속
에서, 선교사들에게 그들의 진정한 충성도를 되새기려고 쓰인 이 책은 들
을 귀가 있는 사람이나 볼 수 있는 눈이 있는 사람들에게 매우 시의적절하
게 출판되었다. 기독교의 과거 중심지 너머에 살고 있는 오늘날 하늘나라
시민들 대부분은 빠딜라의 날카로운 성경적 사고를 필요로 한다. 이 책은
오늘과 같은 시대를 위한 책이다.

조나단 방크 Jonathan J. Bonk
해외사역연구센터Overseas Ministries Study Center 상임이사

『복음에 대한 새로운 이해』는 현대 선교학의 고전과 같은 책이다. 르네
빠딜라는 라틴아메리카와 세계 곳곳에서 복음주의적 선교 사역을 감당하
는 동안 이 책에 들어갈 글을 썼다. 선교학 교과서로 탁월한 이 책은 선교
현장 사역자가 하나님의 말씀에 비추어 자신의 현장 사역 경험을 반성하
는 방식을 보여주고 있다.

사무엘 에스코바 Samuel Escobar
파머신학대학Palmer Theological Seminary 선교학 명예교수

신명기 18장에 따르면, 참 예언자는 하나님이 주신 말씀만 선포하는 자
이다. 이 정의에 따르면, 르네 빠딜라는 거의 반세기 동안 신실하게 복음
주의 진영에서 교회의 통전적 선교에 관한 하나님의 진리를 선포한 사람

이기에 참 예언자라 말할 수 있다. 나는 본서의 개정판이, 들어야 할 것을 들을 기회를 제공하고 있어 아주 기쁘게 생각한다. 통전적 선교에 대해 복음주의 진영이 새로운 인식을 하게 된 이야기들은 그 과정에서 결정적 역할을 한 사람에게서 나온 이야기로 굉장한 가치가 있다. 또한, 앞으로 개최될 제3차 로잔회의의 조직원과 대표자에게 던지는 도전은 필요하면서도 적절한 것이다.

듀이 휴즈 Dewi Hughes
Tearfund UK의 신학고문

우리는 르네 빠딜라에게 빚을 졌다. 지난 세월 그의 통전적 선교에 대한 글과 가르침은 1) 신약 학자며, 2) 남반구 출신이며, 3) 열정적인 예수의 제자인 한 특별한 선교학자의 확신과 통찰을 보여준다. 그의 가르침은 예언적이며, 상처받은 세상에서 하나님의 법칙을 전하는 선교에 헌신되어 있다. 나는 "복음에 대한 새로운 이해"의 재발간을 축하하며, 독자들에게 서론에서 빠딜라가 제안하는 세 개의 긴급한 선교적 도전을 주의 깊게 볼 것을 강력하게 권고한다.

고든 킹 Gordon King
캐나다침례회 나눔의 길The Sharing Way, Canadian Baptist Ministries 이사

르네는 계속 하나님의 선교는 보내는 자와 받는 자간의 일방통행 방식의 교류가 아님을 상기시킨다. 이것은 궁극적으로는 하나님께 영광과 존

귀를 돌리게 되는 영적·경제적 그리고 사회적 발전 속에서 이루어지는 신적 동반자적 관계이다. 통전적이고 상호의존적으로 공동체를 변화시킬 열쇠는 교육, 의료, 빈곤 감소, 정의 그리고 통전적 선교의 상황 속에서 화합이다.

마이크 맥아담스 Mike McAdams
텍사스 브렌함, 선교리더십센터Center for Missional Leadership 의장

통전적 선교의 아버지인 르네 빠딜라의 예언자적 외침은 복음주의 세계에서 회자되고 있다. 성경적이고, 신실하고, 영감 있는 이 개정판의 핵심은 처음 책이 출간되었을 때처럼 긴급한 내용을 담고 있다. 나는 기쁜 마음으로 이 책이 기독교계 젊은 차세대 리더들에게 적절하다고 말할 수 있다.

대나 로버트 Dana L. S. Robert
World Christianity and Mission와 보스턴 대학 신학과 Truman Collins 교수

예수의 부르심은 통전적 선교에 헌신된 삶을 사는 것이다. 또한 급진적 제자도의 삶에 대한 도전, 예언자처럼 권력과 맞설 때 당하는 도전, 그리고 그리스도 주권의 증언자로서 이 창조세계를 돌볼 때 당하는 도전들에 맞서는 일이다. 이 책은 우리에게 이러한 부르심을 되새기게 한다.

캐시 로스 Cathy Ross
Crowther Centre for Mission Education와
J.V. Taylor Fellow in Missiology University of Oxford의 경영자

교회사에서 정해진 때에 하나님은 종들을 세우셔서 그의 백성을 복음에 대한 완전한 이해와 더 신실한 순종으로 부르셨다. 르네 빠딜라는 그러한 종들 중 한 명이다. 주님은 1974년 로잔회의에서의 그의 기조 연설을 사용하셔서 복음주의자들이 복음 전파와 사회 정치적 참여를 병행하는 길로 어려운 과정을 시작하게 하셨다. 이 책은 로잔회의 연설과 그 후 복음에 대한 신학적 고찰들을 다룬 다른 메시지를 포함하고 있다. 복음의 맥락화, 단순한 삶으로의 부르심, 하나님나라의 중심성, 동질집단 원리의 불충분성 등 다양한 주제를 탁월하게 제시하고 설명하고 있다. 이 책에 귀를 기울이는 독자들은 더욱 신실하게 하나님과 동행하는 데 필요한 성경적 원리들의 광맥을 찾게 될 것이다.

린디 스캇 Lindy Scott
Latin American Studies의 교수이자,
the Costa Rica Center, Whitworth University의 이사.

이 책에서 르네 빠딜라는 선교의 중요한 이슈들을 말하고 있다. 특별히 복음선포와 사회정의, 복음과 문화, 선교의 방법과 목표의 관계들을 하나님나라라는 큰 주제 아래서 다루고 있다. 빠딜라의 예언자적 가르침은 21세기 들어 등장한 많은 도전에 교회가 직면할 때 유익할 것이다.

다몬Damon W. K. So
Oxford Centre for Mission Studies

　1985년 이 책의 초판을 받았을 때, 이 좋은 책을 통해 똑같이 도전받고 격려받았던 것이 기억난다. 그래서 이 책이 개정되고, 보완되어 나온다는 소식을 들었을 때 기뻤다. 로잔언약 I 과 III사이의 40년 동안, 르네 빠딜라는 라틴아메리카 복음주의 진영에서 가장 존경받는 목소리였다. 그는 그의 인생을 라틴아메리카의 총체적 선교를 위해 바쳤을 뿐만 아니라 주류세계 교회의 목소리가 특별한 관심과 관점을 가지고 전세계에 전하는 것을 보장하려고 노력했다. 그는 1974년 이래 로잔 운동의 중요 회의에 여러 번 참석하였고, 나는 존 스토트와 르네, 그리고 지금은 주님께로 간 그가 사랑하는 아내 캐서린과의 강한 개인적 우정을 보았다. 존 스토트의 모범을 따르면서, 르네 빠딜라의 사역은 성경과 사회 참여에 귀를 기울이는 것과 관련된 말씀을 연구하는 데 몰두했다. 존 스토트가 로잔 운동과 랭햄 파트너십 Langham Partnership 모두의 설립자가 되었기에, 르네 빠딜라가 작업한 새로 개정된 책은 랭햄에 의해 로잔을 위해 출판된 것이다.

크리스토퍼 라이트 Christopher J. H. Wright
국제 랭햄 파트너십Langham Partnership International의 국제 이사.
로잔 신학 연구소lausanne theology Working Group 의장

| 인사말 |

제3차 로잔회의에 맞추어서 출판하도록 도와주신 랭함 문학의 피터 카완트Pieter Kwant와 팀원들, 국제 랭함 파트너십에 감사드립니다. 특별히 처음 글이 쓰인 이후, 시대에 맞는 언어교정을 봐준 그레첸 애비내티Gretchen Abernathy와 개혁표준성경에 맞는 성경인용을 확인해 준 버지니아 로빈슨Virginia Robinson과 편집을 맡은 이자벨 스티븐슨Isobel Stevenson에 감사합니다.

이 책은 1974년 7월 16일부터 25일까지 스위스 로잔에서 열린 세계 로잔 복음주의회의International Congress on World Evangelization에서 구성된 국제회의가 개최한 여러 컨퍼런스에 참여하며 발표했던 지난 10년간 글들의 모음이다. 영문판으로 여러 출판물에 이미 소개된 바가 있고, 일부는 모국어인 서반아어로 『오늘날 복음주의』El Evangelico Hoy라는 제목으로 출판했다. 미세한 교정 외에는 대부분 원본에 충실했다.

1974년 로잔회의에 대하여 「타임」지에서는 "역사상 가장 다양한 그리스도인이 모인 회의로 방대한 포럼이다"라고 묘사했다. 이 기사를 쓴 기자가 염두에 둔 것은, 2,473명의 참석자와 150개국 135개신교 종파를 대표하는 1,000명에 가까운 참관인이 모였다는 사실이다. 그러나 다양한 사람들이 모였다는 사실보다 중요한 것은, 로잔회의를 계기로 세계에 미친 영향이다. 복음주의자 레이튼 포드Leighton Ford의 말을 인용하면, "한 시대의 복음주의자들이 한마음으로 모였던 순간이 역사에 있었다면, 분명히 1974년 7월이었다. 로잔회의가 우리에게 미친 영향력은 가히 폭발적이었다. 모든 참석자와 선언문을 읽었던 각국의 수많은 그리스도인에게는 각성의 기회였다."

두 번째 글 「복음전도와 세상」The Evangelism and the World의 전반부는 로잔회의를 준비하면서 인도네시아어, 독어, 불어, 영어, 서반아어로 번역하여 위임자들에게 돌렸던 글 중 하나다. 후반부는 전반부 글을 읽고 세계각지에서 온 질문들과 견해에 대하여 대답하려는 의도로 만든, 회의의 주 발표 전문 중 하나다. 이 부분은 제이 디 더글라스J. D. Douglas가 편집하여

『땅이여, 하나님의 음성을 들어라』Let the Earth Hear His Voice라는 책으로 미리 출판된 공식적인 참고문헌이었다.

이 책의 세 번째 글인 「그리스도인이 된다는 의미」Spiritual Confilct는 로잔회의 이후 로잔언약 15개 항목에 대한 심포지엄에서 발표한 것이다. 로잔회의의 최고의 결과물 중 하나는, 존 스토트John Stott 목사님의 지도로 쓴 2,700자 15개 핵심항목으로 된 로잔언약이다. 로잔언약은 복음주의 진영이 기독교 선교의 좁은 견해와 복음의 왜곡에 대항하기로 한 행동이다. 로잔회의를 한 번의 행사로 보기보다 과정으로 여기고자, 우리 중 많은 이들이 로잔회의에서 시작된 토론을 계속해 나아갔다. 그러한 목적으로 우리는 로잔언약의 15개 항목에 대한 심포지엄을 열었다. 그 결과를 『복음주의의 새 얼굴』The New Face of Evangelicalism이라는 책으로 출판했다.

네 번째 글 「복음이란 무엇인가」는 원래 1975년 8월 9차 국제 복음주의 학생 선교회대회IX General Assembly of the International Fellowship of Evangelical Student(IFES)에서 발표했던 글이다. IFES는 20년간 내가 기독교 선교에 대한 나의 신학적 고찰을 분명하게 해준 학생운동이다. 이 글은 대회를 준비하면서 『오늘날의 복음』The Gospel Today으로 미리 출판되었다.

다섯 번째 글은 같은 해 데이빗 쿡David C. Cook 재단의 도움으로 미국 펜실베니아주 스트라운스버그 파인브룩 컨퍼런스 센터에서 열린 남미 국제 복음주의 논문을 위한 국제전문가회의에 「복음의 상황화」The contextual-izaton of the Gospel를 발표했다. 찰스 크라프트Charles H. Kraft와 톰 위슬리 Tom N. Wisley가 편집한 「역동적 문화고유성」의 논문모음집에도 실렸다. 또

일부는 로잔세계복음화회Lausanne Committee for World Evangelization(LCWE) 신학과 교육분과의 후원으로 1978년 1월 버뮤다의 윌로우뱅크에서 열린 복음과 문화의 전문가회의(이 또한 1974년 로잔회의의 또 다른 열매라 할 수 있다)에서 발표한 논문 「신학적 관점으로 본 문화와 해석학」에도 포함되었다. 그 회의의 기록으로 존 스토트와 로버트 쿠트Robert T. Coote가 편집한 『복음과 문화』Gospel and Culture가 나왔다.

여섯 번째 글은 1979년 11월 남미 신학혁렵체 개최로 페루 리마에서 열린 CLADE II(제2차 남미 복음주의회의)에서 발표한 「복음선포에서 그리스도와 적그리스도」Christ and Antichrist in the Proclamation of the Gospel이다. 1968년 1차 남미 복음주의회의(CLADE I, 1969년 11월 보고타에서 열렸다)와는 정반대로, 제2차 남미복음주의회의는 복음전도와 사회적 정치적 참여는 분리할 수 없다는 결론을 내렸다. "남미여 하나님의 목소리를 들을 지어다"라는 구호 아래 로잔언약을 큰 틀로 해서 남미 지역의 억압과 가난, 도덕적 타락의 현실, 권력남용의 현실과 동떨어지지 않은 메시지를 담고 있다. 원본은 1980년 11월 서반아어로 「파스토라리아」Pastoralia지(2권, 4-5호)에 출판되었고, 그 영문 번역은 「신학협력체 회보」Thelogical Fraternity Bulletin 1981년 1월-3월 판에 수록됐다.

일곱 번째 「선교의 완전성」The Fullness of Mission은 1978년 8월 뉴욕 메리놀에서 열린 국제선교학협회 제4차 컨퍼런스에 발표했던 것으로 그 후로 국제선교학 협회의 회원이 되었고, 「선교연구의 특별 회보」Occasional Bulletin of Missionary Research(1979년 1월)에 수록되었다.

　　로잔언약은 기독교 메시지를 타협하고, 청중을 조작하고, "통계에 과도하게 집착하거나 혹은 부정직하게 이용하는 것"(12 조항)에 참여하는 세속화를 반대한 내용이다. 이 비평은 내가 제기한 교회 성장의 기초로서 소위 "동질 집단의 원칙"을 사용한 것에 대한 나의 로잔 논문에 대해 이의를 제기했다. 모든 문제를 공개적으로 토의하기 위해, 로잔세계회의LCWE 신학과 교육 분과에서는 회의를 조직해서 1977년 캘리포니아 파사디나 풀러대학 세계선교 중심부에서 회의를 개최했다. 그 회의에서 나는 「교회의 연합과 동질 집단 원칙」The Unity of the Church and the Homogeneous Unit Principle이라는 제목이 붙은 논문을 발표했다. 이 논문은 후에 「세계선교회보」International Bulletin of Missionary Research(1982년 1월)에 수정하여 실렸고, 윌버트Wilbert R. Shenk가 편집한 『Exploring Church Growth』라는 책으로 재판되었다.

　　로잔언약에서 표현된 또 다른 관심은, LCWE의 신학과 교육 분과와 세계복음주의협회 내 신학협회의 윤리와 사회분과에서 후원하는 전세계적 회의를 위한 주제를 제공했다. 어지러운 환경 속에 살아가는 언약의 조약국들은 "복음화와 안정을 위해서 좀 더 관대하게 이바지할 수 있도록 단순한 삶의 방식을 발전시키려는 우리의 의무"를 받아들였다.9항 1980년 3월 영국 호드손에서 열린 단순한 삶의 방식에 대한 학회Consultation on Simple Lifestyle에서 9항의 의미를 분석했다. 「단순한 삶에 대한 신약적 관점」제9장이라고 낸 논문은 이 회의에서 발표되었고, 후에 회의록의 일부로 로날드 사이더Ronald J. Sider가 편집한 『80년대 생활방식: 복음주의적 의무 단순한 생활 Lifestyle of the Eighties: An Evangelical Commitment to Simple Lifestyle」에 수록되었다.

열 번째 마지막 논문은 「하나님의 나라 빛 가운데 있는 교회 선교」The Mission of the Church in Lihgt of the Kingdom of God는 이전에 잡지 「변화」 Transformation 1984년 4-6월호에 투고했던 것이다. 그전에 나는 사회적 책임과 선교 사이의 관계에 관한 회의the consultation on the Relationship between Evangelism and Social Responsibility(Grand Rapids, Michigan, June 1982)에서 약간 다른 판으로 논문을 냈고, 위의 기독교인의 생활에 관한 컨퍼런스를 후원했던 단체에서 또 다른 컨퍼런스를 조직했다. 이 컨퍼런스의 목적은 로잔언약의 서로 다른 선언, "전도와 사회정치적 참여는 모두 그리스도인의 의무"5항라는 부분과 "교회 선교는 희생적 봉사를 통한 복음주의가 우선이 되어야 한다"6항라는 부분을 강조하는 사람들이 함께 대면하여 토론하는 것이었다. 나의 논문은 주 발표자였던 아더 존스톤Arthur P. Johnston의 「세상과 교회와 관련된 하나님의 나라」The Kingdom in Reation to the Church and the World에 대한 답글이었다.

이로써 독자들은 이 책의 논문 대부분은 1974년 로잔회의 이후 복음주의 진영에서 일어났던 국제적인 신학적 대화를 반영했다는 것을 아주 잘 알 것이다. 사실상, 존 스토트와 로날드 사이더의 노력이 없었다면, 지금까지 쓴 글과 대화는 책으로 출판되지 못했을 것이다. 두 분과 이러한 흥미로운 대화에 참여한 많은 동역자에게 깊이 감사드린다. 나의 아내이자 동료인 캐더린 페스타 빠딜라Catharine Feser Padilla의 그동안의 모든 격려와 도움에도 고마움을 전하고 싶다.

『복음주의의 새얼굴: 로잔언약에 관한 국제 심포지엄』서문에 존 스토트는 말하기를, 로잔에서 나타난 복음주의의 얼굴은 여전히 진실한 복음주의의 얼굴이나, 다른 표정으로 옷 입고 있었다고 했다. 존 스토트는 결론 내리기를, "복음주의의 이전 얼굴은 새로운 비장함을 입었다. 복음주의의 얼굴은 하나님 안에서 확신에 찬 새 미소로 밝아졌고, 동시대의 아픔과 필요를 향하여 방향을 새롭게 하였다." 로잔회의 이후, 하나님의 성령이 총체적 선교에 관해 하나님의 사람들에게 새롭게 일하시는 것을 지켜볼 수 있어 영광이었다. 복음주의가 동시대의 고통 받는 세상을 향해 방향 트는 일에 내가 기여한 작은 글들의 모음이 사용되기를! 하나님 영광 받으소서!

르네 빠딜라
1984년 10월 브에노스 아이레스에서

| 역자 서문 |

그리스도인의 분포 이동에 근거하여 우리는 기독교의 중심이 역사의 흐름을 따라 이미 유럽과 북미 지역에서 새로운 세계 즉 아시아, 아프리카 및 남미 지역으로 옮겨졌다는 사실을 인정할 수밖에 없는 시대에 들어와 있다.

이와 더불어 서구사회 안에서의 기독교 쇠퇴현상에 대한 신학적 반성과 함께 그 원인분석이 여러 차원에서 시도되었다. 우리의 관점에서 볼 때 그러한 현상은 일차적으로 서구 신학자들의 전통적인 방식대로의 "신학함"이 가지고 있는 중대한 결함에 기인하는 것이며, 그러한 결과로 말미암아 기독교가 현실과 무관하게 되어버린 것에서 그 요인을 찾아야 할 것이다.

그와 같은 현상에 대해, 기독교와 하나님의 말씀을 현실과 밀접한 관계를 맺도록 하려는 신학적 반성들이 제3세계 신학자들을 중심으로 진행되고 있다. 본서는 제3세계 현장에서 사역하고 있는 목회자가 그러한 신학적 고민을 신학자의 관점에서 비교적 평이하게 정리해 주고 있다.

본서를 통해 우리는 그리스도인이 가져야 할 현실관은 어떤 것이어야 하며, 타 문화권 안에서의 복음이 이해방식과 그에 따른 신학체계는 어떠한 구체적인 규칙에 의해 신학함의 정당성을 확보할 수 있을 것이며, 우리가 직면하게 되는 구체적인 현실 상황들 속에서 그리스도인으로서 어떠한 실천적 삶의 모습을 가져야 할 것인지에 대한 문제점들에 관하여 실제적이면서도 유익한 통찰들을 읽을 수 있게 될 것이다. 본서에서 문제 제기의 형태로 다루어진 주제들이 한반도 현실 안에서 우리의 고민을 근거로 신학적으로 깊이 있게 정리되기를 기대한다.

이 문 장

제1장 · **로잔회의**
제1차에서 제3차까지

제1회 세계 복음화를 주제로 한 국제회의가 1974년 7월 16에서 24일까지 스위스 로잔에서 개최되었다. 이 국제회의는 20세기에 있어 가장 중요한 선교대회 중에 하나가 되었으며, 선교에 있어 역사적인 획을 긋는 계기가 되었다. 150개국 135개의 복음주의 교단에서 2,500명 이상의 참가자와 1,000명 이상의 참관인이 참가한 이 대회에서, 사회적-정치적 책임성이 교회의 선교사역에 있어 가장 중요한 측면임을 확인하였는데, 이것은 복음주의자들에게 큰 진보가 되었다. 이 중요한 확신은 로잔언약 제5항에 잘 드러나 있다.

"우리는 하나님께서 우리의 창조주이시며 모든 인류의 심판자이심을 확신한다. 그러므로 우리는 인간 사회를 통한 화해와 정의 그리고 인간에 대한 모든 종류의 압제로부터의 해방하시려는 하나님의 관심을 공유해야 한다. 인류는 하나님의 형상으로 창조되었기 때문에, 모든 사람은 인종, 종교, 색깔,

문화, 계층, 성과 연령에 상관없이, 착취되는 것이 아닌, 존중받고 섬김을 받는, 본래의 존엄성을 소유하고 있다. 또한, 여기서 우리는 복음과 사회적 관심이 상호 관련 없는 것으로 여겼던 것을 회개한다. 비록 인간의 화해가 하나님과의 화해와 다르고, 사회참여적 행동들과 복음화가 다르고, 정치적인 해방이 구원이 아니라 할지라도, 우리는 복음과 사회-정치적 참여 두 가지 모두 우리 그리스도인의 의무 중에 중요한 부분이라는 것을 확신한다. 이 두 영역 모두 사람과 하나님 사이의 언약, 우리 이웃에 대한 사랑, 그리고 그리스도에 대한 순종과 관련하여 필요하다. 구원에 관한 메시지가 소외와 압제, 그리고 인종차별에 대해 심판의 메시지가 될 수 있다. 또한, 우리는 악의 존재와 불의를 고발하는 것을 두려워하지 말아야 한다. 사람들이 그리스도를 주로 받아들일 때, 그들은 하나님의 나라에 다시 태어나게 되고, 불의한 세상 가운데서 하나님의 의를 드러낼 뿐만 아니라 전파하도록 노력해야 한다. 우리가 주장하는 구원은 우리의 개인적 혹은 사회적 책임의 총체성 안에서 우리를 변화시키는 것이어야 한다. 행함이 없는 믿음은 곧 죽은 것이다."[1]

이 성명은 1960년대 초기 이후, 이 세상에 복음주의의 형태를 해왔던 모든 교회의 사명과 생명에 대한 근본적인 중요성에 관한 질문의 답변들을 집대성한 것이다. 본서 『복음에 대한 새로운 이해』의 증보판 도입부에서, 나는 남미 사람들, 특별히 라틴아메리카 신학 협의회Latin American Theological Fellowship의 매우 귀중한 공헌을 주목할 것이다.

복음주의 사회적 양심의 새로운 각성

지난 수십 년 기간을 특징지을 수 있는 표현 중 하나는 전 세계적으로 복음주의 사회적 양심의 각성이다. 그러한 각성의 증거는 복음주의적 교

회와 교단에 의해 조직된 국제회의나 모임, 세미나, 자문회의 등에서 이 주제를 포함시킨 일이다.2)

오늘날 비 서구 사회에서는 교회의 중요한 사명에 문화적 · 사회적 · 정치적인 임무들이 포함되는가 여부에 대한 논의는 더는 제기되지 않는다. 오히려 오늘의 질문은 교회가 그러한 사명을 어떻게 감당할 것인가 하는 것이다. 즉, 이 세상에서 말씀뿐만 아니라 행함으로 증인이 되는 방법을 묻고 있다.

역사적 관점

복음주의 교회들의 이 같은 유형의 현실참여는 새로운 것은 아니다. 복음주의 그리스도인들이 자신의 나라, 문화, 사회, 정치적 삶에 어떻게 영향력을 끼치고 기여했는가를 알리려는 것이 아니다. 실례로 영국의 사례를 말하는 것으로 충분할 것이다. 몇몇 역사학자들에 따르면, 18세기에 웨슬리Wesley와 휫트필드Whitefield에 의해 주도되었던 영적 각성은, 급진적인 사회적 변화가, 그 세기말 프랑스에 영향을 받았던 것과 비슷하게 유혈 사태 없는 혁명이 일어날 수 있는 중요한 계기가 되는 것을 믿을만한 분명한 이유들이, 사회적 구조에 큰 충격을 주었다.3) 1800년대와 1900년대 동안 미국에서 복음주의 기독교의 사회적 · 정치적 실천에 대한 영향력에 학자들이 주목 하게 되었다.4)

불행히도, 데이비드 모버그David Moberg에 의해 "가장 위대한 전환"특별히 이십 세기 처음 십년 동안 일어난, 미국식 복음주의에 의한 사회적 관심에서의 분리, 5) 이라고 명명된 기간과 2차 대전 기간, 그리고 2차 대전 후 십년간, 전세계적으로 복음의 가장 방대한 확장이아마도 교회사에서 가장 큰 일어났다. 그 결과, 서부로부터의 현대 선교 운동이 세상 가운데 설립하였던 많은 교회가 복음주의 선교의 사회적 차원에 대해 아주 제한된 시각을 갖게 되었다.

남미 신학회

지난 수십 년 동안, 복음주의 사회적 관심에 대한 각성의 징조들이 1960년 중반 이래로, 몇몇 국제적이고 내부적 교단들에 의한 대회가 다양한 장소에서 열리게 되었다. 남미지역에서는, 그러한 현상이 1969년 11월에 콜롬비아 보고타에서 개최된 제1 복음주의 남미회의CLADE I, 스페인어의 약성어로 구성된 6)에 의해서 분명해졌다. 복음주의 학생 국제 학회IFES의 정식회원으로서 사무엘 에스코바Samuel Escobar는, 몇 분 동안이나 계속되었던 대단한 인기 가운데 받아들여진 그의 연설 "교회의 사회적 책임"7)에 관한 것을 본회의에서 피력하였다. 그의 발표의 충격적인 면은 놀랄 만한 것은 아니었다. 왜냐하면, 그것은 "저개발, 부정의, 굶주림, 폭력 그리고 소망 없음으로 표현된 남미의 심각한 상황 하에" 주님의 본보기를 나타내려했던, 그리스도인의 필요를 지적한 "보고타의 복음주의 선언"을 그대로 반영했기 때문이다.8)

빌리 그래함 복음주의 협회에 의해, CLADE I은 남미 대륙을 복음화화기 위한 전략을 확립하는 교두보를 진수하는 역할을 담당하도록 계획되어져 왔다. 그러나 이러한 전략을 교회가 받아들이지 않았고, 결과적으로 시작하지 못했다. CLADE I 의 유일하게 중요한 결과는, 조직 운영자들에 의해 계획되었던 것이 아닌, 일 년 뒤인 1970년 11월 볼리비아 코차밤바에서 설립된 남미신학협회the Latin American Theological Fellowship(FTL)의 설립자 에스코바Escobar가 표현한 관심과 가장 가까이 연결된 것이다. 시작과 함께 바로, 남미 신학협회는 신학 그 자체가 목적이 아닌, 세상에서 그리스도인의 선교적 봉사를 신학적 반영으로 중요하게 인식하는 사람들의 회의 장소가 되었다.9)

2년 후인 1972년 겨울, FTL의 2번째 회의가 "하나님나라와 남미"라는 주제로 페루 림마에서 개최되었다.10) 그 회의가 시작된 후로, 해마다 FTL

에서, 기독교 선교의 기초로서, 예수 그리스도에 의해 이미 도래했고, 그러나 아직 완성되지 않은 하나님나라에 관련된 많은 부유한 결과물이, 선교학과의 연결에 많은 공헌을 하였다.

제1차 로잔회의

가장 위대한 심포니인, 1974년 스위스 로잔에서 개최된 세상 복음화 관련, 제1차 로잔회의에서, 하나님의 범우주적인 목적, 교회의 역할과 기독교 선교의 올바른 이해에 관한 하나님나라의 중심성은 "지구여 하나님의 목소리를 경청하라"라는 주제로, 매우 분명하게 드러났다. 특히 FTL의 전임 강사들과[11] 브라질에서 선교 경험이 있는 전임 강사인 하워드 스나이더[12]는 분명하게 말했다. 이 국제회의는 존 스토트를 포함한 참가자 약 400명이 서명하면서 시작되었고, 후에 자발적으로 결성된 HOC 그룹에 의해 만들어진 "급진적인 제자도의 신학적 의미들"[13]이란 주제의 문서를 통해 분명하게 전해졌다.[14] 여기서 복음은 "그리스도 안에 하나님의 좋은 소식… 예수님이 선포하고 구체화시켰던 통치의 좋은 소식… 자유의, 회복의, 전체의 그리고 개인적이고 사회적이고 지구적인 그리고 우주적인 구원의 좋은 소식"이다.[15]

남미의 개입, 급진적 제자도의 문서, 그 회의 기간 동안 그리스도인 선교의 사회적 분야에서 형식적이거나 무형식적인 회의들, 그리고 임시 위원회의 의장인 존 스토트의 역할은, 로잔 헌장에서 그리스도인의 사회적 책임과 급진적 제자도 그리고 교회의 갱신과 하나됨에 관련한 다양하고 중요한 주제들을 포함시키는 결과를 낳게 되었다.[16] 이러한 주제들은 복음화 및 예수그리스도의 유일성과 우주성, 성경의 진실성과 권위와 같은, 복음주의 입장에서 정수로 여기는 다른 중요한 것들을 생략하지 않고 포함한 것들이었다. 특히, 복음화와 사회적 책임 사이에서 해결되지 않는 것에 대한 실패와 부족함에도, 그 헌장은 그리스도인 선교의 전통적인 것의 감소와 그리스도인과 교회의 증가에 결정적 일침이 되었다.

제1차 로잔회의 에서 제2차 로잔회의 까지

제1차 로잔회의 이후, 수년간의 로잔 운동으로 나는 로잔언약에서 의제된 가장 논란이 될 만한 몇 가지 주제들을 꺼내어 분류하였다. 후속 국제 대회를 담당하고 있는 로잔 계승 위원회의 결정으로 그 책무는 네 가지 기능들로 나누었다: 중보기도, 신학, 전략 그리고 의사소통. 그 후에 신학 업무 그룹The Theology Working Group; TWG으로 다시 명명되었던 로잔 신학 교육 그룹은 "특히, 로잔언약의 의미를 탐구하고 세상의 복음화와 관련된 주제가 신학적 반영을 증진시키기 위한 것으로" 할당되었다.17) 존 스토트의 리더십 아래, 이 신학적 그룹은 1977년과 1982년 사이에 4개의 협의회를 조직하였다.18) 나는 중요한 논문들에 답변하는 책임자로 한번, 주강사로 세 번, 모두 네 번에 걸쳐 강사로 참석할 수 있도록 초대되어진 것을, 하나님의 특권이라 여긴다. 내가 주된 논문으로 발표했던 세 번의 협의는 다음과 같다.

- 동질 집단의 원리에 관한 회의, 1977년, 6월 Fuller School of World Mission, Fuller Theological Seminary, Pasadena, California 논문: 「동질 집단의 원리와 교회의 단일화」이 책 8장
- 복음과 문화에 관한 회의, 1978년 1월 Willowbank, Bermuda. 논문: 「성경해석학과 문화: 신학적 관점」이 책 5장
- 단순한 생활방식에 관한 회의, 1980년 3월, Hoddesdon, England. 논

문: 「단순한 생활양식에 대한 신학적인 관점」이 책 9장

　　이러한 모든 자문들의 근본적인 가정은, 로잔언약 5항에 삽입된, "복음
과 사회적 정치적 참여 모두는 그리스도인의 의무이다." 단순한 믿음의 삶
에 대한 자문관련 소견들을 요약한 언약사항에서 취합된 다음의 인용구는
1974년 문서로 만들어 성명으로 인준한 방법에 분명한 예가 되었다.

　　사회의 안식처로 함께 하는 그리스도인 교회는 공동체 안에 삶을 영위하는
　　기술이 되는 정치에 필수불가결하게 참여하게 된다. 그리스도의 종들은 그
　　들의 정치적?사회적?경제적 언약사항들 그리고 정치적인 과정에서 참여하
　　게 되는 이웃에 대한 사랑에서 주님의 주되심을 표현해야만 된다.19)

　　그러나 그리스도인 선교에 대한 이해는 로잔 운동과 관련된 사람들에
의해서 받아들여졌다. 그러한 것들은 수개월 후, 세상 복음화를 위한 로잔
위원회LCWE가 조직한 세상 복음화를 위한 자문회파타야, 태국, 6월 1980년에
의해 "사람들이 어떻게 들을 것인가?"라는 주제 아래 분명하게 만들어졌
다. "지금까지 미전도 종족에게 그리스도를 전파하기 위한 실제적이고 복
음주의적인 전략들을 발전시키기 위한 주요 목적들에 대한 실제적인 자
문"으로 설립되었을 때에, 그것은 "복음의 언어적 의사전달," "동질의 단
위 원칙," "사람과 그룹들"이라는 주제들로 집중되었다.20) 선교의 사회적
인 측면이 복음화에 대한 관심을 분산시키지 않는다는 확신을 갖기 위한
회의 기간에 리더십에 의해 행해진 강한 통제들이 있었음에도, 소그룹 단
위의 자문위원회에서 생성된 창조적 생각들이, 복음화 전략에 대한 공식
적피상적인 관심들을 깨기 시작했고, "세계 복음화를 위한 로잔위원회의 미
래에 대한 관심의 성명"의 기초를 제공하였다.21) 이 성명은, 로잔운동은

그리스도인의 복음화를 가로막고, 그들 위에서 그들의 구조와 삶을 결정하는 사회적 · 경제적 · 정치적 기관들과 사람과 그룹들을 구별하고, 억압하는 정부나 불합리한 경제적인 정책들에 대해 어떻게 복음화를 지원할 것인가에 대한 인도를 하는 것만이 "성경적인 복음화에 이를 수 있고, 회개를 촉구하는 도전을 주며, 정의를 위해 일한다"라는 도움을 주는 결정적인 원인을 제공하였다.

LCWE에서 발표한 이러한 성명이 복음화와 사회적 · 정치적 행동 사이의 관련성에 동의하지 않는 그리스도인 가운데, 가교의 역할을 하도록 하는 계속적인 시도들로 발표함에도, 리더십들은 이러한 관심을 묵살하고, 그것을 공개적으로 토의하도록 허락하지 않았다. 자문회가 끝날 쯤에 발행되었던 문서는 공식적으로 복음화와 사회적 행동에 관한 그리스도인의 언약으로서 인준되었다. 그러나 그것은 복음화를 우선시하는 것을 재확신하는 것이 되었다. 더욱이 이것은 "로잔언약 안에 담고 있는 어떠한 것도 분명히 세계 복음화와 관련한 우리의 관심을 뛰어넘지는 못했다."는 것에서 비롯하였다. 데이비드 보쉬David Bosch는 "이 성명의 중요성은 사회 참여를 분명하게 증진시키는 로잔언약 안에 그 어떠한 것도 우리의 관심을 뛰어 넘을 수 없다고 말하지 않는 것에 있다"라는 말을 분명히 하였다.22)

꽤 분명하게, 파타야 세계 복음화 대회Pattaya Consultation on World Evangelization는 복음과 사회적 책임이라는 관계성에 대한 논란이 되는 주제들을 다루는 데에 있어서 실패하였다. 이미 이러한 긴장감은 "복음과 사회 · 정치적 참여는 우리 그리스도인의 의무"5항라는 것과 "희생적인 섬김에 대한 교회 선교에서 복음화는 가장 최우선에 있다는 것은 아직 풀리지 않는 의제로 남아있다"6항라고 하는 로잔언약에 잘 나타나 있다. 이러한 주제는 존 스토트의 리더십 아래 세계복음주의 협의회 위원회World Evangelical Fellowship Committee의 신학 연구 그룹(당시 세계복음주의 협의회World Evangelical Fellowship의 신학 위원단Theological commission과 협력함, 1982년 6월에 미시건 그랜드 래피드에서 열렸던, 복음화와 사회적 책임과 관련된 회의)에 의해 조직된 4번째와 마지막 회의에서 곧바로 직면하게 된다.

주 논문 「세상과 교회와 관련된 하나님나라」23)가 선교 설립 분야에 있어 충분한 권위를 인정할 수 있는 스피커 존스톤Arthur P. Johnston에 의해서 발표되었다. 이 논문은 "교회의 말뿐인 증인"24)으로 이해되는 복음화와 함께 한때 서부에서 널리 유행하였던, 그리스도인의 전통적 접근을 후퇴하게 하는 근본적 이유를 두드러지게 했다. 이러한 선교에 대한 안목은 그리스도인들이 주관적으로 경험하는 영적인 실재로서 하나님나라의 개념과 깊이 관련되어 있다는 것은 분명하다. 존스톤은, "하나님나라는 마음에 자리 잡고 있는 영혼의 도덕적 그리고 영적인 부분에서 하나님의 내재된 내부 법칙이다. 하나님은 거듭난 자들의 삶 가운데 왕으로 통치하신다"라고 더하였다.25) 이러한 관점으로, "교회의 사명으로서 복음화교회의 말뿐인 증인는 십자가의 화목에 관한 가장 좋은 변호와 세상의 가난한 사람들을 위한 가장 위대한 혜택, 그리고 그리스도 안에서 새롭게 된 많은 삶으로부터 압제된 흐름을 나타낸다."26)

이러한 관점에서, 예수 그리스도가 그 자신의 인격과 사역 안에 진취되고 나타낸 새로운 사회적 정치적 질서로 공표했던 하나님의 나라가 부적절한 것으로 보이게 된다. 이러한 이미already와 아직not yet사이에서의 종말론적 긴장감-신약시대에서는 당연하게 여겼던 긴장감-이 사라졌다. 그리고 하나님나라에 대한 이해 가능성과 역사 가운데 나타나는 하나님 통치에 대한 이해의 가능성-그리스도인의 사명에 대한 기초로써-이 제거되었다.

존스톤Johnston에 대한 나의 반응에서 ("하나님나라와 교회의 사명"이라는 제목 아래 이 책 10장에 포함된), 나는 하나님나라의 견해를 구약 예언의 성취에 대한 예수 그리스도의 역할에 관련된 예수님의 가르침으로 적정한 비중을 주는 것을 주장한다. 사실, 나는 신약시대에 대한 이러한 근본적인 갈망, "예수님의 인격과 사역 안에서 하나님나라가 현재되어 실재적이 되었고, 교회의 사명에 대한 기초를 제공한다"라고 말하고 싶다. 예수 그리스도의 시대에서, 교회는 예수님의 처음 오심에 의하여 성취되었던 "already"에 대하여 그리고 또한 예수님의 두 번째 오심을 통하여 하나님의 구속사적 목적의 미래 완성을 지적하는 "not yet"에 대하여 뒤돌아보아야만 한다. 하나님나라의 빛 안에서 볼 때, 나는 복음화와 사회적 책임 둘 다 속해 있다고 결론을 내린다. "복음은 하나님나라에 관한 좋은 소식이다. 반면에, 선한 사역은 그리스도 안에 우리가 창조되었다는 것에 대한 하나님나라의 증거들이다. 말과 행함은 예수님과 그의 사도들의 사명에서 풀 수 없는 하나를 이루고 그리고 우리는 반드시 예수님의 사명이 세상 끝날까지 계속될 것임을, 교회의 선교와 관련하여, 둘 다 동시에 계속해서 추구하고 있어야 한다.27)

복음과 사회적 책임 사이에 관계성을 주제로 열린 그랜드 래피즈 회의 Grand Rapids Consultation의 발견들을 종합화한 이 논문은 로잔언약의 5항과 6항을 조화롭게 하는 존 스토트의 노력을 반영하였다. 이러한 견지에서, 목적과 함께, 복음화와 관련한, 사회적 행동에 대한, 세 가지 견해로 묘사할 수 있다. 이 견해는 첫 번째, 그러한 사회적 행동에 참여하고 있는 사람들이 바로 그리스도인이기 때문에, 그리스도인의 사회적 행동이 복음의 결과라고 주장한다. 사실, 그들은 선한 사역을 위해서 구원을 받았기 때문에 반드시 참여해야만 한다. 그리고 사회적 행동은 복음화의 목적 중에 하나일 뿐만 아니라, 결과라는 것을 의미한다. 둘째로, 사회적 행동은 복음의 연결고리다리이다. 왜냐하면, 사회적 행동은 편견의 제거를 통해서 하나님의 사랑을 표현하고 복음선포를 위한 방법을 열어간다. 셋째로, 사회적 행동이, 결혼 안에서 남편과 아내처럼, 가위의 두 날처럼, 새의 두 날개처럼, 복음화의 동반자이고 기독교 선교 안에 서로 연결되어 있다.28)

이러한 이미지들 중에 세 번째 근거로서 그랜드 래피즈 회의의 논문은 "복음화의 우선순위"라는 논제를 다루었고, 그러한 우선순위에 있어 절대적인 것은 아니지만, 제한된 의미로 확신을 갖게 된다고 주장한다. 처음에, 복음화의 우선순위는 논리적이다. 왜냐하면, "그리스도인의 사회적 책임에 대한 진실은 사회적으로 책임을 지는 그리스도인을 가정하는 것이다. 그리고 그러한 그리스도인이 되기 위해 제자도와 복음화가 유일한 방법이라는 것이다."29) 두 번째는, 그 우선순위에 신학적인 것을 더하였다. 왜냐하면, "복음화는 사람들의 영생, 말하자면 그들에게 구원의 기쁜 소식을 가져오는 것과 관련되어 있고, 그 외에 그리스도인이 할 수 있는 다른 어떤 것은 없다."30) 처음에는 복음화에 대한 우선순위의 이해의 방법과 인간의 가장 깊은 내면에 필요한 그리스도 예수를 통한 풍성한 삶이라는 그리스도인의 확신을 반영한 것이다. 로잔언약과 일치하여, 1982년의 논문은 그러한 우선순위를 강조하고, 동시에 복음과 사회적 행동 사이에서 선택은 "가장 큰 의미를 가진다는 것과 실제로 둘 사이가 분리될 수 없다는 것이다. 그리고 그들은 상호간의 상승하는 작용을 하여서, 서로 지원해주고 강력하게 한다."31) 게다가, "복음화는 그것이 비록 중요한 사회적 의도를 갖지 않음에도, 사회적인 면을 가지고 있고, 반면에 사회적 책임은, 비록 그것이 주로 복음주의적 의도를 가지지 않음에도, 복음주의적인 면을 가지고 있다."32) 만약에 그와 같은 것이라면, 로잔언약 안에 확약되었던 복음화의 우선순위가 복음화와 그의 파트너인 사회적 참여가 어느 때든지 어느 곳에서든지 무엇보다 중요한 것으로 생각되어야 하는 것을 의미하는 것은 아니다. 만약에 그렇다면, 그것은 잘못된 결혼을 하는 것과 같은 것이다!

몇몇 비판가들은 이러한 자문회들이 복음화와 사회적 참여 사이에 이중성을 피하기 위한 목적을 달성하는 것은 전반적으로 성공적이지 않았다고 느끼고 있다.[33] 그들에 따르면, 복음화는 복음의 "말뿐인 선포"가 줄어드는 것을 당연하게 받아들임으로써, 그랜드 래피즈 회의의 논문에서 두 동반자—말과 행동—는 "동등하지만 분리"될 수는 없다는 것이다. 선교에 관한 좀 더 가까운 복음적인 개념은, 사회적인 면이 없이는 복음화는 존재할 수 없다는 것이고, 복음적인 면이 없이는 그리스도인의 사회적 복음화는 존재할 수 없다는 것을 주장하고 있다. 이러한 것들이 인정될 때에, 복음화의 우선순위: 믿음으로 의롭다함과 정의, 믿음 그리고 사역, 말과 행동을 포함하는 선교 그리고 영적인 필요와 육체적이고 물질적인 필요, 개인적인 필요, 사회적 그리고 사적인 대중적인 필요를 말하는 것으로써 선교의 전체적인 면을 강조하는 것이 훨씬 좋다. 데이비드 보쉬David Bosch가 주장하기를, 복음화는

> 말과 행동에 의한 그리고 특별한 내용과 특별한 조건들의 빛 안에서 교회 선교의 활동과 영역은 모든 사람에게 그리고 기관에게, 모든 곳에, 그들의 삶에 급진적인 재순응, 즉 세상과 그 세상의 권력에 대한 노예로부터 구원하는 것과 같은; 그리스도를 주와 구원자로서 받아들이고; 그 공동체, 교회의 생명을 가진 회원이 되는 것으로; 지상에서 화해, 평화 그리고 정의를 위한 그의 섬김에 도움을 주는 것으로; 그리스도의 디스림 아래 모든 것이 하나님의 목적에 헌신하게 되는, 그런 것들이 연계된 것으로서의 재순응을 위한 직접적인 도전들이 될 수 있는 유용한 기회들을 제공해야 한다.[34]

교회의 선교에 대한 이런 접근은 1983년 5월 FTL에 의해서 개최된 자

문회에 이어 있었고, 그랜드 래피즈 회의가 열린지 1년 후에, 도미니카 공화국 자라바코아Jarabacoa에서 있었다.35) 목적은, 그리스도인의 정치적인 참여에 관해 그랜드 래피즈 회의에서 정교하게 다루어지지 않았지만, 다루어왔던 주제들에 대해서 정치적으로 반응하는 것이었다. 그 다음 해에, 자라바코아 자문회는 1983년에 선교현장에서 정치적인 참여를 고려하기 시작했던 남미 그리스도인을 위한 기준점이 되었다.

그와 같은 해에 선교의 전체적인 견해가 FTL의 몇몇 회원을 포함한 세상의 2/3로부터 각 대표단이 참가자로서 참가하고, 세계 복음주의 협의회 World Evangelical Fellowship에 의해서 후원되었던,36) 인간의 필요에 반응하는 교회에 대한 회의휘튼, 일리노이, 1983년 6월 20일부터 7월 1일 37) 막바지에 도출되었던 "변화: 인간의 필요에 반응하는 교회"라는 주제 아래 휘튼 선언 Wheaton '83에 의해서 잘 표현되었다. "변화의 목표"를 하나님나라의 기본적이며 성서적인 사명으로 취하려할 때, 20세기의 마지막 기간에 필요한 선교 영역에 헌신하며, 가장 강력한 복음적인 확신으로 여겨지도록 만드는 이 논문, "악은 인간의 마음 안에 존재할 뿐만 아니라 또한 사회적인 구조들 속에… 교회의 사명은 복음의 선포와 복음의 증거 둘 다를 포함한다. 그러므로 우리는 복음을 전파하고, 인간의 필요에 반응하고, 사회적 변화를 강조해야 한다"라는 것을 분명하게 확신한다.38)

"가장 기본적인 인간의 필요(하나님과 함께 동행 하는 것)를 충족하고자 복음을 전파하는 것이 유일한 것"이 인정된 이후,39) 성명서는 그리스도인의 사회적 윤리와 현실적 참여를 가장 중요한 것으로 여기는 가장 인상적인 몇몇 주제에 초점을 맞춘다. 이 문서는 다음에 따르는 8개의 분야로 나눈다.

1. 그리스도인의 사회 참여

2. 발전뿐만 아니라 변화도

3. 창조세계의 청지기

4. 문화와 변화

5. 사회적 정의와 자비

6. 지역 교회와 변화

7. 그리스도인은 기관들과 변화를 돕는다.

8. 하나님나라의 도래와 교회의 사명

"험난한 바다의 난파선에서 단순히 생존자를 구출하는 것으로 교회의 사명을 찾는 경향"이 있는 그리스도인에 대한 비판들은,[40] 이 성명서가 "우리는 사회악의 구조에 도전한다든지 그것들을 지지한다든지" 하는 사회악적인 측면에서 어떠한 동의도 만들지 못한다고 했다.[41] 또한, 무기의 생산과 판매 그리고 자연의 자원들을 무분별하게 사용하는 것을 공개적으로 비난한다. 그리고 "사회·경제적 상태를 지지하는 많은 교회, 선교 지역 사회, 그리스도인의 안정과 매개체의 성장에 대해 침묵함으로 그들에게 무언의 지지를 주고 있다"라는 것을 반대한다는 것이다.[42] "악은 인간의 마음속뿐만 아니라 사회적인 구조 속에도 존재하고, 자신의 자비의 행동과 가르침 그리고 삶의 방식들을 통해 종교지도자들의 자기중심적인 의를 비난하고 사회의 불의를 드러내었던 주님의 예를 중요하게 말한다." 부가하여 주장하기를, "주님의 행동은 예언자적인 열정이었다." 그리고

로마와 유대인의 설립과는 전혀 다르게 세워졌고, 하나님나라의 가치들을 인정하는 공동체 형성의 결과를 낳았다. 우리는 주님의 열정이 죽음으로 몰고 갔다… 라는 것을 기억하면서 주님의 발자취를 따라가기를 도전한다.

우리는 가난한 자들과 함께 하는 주님과 같아지는 동일함이 늘 희생적이고 그리고 핍박에 이르게 하고 죽음에 이르게 한다는 것을 의식한다. 그러므로 우리는 겸손하게 하나님의 복음을 위해서, 하나님께 우리의 편안함과 생명의 위협을 느낄 수 있는 일들을 자발적으로 만들 수 있기를 요구해야 한다.43)

지역교회에 연관된 부분에서, 휘튼 83 선언은 신도들이 자신을 전통적인 사역자로서 제한하지 말고, "오히려 지역 공동체와 좀 더 광범위한 사회에서 사회적 불의와 악에 대한 문제점들을 알려야만 한다."44) 고 선언한다. 더 나아가, 사명을 완수하는 것이 교회를 돕는 것이라고 생각하는 단체들에 대해 도움을 주기위한, 그들의 역할은, "원조의 필요와 기대를 만들려고" 가난한 자들의 고통을 이용하는 위험성을 경고하고, "사역을 위한 자원을 극대화하기 위한 단체들의 부대경비를 상당히 줄이도록" 격려하는 것이다.45)

마지막 부분에서는, 가장 중요한 사역의 기초로서, 그리스도 예수 안에서 하나님나라의 "already and not yet"에 관한 강력한 확신이 있다. 그것은 "하나님나라는 현재이고 미래이며, 사회적이고 개인적이며, 물리적이며 영적이다… 겨자씨같이 자라서 현세대를 변화시키고 심판할 것을 확신한다"라고 주장한다. 이러한 관점에서, 종말론은 먼 미래를 벗어나기 위한 격려가 아니라 "이 세대와 다음세대를 위한 소망과 함께 이 세상의 불씨를 당기"는 자극제가 된다.46) "종말을 고대하는 마지막 세대의 공동체로서, 우리는 종말을 기다리는 종말의 시대에 참여함을 획득함으로써 궁극적이며 최종적인 것"들을 준비한다. 이것은 우리가 반드시 "복음화를 이루고, 즉각적인 인간의 필요에 반응하며, 사회변화를 강조해야 한다"는 것을 의미한다.47)

휘튼 선언은 성스러운 변화에 대한 하나님의 대리자로서 교회와 관련하여 일어났던 가장 중요한 논제에 대한 요약으로서, 그리고 중요한 사역에 대한 신학적 기초를 집대성한 것으로서 상당한 업적을 성취하였다. 사실, 교회와 교회의 선교에 관한 중요한 관점을 회복하는 데 있어 휘튼 선언보다, 1983년 이후에 세상에서 복음주의 틀 안에서 만들어진 뛰어난 선언을 찾는 것은 어려운 일이다. 분명한 점은, 인간의 필요에 대한 반응에 있어 교회에 대한 선언은 기독교 선교의 중요한 면으로 사회적·정치적 참여를 확신하고 있다. 보쉬Bosch는 "국제 복음주의 회의에서 시작된 공식적인 성명에서 처음으로 계속된 이중성(복음전도와 사회적 참여 사이에서)은 극복되었다"라고 지적하고 있다.48)

1984년과 1988년 사이에 5년 동안, 4개의 학회가 로잔 운동에 의해서 열리게 되었다: 세계복음화를 위한 국제 기도회서울, 1984년, 성령의 사역과 복음화에 대한 회의오슬로, 1985년, 젊은 리더를 향한 회의싱가폴, 1987년, 세계복음화와 회심에 대한 학회홍콩, 1988년 49) 이 학회들에서는 복음전도가 사회적 책임과 분리된다면, 교회의 선교를 축소시킬 수 있다는 기본적인 가정을 분명히 하였다.

어느 정도, 그와 같은 가정은 1989년 7월에 필리핀 마닐라에서 열렸던, 세계복음화를 위한 제2차 로잔회의에서 널리 다루어졌다. 1984년에 이미 로잔 연속 위원회가 독일 슈트가르트에서 열렸고, 세계 복음화를 위한 제2차 국제회의에서 정점에 이르렀던 기도와 향후 계획의 5개년 프로그램을 시작할 것을 결정하였다. 그 이후에 이 세상에 모이기를 위한 증진은 빠르게 시작되었다. 비록 학술회의 권유, 그 자체의 목적이 "세상을 향한 교회의 선교에 대한 새로운 비전"을 형성하기 위한 것이지만, 원래 의도하고 있었던 계획들이 꽤 일찍이, 주최자들의 주요 관심이 복음전도의 우선순위와 그 결과 기독교 선교의 또 다른 면에서 복음전도를 분리시키려는 경향에 대해 재확신하는 것을 분명히 하였다. 제2차 로잔회의는, 제1차 로잔회의의 주제, 기독교 선교의 다른 차원과는 관계가 있든지 없든지 간에, "지구는 그의 목소리를 들으라"는 것을 개선하고 세상의 모든 그리스도인이 격려받기 위해 연결되었다.

사실, 이러한 의도는 그 회의 기간 동안 중요한 증거들이 되었고, "우리의 주요한 관심은, 모든 사람이 예수 그리스도를 주님과 구세주로 받아들일 기회를 가져야 한다는 복음에 있기 때문에 복음전도는 가장 중요한 우선순위를 갖는다"는 것에 부합하여, "마닐라 성명서: 로잔 15년 후의 공들임"50) 안에 그 결과를 반영시켰다.51) 확실히, 마닐라 성명서는 일반적 항목에서, 로잔언약의 5항에 발표되었던, 기독교 선교의 가장 중요한 면으로서 사회적·정치적 참여에 대한 서약을 인준하는 몇몇 선언들을 포함하였다.52) 그러나 라틴아메리카 신학 학회의 실행 멤버로서 브라질의 발디어 스토이어니걸Valdir Steuernagel은 제2차 로잔회의 학회의 마지막 부분의 주요 논문으로 채택되어, 발표했던 10분 가운데에서, 공의에 대한 질의에 대해 분명한 관심이 부족했다고 지적한 것은 참으로 옳은 것이었다.

바로 그해 안에, 제2차 로잔회의를 즉각적으로 따르는 것이 있었는데, 복음전도와 사회적 책임에 대해 참여해야 한다는 기독교 선교의 관점은 주류 세상에서 특별히 복음주의 세계에서 점점 더 넓은 지지를 받게 되었다. 리오 브라보Rio Bravo의 남부 FTL은, 총체적 선교란, 존재하고, 행하고 말하는 것과 예수 그리스도를 주와 구세주로 증거하는 것은 분리될 수 없다는 관점으로 씨를 뿌리는 데 중요한 역할을 했다. 복음전도를 위한 제3차 라틴아메리카 회의CLADE III, Quito, 1992 53)를 진행함으로 포함되었던 성경해석의 장대한 리스트들, 주요 논문들, 세미나들, 그리고 워크숍들은 그 대회의 가장 중요한 논제 "모든 민족을 위한 복음이 라틴아메리카로부터"로 여겨지도록 많은 다양한 관심을 나타낸다. 키토 선언The Declaration de Quito (Quito Declaration), 그 회의 기간 동안 발표되었던 이 논문은 복음전도와 사회적·정치적 참여 둘 다가 그리스도인의 의무가 된다는 것을 각인시키고, 진정한 복음화가 무엇인지에 대해 성경적이고 구조적인 이해에 대한 발견에 가장 고귀한 자료가 된다.

1990년대 동안, 주로 FTL을 통해 라틴아메리카에 그 근거를 갖고 있는 총체적 선교에 대한 그와 같은 비전은 세상의 다른 지역에서 놀랄만한 방법으로 성장하게 되었다. 그 결과는 "우리가 사람들에게 삶의 모든 영역에서 회개하고 사랑하라고 부르는 것은 총체적 선교에서 볼 때, 우리의 선포는 사회적 책임결말을 갖는다. 그리고 우리의 사회적 참여는 우리가 예수 그리스도의 변화를 일으키는 은혜의 증인으로서 복음적인 책임결말을 가진다"라는 확신과 함께, 복음의 선포와 증명에 헌신된 1999년에 있었던, 범지구적 운동인 "Micah Network"의 설립을 가져왔다.54)

이러한 점에서, 미가 네트워크Micah Network는 1960년대까지 거슬러 올라가는 복음주의 사회적 양심을 새롭게 하는 가장 긴 과정, 주류 세계로부터특별히 라틴아메리카 그리스도인의 역할들, 중요한 역할을 계속해야 하는 그러한 과정의 정점을 이루게 되었다. 1960년 이래로 열린 국제 복음주의 선교 학회에 대한 우리의 간략한 연대기적 관찰은, 서양의 계몽주의에서 도출된 많은 가정의 단점이 있음에도, 총체적 선교의 관점은 점점 세계적인 동의를 얻어가고 있다는 것을 증명하였다.55) "모든 족속으로 제자들 삼으라"는 신약의 부르심마28:19과 "오직 정의를 행하며 인자를 사랑하며 겸손하게 네 하나님과 함께 행하는 것"미6:8이라는 구약의 부르심 둘 다 취함으로써, 미가 네트워크Micah Network는 오늘날 세상에 필요한 것을 나타내줄 전도자 사역의 패러다임을 고무시키는 표지가 되었다.

제3차 로잔회의: 십자가에서의 사명

남미신학협의회FTL, 미가 네트워크Micah Network와 총체적 선교

1970년의 시작으로부터 바로, FTL의 중요한 목적은 총체적 선교의 이론과 실재를 진전시키는 것이었다. 하나님의 은혜로 말미암아, 이 운동은 하나님나라와 역사, 사랑과 정의의 역사, 물질적인 것과 영적인 것의 역사, 믿음과 실천의 역사, 개인과 사회의 역사, 복음전도와 사회-정치적 책임에 관한 역사들이 결코 분리되어질 수 없다는 분명한 확신과 함께, 생명의 섬김 사역을 하나님과 이웃에게 행하는, 특히 지구의 남쪽에 위치한 지역에 있는, 많은 그리스도인과, 많은 교회를 강화시키고자 성령에 의해 사용되어졌다. 이러한 확신으로, 지금은 미가 네트워크Micah Network와 함께 가장 긴밀한 협조 아래에서, 라틴아메리카와 많은 다른 지역에 많은 하나님의 사람에게 깊은 영향력을 주고 있다.56)

적어도 주류 세상 가운데에서, 총체적 선교는 인터넷과 서적을 통해서뿐만 아니라, 다양한 상황과 환경 속에서 FTL과 미가 네트워크 회원들의 실행을 통해서 널리 전파되고 있다. 그러한 것에 의해 동기화가 되었을 때, 세상의 많은 복음주의 그리스도인은 심각하게 그들의 전도자로의 부르심에 응답하고 있다. 참여하는 나라의 수가 증가할 때, 모든 인간의 필요— 마약중독자들을 위한 사역, 거리아이들을 위한 사역, 노인사역, 창녀, 장애자, 싱글맘, 죄수, 장님, 고아, 망명자, 실직자—에 부응하는 많은 다양한 사역이 지금 진행 중이다. 이러한 사역의 열거는 끝이 없다. 분명하게, 점점 더 개인적으로 많은 그리스도인과 교회가 하나님은 공의를 사랑하고, 공의를 요구하신다는 사실을 알고 있다. 또한, 그들은, "가난한 자에게 복음을 전하고 … 포로 된 자에게 자유를, 눈 먼 자에게 다시 보게 함을 전파하며 눌린 자를 자유롭게 하고 주의 은혜의 해를 전파하게 하시려"

기름부음 받은 주님을 따르는 자로 부름 받았다는 사실을 알고 있다. 눅 4:18~19 확실히, 여전히 할 일이 많다. 많은 교회가 그들 주변의 많은 사람의 필요와 분리된 종교적인 민속 집단이다. 그러나 사실은 지난 수년간 선교에 관한 새로운 모델의 출현이 있었다. 총체적 선교의 미명의 그날의 시작됐다.

이 생명의 경험은 총체적 선교의 단조가 되었다. 총체적 선교의 관점은 복음전도를 세상의 기준에 따라 행복이나 성공의 수단이 아닌, 하나님의 목적에 따라 인류를 변화하기 위한 하나님의 뜻에 헌신한 예수 그리스도를 따르는 자들을 부르시는 수단으로 여긴다. 사람들을 굉장히 작은 윤리적 그리고 종교적인 범주 안에 정의된 삶의 방식을 살아가도록 강요하는 그러한 방법이 아니라, 모든 사람이 삶의 모든 것을 예수 그리스도의 주되심 아래 두게 하는 방법이다.

교회가 하나님나라의 빛 가운데 사명을 찾고자 할 때, 교회의 회원들은 자유롭게 섬겨야 한다. 모든 인간의 필요에 맞게 그들은 봉사의 기회를 갖고, 모든 상황에서 하나님의 성령이 그리스도의 육체를 세우고자 그들에게 주신 은사를 사용하도록 도전한다. 그들은 주님이신 예수 그리스도의 관계 때문에, 왕을 섬기는 제사장들이며, 그와 같이 그들도 그들이 누구이고 무엇을 하고 무엇을 말하는가를 통해서 하나님의 전능한 역사하심에 대한 증인으로서 부름 받았다.

이러한 관점에서, FTL은 신학의 과업을 그리스도인의 총체적 선교 사역을 추구하는 것이라고 이해했다. 이 총체성이 요구하는 것은, 말씀 안에 표현된 하나님의 사랑은 모든 종류의 기본적 인간의 필요를 만족시키는 것에 목적을 둔 선한 일에서도 표현되는 것이다. 이것은 복음전도와 사회·정치적 책임성 (복음전도는 하나님나라의 좋은 소식이 개인적이거나 사회적인 분야에서 삶의 전체적인 부분에 영향을 주는 것을 의미하는 것이기 때문에, 그리고 복음화된 사람들이 선교 사역의 완성을 위해서 다른 그리스도인들과 함께 협력하기 위해 함께하는 것이기 때문에, 사회적 관심과 함께 행해져야 한다) 사이에서 이중성이 존재할 여지가 없다. 다른 한편으로, 사회적 책임성은 실행되었던 선한 일들이 예수 그리스도에 의해 세상 가운데 드러나게 된 하나님나라에 대한 분명한 증거로서 예수의 이름 안에서 행해져야하기 때문에 복음전도적 관심과 함께 실행되어야만 한다. 우리 안에 존재하며 우리의 행동에 동기가 되는 소망의 근거를 주는 것을 제안함으로 우리가 우리의 이웃을 섬길 때 무엇인가를 분명히 상실하게 되는 것이다. 또 다른 한편으로, 우리가 우리의 믿음이 사랑을 통한 행함이 없이, 우리의 믿음을 말로만 나눌 때에도 무엇인가를 분명히 상실하게 되는 것이다. 사실, 우리가 사회적 참여의 결과를 도출하지 못하는 거듭남뿐만 아니라, 거듭남 없이 시작되는 그리스도인의 삶의 진정성에 대한 의심을 던져버려야 한다는 존 웨슬리의 믿음을 인정하는 것에 중요한 기초가 있다. 복음전도는 이론적인 것과 반드시 분리돼야 하지만, 현장성현재성과 분리돼서는 안 된다. 말과 행동 둘 다 그리스도인의 삶과 동등하게 중요한 그리스도인의 증인으로서 삶에서 결코 분리될 수 없다.

3개의 현대 선교적 도전

오늘날 복음주의가 당면하고 있는 가장 위대한 선교적인 도전들이 사회적·정치적 참여에 대한 필요를 무시하지 않고 복음화하는 것에 대한 부르심과 깊은 관련이 있다. 이미 언급된 많은 도전들 가운데, 우리는 세계 복음화를 위한 세 번째 국제회의의 세 가지 주제Cape Town, 2010년 10월에 관심을 기울인다. 그 주제는 "십자가의 길: 급진적 제자화, 국제화와 빈곤, 그리고 생태계의 파괴"였다.

급진적 제자도에 대한 도전

특히 아프리카와 라틴아메리카에서 복음주의 운동은 지난 수십 년 동안 놀라운 방법으로 성장하고 있다. 몬테로서Monterroso와 존슨Johnson은 1970년대 말에 라틴아메리카의 복음주의자가 2천 7백만에 이를 것이라고 예측하였다.[57] 그러나 그해 말, 라틴아메리카의 브라질에서만, 이미 그 수가 훨씬 넘었다. 이러한 나라 가운데 몇몇 나라들은 복음전도의 수적 성장 비율이 인구 증가에 따른 성장 비율을 훨씬 뛰어넘었다고 한다. 이것은 20세기 마지막 십년 동안 복음주의자들의 성장이 계속된다면, 복음화가 되었다고 주장하는 남미의 복음주의자들의 수가 21세기 초에 전체 인구의 1/3 또는 1/4이 될 것이라는 1993년 데이비드 스톨David Stoll의 예견이 맞았다는 것을 알 수 있다.[58] 라틴아메리카 역사에서 처음으로 복음주의자가 더는 소수가 아니다.

그러나 이러한 획기적인 수적 성장이 위험한 것이다. 아마도 가장 분명한 것은 피상적이라는 것이다. 예수 그리스도의 복음을 전하지 않고 번영을 위한 복음만을 설교하는 대형교회 대부분이 라틴아메리카의 도시에서 성행하고, 극장을 성전으로 바꾸는 것들이 대세를 이루고 있다. 그들은 수적인 면에서는 성장을 이루었지만, 성경적 가르침에 근거하는 복음주의 믿음과는 관련 없는 대중종교로 기독교를 기관화하는 위험에 직면에 있다.

데이비드 스톨이 브라질과 다른 여러 나라에서 거대한 단일 성령강림주의적 교회들이 사회 개혁을 위한 어떠한 근거도 제시하지 않는다고 주장한 것은 올바른 것이었다. 그는 브라질의 대중적인 삶과 복음주의자들의 관련성이 부족하다고 보는 관점으로, 만약에 휴거가 오늘 일어난다면, 그 나라에서 그리스도인은 부재하다라는 것을 깨닫는 데에만 일주일이 걸릴 것이라고 한 로빈슨 카발칸티Robinson Cavalcanti의 냉소적인 관찰을 인용하였다.59) 확실히, 교회 성장에 있어서 이러한 모습은, 우리가 하나님나라의 좋은 소식과 소비사회의 가치를 반영하는 메시지가 아닌 그의 공의와 하나님나라의 좋은 소식을 어느 정도까지 선포하고 삶으로 살아갈 것인가에 대해 조사해보고자 하는 도전이 일어나게 된다.

만약, 복음주의 나라들이 오늘날 가치에 관한 깊은 위기를 겪는 와중에 라틴아메리카와 다른 세상의 여러 나라에서 경험하는 수적 성장이 소망의 표지가 될 수 있다면, 우리는 제자단순한 거듭남이 아닌, 주님께서 자신의 제자들에게 가르쳤던 모든 것에 순종하기를 배우는 급진적 제자들 삼으려는 주님의 부르심을 무시할 수 없다. 제3차 로잔회의는 이러한 방향에 초점을 맞추고 있는가? 교회는 예수 그리스도의 복음을 대중적인 진리로 이해하며 살아가는 것에 도전을 주고 있는가?

세계화와 가난에 대한 도전

의식 있는 그리스도인은 타락한 강대국들에 의해 상당 부분 통제되는, 오늘날 세계 경제 구조에 의해 야기된, 수십억 인구의 비참한 가난을 무시할 수가 없다.60) 오늘날 10억 2천만 정도의 사람들이 성장저해의 상황 가운데 있으며, 그러한 문제는 부자와 가난한 자 사이에 증가하는 차이가 깊은 관련이 있다는 명백한 증거가 있다.61) 가난은 모든 사람의 필요를 충족시키기 위한 자연적 원천의 부족함에서 기인한 것이 아니라 욕심의 결과이다. 만약 가난한 사람들이 존재한다면, 가장 근본적인 이유는 자신의 이익을 위해서 그리고 다른 사람들을 압제하기 위해 힘을 사용할 수 있는 사람들이 존재하기 때문이라고, 듀이 휴거스Dewi Hughes 62)는 확신을 가지고 주장한다.

복음주의 안에서 너무도 많은 사람이 추수의 주님께 추수 때에 필요한 더 많은 일꾼들을 보내 달라고 기도하는 것의 중요성을 보여주고자 너무도 쉽게 마태복음 9장 38절을 인용한다. 그러나 우리는 주님이 병들고 연약한 사람들이 그 앞에 나오는 것을 보았을 때, "그들이 마치 목자 없는 양 같고, 소망 없어 어쩔 줄 모르고 헤매는 것을 보았기에"마 9:36 더욱 동정심으로 더 많은 일꾼을 달라고 기도하라고 하셨던 상황들을 잊어버린다. 수많은 사람의 고통과 소망 없는 것을 뒤로하고 주님은 그들에게 관심을 가지고 인간 존엄성과 방향성을 줄 수 있는 리더의 부재를 인식하게 되었다. 수많은 사람이 필요로 하는 리더십을 제공할 수 있는 책임 있는 리더들은 그들로부터 멀리 떨어져 있었고 예루살렘에 집중되어 있었으며, 사회적 · 경제적 · 정치적 그리고 종교적 힘을 가지고 이스라엘의 중심에 있었다. 오늘날의 세상에서 기본적인 필요에 만족할 수 없는, 소망 없고 갈 바를 몰라 어쩔 줄 모르는 많은 무리가 잘 살 수 있도록 주시하는 책임 있는 리더는 어디에 있는가? 사람들에게 그들 자신의 경제적 이익과 정치적 야심을 뛰어넘어 사람들의 필요에 관심을 가지게 할 수 있는 도덕적 성실함을 가진 리더는 어디에 있는가?

우리의 복음전도는 우리의 기도가 가난한 사람들에 대한 주님의 동정심을 반영하고 사람들의 영적인 필요와 육체적이고 정신적인 필요들을 만족시키기 위한 행동을 수반하는 것으로 확장하고자, 추수할 때에 더 많은 일꾼을 보내어 달라고 주님께 요구하는 주님의 초대의 영성을 반영하게 되는 것이다. 제3차 로잔회의는 그리스도인이 주님의 열정에 의해 감화되고, 성육신화된 사역을 실행하도록 격려함으로 영향을 주고 있는가? 그리스도인이 압제하기 위해서가 아닌 섬기기 위해서, 그들이 가지고 있는 모든 권력을 사용하도록 도전을 주고 있는가? 소망 없고 갈 바를 모르는 자들을 돈에 대한 희생물로 제공하는 데에 자신의 권력을 사용하는 정치적이고 상업적인 리더들의 타락에 대한 경고의 말씀을 주고 있는가?

생태계 파괴에 대한 도전

부요한 자들의 일부분인 탐욕과 권력의 남용은 오늘날 가난의 중요한 원인이 될 뿐만 아니라 불안한 비율로 지구의 온도가 오르는 것이 가장 분명한 징조인 생태계 파괴63)를 일으키는 중요한 원인이 된다. 도르츠 대학에서 환경학을 연구하는 교수인 더글라스 알렌Douglas Allen은 다음과 같이 기상학의 발견을 종합하였다.

연구의 결과는 세기말에 평균표면온도가 0.74도 올라갈 때마다 바다의 해수면 높이가 17센티미터 올라가며, 넓은 지역에서 빙하와 눈이 녹는다. 관찰 대부분은 20세기 중반이래로 인위적인 온실 가스 집중의 증가 때문에 지구의 평균 온도가 증가한다는 것이다.64)

복음주의 그리스도인은 일반적으로 생태계의 관심을 무시해 왔다. 그렇게 함으로써, 그들은 소비사회의 부산물로서 천연자원의 무분별한 사용에 대해, 사회적·환경적으로, 그들의 시야를 이 거대한 재난의 결과로부터 가려왔다.

이러한 태도에 대한 책임을 통감할 때, 1980년 3월에서 개최된 단순한 삶의 방법에 대한 국제 학회의 결과로 나온 이 논문은 가장 중요한 것이 된다. 그것은 로잔언약의 9항의 의미: "우리 모두는 수백만의 가난에 대해 충격 받게 되고 그리고 그것의 원인이 되는 불의에 대해 혼돈스럽게 된다. 이 어지러운 환경 속에 살아가는 우리는 복음화와 안정을 위해서 좀 더 관대하게 기여하고자 단순한 삶의 방식을 발전시키려는 우리의 의무를 받아들인다"라는 것들을 음미하게 한다.65)

1980년 단순한 삶의 방식에 대한 학회Consultation on Simple Lifestyle 이후에 그리스도인 사역의 생태학적 차원을 다루는 연속적인 노력이 만들어낸 유일한 국제적 복음주의 컨퍼런스는 2009년 7월에 미가 네트워크에 의해 케냐에서 열렸던 제4차 트리엔날레 세계 대회Triennal Global Consultation이었던 것 같다. 창조물에 대한 청지기 정신과 여러 가지 관찰을 종합한 기후의 변화에 대한 선언문은, 아마도 당대의 창조주 하나님으로서 삼위일체의 하나님을 고백하는 사람들에 의해서나 인정받을 만한, 거의 관심을 받지 못했던 주제들에 관해 복음주의자들에 의해 발행된 가장 중요한 논문으로써 여기게 될 것이다.66) 그 학회에 참석한 대부분의 사람들이 그룹 토의에 실제로 참석하고 다루었던 국제적 언약에 의해 발표되었을 때, 이 논문은 복음의 선언과 실증을 포함하고 있는, 하나님의 중요한 사명에 깊게 헌신된 세계 복음주의 네트워크의 생태학적 관심에 대한 가장 뛰어난 요약이 되었다. 이러한 선언은 단순히 미가 네트워크 회원들이 실천하기 위한 의무로서 봉사하게 되는 것뿐만 아니라, 하나님의 창조물에 대한 돌봄을 증진하고 실행하기 위해서 실제로 참여하기 원하는, 그리고 복음적인 것과 사회적 · 생태학적인 것 사이의 전통적 이중성을 극복하기를 원하는, 그리고 "무지, 무시, 거만, 그리고 욕심"의 결과로서 지구 환경의 위기를 심각하게 다루기를 원하는 그리스도인을 격려하고자 발표되었다. 제3차 로잔회의는 스스로 도전하며, 하나님의 창조물에 대한 청지기로서 지구를 돌보는 두 가지 일에 모든 그리스도인이 함께 사역하도록 격려하며 고무시키고 있는가?

결론적으로, 올해 10월에 케이프 타운Cape Town에서 개최된 세계 복음화에 대한 제3차 로잔회의는, 적어도 우리가 제안한 세 가지 도전들과 관련된 십자가의 길에 있었다. 마지막 분석에서, 선택은 두 개의 상호 선택에 있다. 하나는 세계 복음화에 대한 학회파타야, 태국, 1980년와 세계 복음화에 대한 제2차 로잔회의마닐라, 필리핀, 1989년의 고무 인준이 되었다. 다른 하나는 FTL과 미가 네트워크에 의해서 촉진되었고, 존 스토트의 리더십 아래에서 1977년과 1988년 사이에 개회된 국제 학회에 의해 발행된 논문들과 세계 복음화에 대한 제1차 로잔회의에 의해 발행된 로잔언약 5항에서 묘사된 것으로서 세계 교회가 참여해야할 중요한 사명에 대한 방법들에 대한 연구에서, 성령이 하나님의 말씀을 사용하는 것을 계속해서 허용하는 것이다.

제2장 · **복음전도와 세상**

복음은 아무것도 요구하지 않고
끊임없이 주기만 하는 값싼 은혜가 아니며
최소의 노력으로 최대의 행복을
보장해 주는 수단도 아니다.

예수 그리스도의 복음은 한 사람 한 사람을 부르시는 하나님의 계시인 점에서는 개인적인 메시지이다. 그러나 이 복음은 또한 세상 전체를 구원의 대상으로 삼으시는 하나님을 계시해 준다는 점에서는 우주적 메시지이기도 하다. 복음은 단순히 한 개인에게 주어진 메시지가 아니라 아담 안에서 죄로 말미암아 죽은 옛사람에게 주어진 메시지로서, 그들이 그리스도 안에서 의와 영생을 얻게 하려고 주어진 메시지이다.

복음의 광범위한 차원을 올바로 이해하지 못함으로 말미암아 교회의 사명에 대한 잘못된 견해들이 나타나게 되었다. 그 결과로 복음전도란, 무인도에서 홀로 사는 로빈슨 크루소같이 고립된 개인에게 선포되는 하나님의 메시지로 여기게 되었을 뿐 아니라, 구원은 개인과 하나님과의 관계 속에서만 이루어지는 것으로 해석되었다. 그러므로 개인은 고립되어 존재하는

것이 아니라는 사실은 무시되고, 구원을 이 세상과 연관하여 이해하는 것
이 불가능하게 되었다.

예수 그리스도는 대제사장으로서 그의 제자들을 위하여 다음과 같이 기
도하셨다. "나는 세상에 더 있지 아니하오나 그들은 세상에 있사옵고 나는
아버지께로 가옵나니… 내가 비옵는 것은 그들을 세상에서 데려가시기를
위함이 아니요 다만 악에 빠지지 않게 보전하시기를 위함이니이다 내가
세상에 속하지 아니함 같이 그들도 세상에 속하지 아니하였사옵나이다".
요17:11,15,16 그리스도의 제자들과 이 세상 사이의 관계가 역설적으로 제시
되었다. 즉, 그들은 이 세상 안에 존재하나 이 세상에 속한 자가 아니다.
이 책의 내용은 그와 같은 역설의 의미를 복음전도와 관련하여 설명해 보
려는 시도라 할 수 있다. 1장은 세 부분으로 나뉘어 있다. 첫 부분에서는
신약성경에서 쓰인 '세상'이라는 용어의 다양한 용법을 분석하고, 두 번
째 부분은 세상과의 분리의 문제, 즉 그리스도의 제자로서 세상에 속하지
않는다는 측면을 어떻게 이해할 것인가 하는 문제를 다루고, 세 번째 부분
에서는 현실참여의 관점에서 복음전도를 살펴보고자 한다. 현실참여란 그
리스도의 제자들이 세상 안에 존재한다는 사실을 반영해 주는 것이다.

세상에 대한 성경적 이해

신약성경, 특히 구원의 문제를 다룬 사도 요한과 바울의 기록들 속에서,
세상이란 용어가 매우 중요하게 다루어지는 것은 복음의 우주적 차원을
잘 증명해 준다. 그리스도 안에 나타난 하나님의 사역은 단순히 개인만을
대상으로 하는 것이 아니라 세상 전체를 직접적인 대상으로 삼는다. 따라
서 복음과 세상의 관계를 고려하지 않는 구원론은 성경의 가르침을 제대
로 파악한 구원론이라고 할 수 없다.

그렇다면 세상이란 무엇인가?

필자는 이 주제에 관한 서론으로서 신약성경에서 복잡하게 쓰인 세상 Cosmos이라는 용어가 지닌 다양한 의미를 간략하게 분류해 보고자 한다.

1. 세상은 하나님께서 태초에 창조하시고 언젠가 재창조하실 창조세계의 총체, 즉 우주, "하늘과 땅"이다.[67]

신약성경의 세상에 대한 개념은 기독론을 강조하는 것이 두드러진 특징이다. 세상은 하나님에 의하여 말씀으로 말미암아 창조되었다.요1:10 창조된 것 가운데 하나도 그가 없이는 된 것이 없다.요1:3 구원의 집행자로서 복음이 선포하는 그리스도는 하나님의 창조행위의 집행자이시다. 또한 그는 모든 창조세계가 지향하는 목표이며골1:16 모든 실재, 즉 물질적 실재뿐 아니라 정신적 실재에 의미를 부여하는 원리이시다.골1:17

예수 그리스도의 우주적 중요성을 고려할 때, 그리스도인은 세상의 최종 운명에 대하여 비관적일 수 없다. 그리스도인은, 역사의 흐름 속에서 하나님께서 자신의 왕권을 포기하지 않으시고 적절한 때에 만물을 그리스도의 통치 아래 두실 것이라는 사실을 알고 있다.엡1:10; 고전15:24 참조 복음은 '새 하늘과 새 땅'에 관한 희망을 전하고 있다.계21장; 벧후3:13 참조 68) 결과적으로 유일하게 참된 복음전도는 예언자들에 의하여 약속되었고, 또한 사도들에 의하여 선포된 그리스도 안에서의 만물의 회복이라는 최종 목표를 지향하는 것이라고 할 수 있다.행3:21 영혼의 미래 구원을 강조하는 종말론은 이 시대의 세속적 종말론과 비교해 볼 때 지나치게 편협한 것임이 드러났다. 이 시대의 세속적 종말론 가운데 가장 중요한 것은 마르크스주의로서 그것은 이상사회 건설과 새로운 인간 창조를 기대한다. 인류 역사상 그 어느 때보다 오늘이야말로, 그리스도인의 소망이 그 어떤 유형의 헛된 소망도 제시할 수 없었던 힘과 확신을 가지고 그 본래의 내용대로 선포되어야 할 것이다.

2. 다소 제한된 의미에서, 세상은 시·공간으로 제한된 삶의 구조, 즉 현재의 인간 실존의 질서를 말한다.[69]

이것은 물질을 소유하게 되는 세상을 의미하며, 그 세상 안에서 인간들은 쉽게 삶의 목표가 되는 '물질'에 관심을 갖게 된다.눅12:30 이와 같이 물질적인 것에 대한 염려는 하나님나라를 구하는 것과 양립할 수 없다.눅12:22~31 인간이 이 땅에 쌓아둘 수 있는 보물들은 결국에는 없어질 것들이다.마6:19

인간이 '온 세상'을 얻고 자신의 생명을 잃어버리는 것은 소용없는 일이다.눅9:25; 요12:25 기독교적 현실주의는 "우리가 세상에 아무 것도 가지고 온 것이 없으매 또한 아무 것도 가지고 가지 못한다"딤전6:7라는 사실을 심각하게 고려할 것을 요구하고 있다. 물질의 소유는 결국 종말을 향하여 진행하는 이 세상의 무상함을 보여줄 뿐이다. 종말에 비추어 볼 때, 현재의 질서에 속하는 모든 것은 상대적이기에 그것은 인간 실존의 총체로 여겨질 수 없다.고전7:29~31; 요일2:17 그와는 반대로 그것들은 하나님을 대항하는 인간 체제의 일부를 형성하고 있다(이 주제는 후에 다시 다루게 될 것임).

복음을 선포한다는 것은 이 세상에 속하지 않는 하나님나라에 관한 메시지를 선포하는 것이다.요18:36 따라서 하나님나라의 정치는 이 세상 나라의 정치와 같을 수 없다. 하나님나라의 왕은 사랑에 기초한 자기 자신의 왕국을 세우시기 위하여 "천하만국과 그 영광"마4:8; 눅4:5 참조을 거부하신 분이다. 그 나라는 '지금 여기'에서 사람들 가운데 임해 있으며 이 세상에 속하지 않고 위로부터, 즉 인간 실존이라는 일시적 영역을 초월하여 있는 질서에서 오신 예수 그리스도 안에 실현된 나라다. 요8:23

3. 세상이란, 하나님을 대항하고 악의 권세의 노예가 되어버린 인류, 즉 복음선포의 대상인 인류를 의미한다.[70]

때때로 코스모스cosmos는 하나님과의 관계에 대한 언급 없이 단순히 인류를 의미하기도 한다.[71] 그러나 그보다 훨씬 자주 그것은 예수 그리스도 안에서 정점을 이루는 구원사와 관련한 인류를 의미한다.

a. **복음의 대상으로서의 세상**: 세상을 구원하려는 하나님의 뜻이 가장 잘 나타난 것은 그의 아들 예수 그리스도의 삶과 사역 안에서다. 모든 사람이 구원받는 것이 하나님의 뜻임에도, 모든 사람이 구원받는 것은 아니라는 사실 때문에, 구원론의 우주적 성격을 부인해서는 안 될 것이다. 딤전2:4 신약성경에 따르면, 예수 그리스도는 한 종파의 구세주가 아니라 "세상의 구주"요4:42; 요일 4:14; 딤전4:10이시다. 세상은 하나님의 사랑의 대상이다. 요3:16 예수 그리스도는 세상의 죄를 지고 가시는 하나님의 어린 양요1:29 이요 세상의 빛이며요1:9; 8:12; 9:5 또한 자기 백성의 죄 뿐만 아니라 "온 세상의 죄를 위하여"요일2:2; 고후5:19 참조 화목제물이 되셨다. 이 목적을 위하여 그는 아버지께 보냄을 받았다. 세상을 정죄하기 위함이 아니라 " 그로 말미암아 세상이 구원을 받게 하려 하심"요3:17이다. 예수 그리스도 안에 계시된 하나님의 구원은 명백하게 우주적 성격을 띤다.

그러나 이 복음의 보편성은, 예수 그리스도의 사역을 기초로 하여 모든 인류가 그리스도 앞에서 그들의 현재 위치와 상관없이 영생을 받았다고 주장하는 현대 신학자들의 보편주의와 혼동해서는 안 된다. 예수 그리스도로 말미암아 주어지는 구원의 은총은 복음과 분리되지 않으며, 그것은 복음 안에서 또한 복음을 통하여서만 주어질 수 있다. 복음을 선포하는 것은 이미 완성된 사실을 선포하는 것뿐만 아니라 믿음에의 부름을 포함하고 있다.

예수 그리스도를 세상의 구주로 선포하는 것은 모든 사람이 자동적으로 구원받았음을 확인하는 것이 아니라 오히려 모든 사람에게 세상의 죄를 위하여 자신의 생명을 드리신 그분을 신뢰하도록 초대하는 것이다. "그리스도는 믿음과 상관없이 우리를 구원하시는 것이 아니며, 또한 믿음이 그리스도와 상관없이 우리를 회복시켜주지도 않는다. 그리스도는 우리와 하나가 되셨으며 우리는 그리스도와 하나가 되어야 한다. 이와 같은 자기 확인의 이중적 과정과 그것으로 말미암아 나타나는 결과들에 대한 인정 없이는 복음을 온전하게 해석할 수가 없다."[72]

복음이 보편적 성격을 가지고 있기 때문에 교회의 복음전파 사명 역시 보편적 성격을 가진다. 복음이 세상 전체를 선포의 대상으로 삼아야 한다는 사실은, 예수 그리스도께서 몸소 실천하셨으며 제자들의 사역을 통하여 지속되고 있다. 아버지께서 그리스도를 보내셨던 것처럼, 그리스도께서는 그의 제자들을 세상으로 보내셨다.요17:18 그리스도의 이름으로 회개와 죄의 용서가 모든 나라에 선포되어야 한다.눅24:47; 마28:19; 막16:15 이와 같은 복음의 요구로 말미암아 인류 역사는 이 시대가 끝날 때까지 의미를 가지게 되는 것이다.마24:14

b. **하나님께 대항하고 어둠의 권세의 노예가 된 세상** : 신약성경에서 코스모스cosmos는 대부분 부정적 용법으로 사용되었다. 그것은 인류를 의미하는데, 그 인류는 하나님께 공개적으로 적대적 입장을 취하는 인류를 의미한다. 이 세상은 예수 그리스도와 그의 제자들의 대적으로 의인화되어 나타난다. 만물을 창조하신 말씀이 이 세상에 오셨으나 "세상이 그를 알지 못했다"요1:10 그는 세상의 빛으로요8:12; 9:5진리에 대하여 증거하기 위하여

오셨다.요18:37 그러나 "사람들이 자기 행위가 악하므로 빛보다 어두움을 더 사랑하였다."요3:19 그것은 집단적인 거부였다. 그러나 그것은 하나님을 떠난 세상이 당연히 드러낼 수밖에 없는 일관된 태도일 뿐이었다. 즉, 세상은 진리의 영을 받을 수 없으며 육신의 생각은 하나님의 법에 굴복할 수 없기 때문이다.롬8:7 이것이 세상의 비극이다. 세상은 그리스도를 거절함으로써 그리스도와 그의 제자들을 미워하게 되었고,요15:18,24; 요일3:1,13 그로 말미암아 복음을 받아들이지 못하므로요9:39~41 세상은 악순환에 빠지게 되었다. 예수 그리스도께서는 하나님을 반역하는 세상을 위하여서는 기도하지 않으셨다.요17:9 요한과 바울의 저술들에 나타난 세상이라는 개념을 좀 더 깊이 분석해 보면, 예수 그리스도를 거부하는 배후에는 인간과 하나님을 대항하는 영적 세력이 활동하고 있다는 사실이 명백해진다. "온 세상은 악한 자 안에 처한 것이다"요일5:19 하나님에 대한 무지를 특징으로 하는 '세상의 지혜'는 그리스도를 십자가에 못 박은 '이 시대의 지배자' 즉 어두움의 권세의 지혜를 반영한다.고전1:20; 2:6,8 불신자들이 복음에 대하여 눈이 먼 것은 "이 세상의 힘",고후4:4 즉 사탄이 활동하고 있기 때문이다. 믿음이 아니고서는 공중의 권세 잡은 자엡2:2에 의해 조정되는 시대정신에 굴복하지 않을 수 없다. 세상은 초등학문갈4:3,9; 골2:8,20과 정사와 권세롬8:38; 고전15:24,26; 엡1:21; 3:10; 6:12; 골1:16; 2:10,15의 지배 아래 놓여 있다.

이와 같은 세상의 모습은 신약성경 전체에 의해서 확인되고 있다. 신약성경에서, 현시대는 1세기 유대교에서와 마찬가지로 사탄과 그의 군대가 세상에 대한 권세를 행사하는 기간으로 간주된다. 우주는 모든 현상을 자연적 인과법칙으로 설명할 수 있는 폐쇄체계가 아니다. 오히려 그것은 역사 안에서 활동하시는 하나님께서, 예수 그리스도 안에 계시된 진리를 막고 인간들을 노예로 만들려는 영적 권세들과 전투를 벌이고 있는 격전장이다.

사탄의 세력에 대한 이러한 분석을 단순히 신약시대 유대인들 사이에 널리 퍼져 있던 묵시적 사상에서 나온 것이라고 무시할 수만은 없다. 에밀 스토퍼Emil Stauffer가 말한 대로 "초대교회에 있어서 마귀론을 배제한 신학이란 존재하지 않는다." 마귀론이 없으면 죄의 문제에 대한 해답은 전적으로 인간 안에서 찾을 수밖에 없는데, 그것은 인간을 초월하여 있으며 그에게 파괴적인 삶의 방식을 강요하는 어떤 질서가 있다는 사실을 배제하는 것이다. 죄는 각 개인의 죄들을 합한 합계가 아니다. 반대로 그것은 인간이 놓여 있는 상황을 조정하며 인간들로 하여금 죄를 범하도록 만드는 객관적 상황이다. 즉 "죄를 범하는 자마다 죄의 종이다."요8:34 죄의 본질은 거짓이며, 거짓의 기원은 마귀다. 그는 "거짓말쟁이요 거짓의 아비"다. 요8:44 따라서 죄는 개인적 문제라기보다는 사회적이며 더 나아가 우주적 성격을 띤다. 개인적인 죄, 즉 예수님께서 "속에서 곧 사람의 마음에서" 나오는 것으로 언급하신 죄들막7:21,22은, 허무한 데 굴복하였으며 썩어짐의 종노릇한 데서 해방되게 될롬8:20, 21 피조 세계에서 나타나는 현상들이다.

불행하게도 사탄은 주로 귀신들리는 것이나 주술의 영역에서만 활동하는 것으로 여겨졌다. 그 결과, 우리는 인간의 사고와 행동을 조건지우는 시대정신에도 마귀가 영향을 미친다는 사실을 자각하지 못하게 되었다. 구원을 개인적 차원에서 파악하는 것은 이 세상에 있는 것들, 즉 인간의 마음에 있는 것뿐만 아니라 "육신의 정욕과 안목의 정욕과 이생의 자랑"요일2:15~16을 무시하고 죄를 개인적 차원에서 파악한 신학의 결과다. 한마디로, 그것은 물질주의라는 현실을 무시하는 것이다. 즉, 이 시대가 제공하는 모든 것, 소비재 상품들, 돈, 정치권력, 철학, 과학, 사회적 신분, 인종, 국가, 성, 종교, 전통 등 그 모든 것을 절대화하는 것이다. 또한 그것은 니버Neibuhr가 말하는 집단 이기주의를 무시하는 것이다. 이 집단 이기주의는 인간으로 하여금 삶 속에서 원하는 것들을 실현하는 데 총력을 기울이도록 세뇌하는 것이다. 또한, 그것은 인간은 하나님으로부터 독립하여 하나님같이 됨으로써 실존의 의미를 찾는다는 거대한 거짓을 무시하는 것이다.

　세상은 어둠의 권세 아래 놓여 있는 동시에 하나님의 심판 아래 서 있다. 하나님께서는 세상을 심판하시기 위함이 아니라, 세상이 그의 아들을 통하여 구원받게 하시려고 자기 아들을 세상에 보내셨다.요3:17; 12:47 참조 그런데도 세상은 인간 안에 육신을 입고 들어오신 생명의 빛을 거절함으로써 심판을 받았다. "그 정죄는 이것이니 곧 빛이 세상에 왔으되 사람들이 자기 행위가 악하므로 빛보다 어둠을 더 사랑한 것이니라"요3:19; 12:48 참조 결론적으로 이 세상에서 인간의 문제는 단순히 그가 개별적인 죄를 범했거나 특정한 악의 유혹에 굴복했다는 것이 아니다. 오히려 그것은 그가 하나님께 대항하는 폐쇄체제, 즉 인간으로 하여금 상대적인 것을 절대화하고 절대적인 것을 상대화하도록 만드는 체제, 그리고 인간으로 하여금 영생을 빼앗고, 인간을 하나님의 심판 아래 들어가도록 만드는 체제에 갇혀버렸다는 사실이다. 복음전도가 인간의 현실참여에 대한 언급 없이 단순히 교리적인 내용을 전달하는 것으로 축소될 수 없는 이유가 바로 여기에 있다. 복음을 전파하는 자의 확신이 그가 갖고 있는 방법론의 효율성에 달려 있지 않음도 바로 이러한 이유 때문이다. 사도 바울이 가르친 대로 "우리의 씨름은 혈과 육을 상대하는 것이 아니요 통치자들과 권세들과 이 어둠의 세상 주관자들과 하늘에 있는 악의 영들을 상대함"엡6:12이다. 복음을 선포한다는 것은 이 싸움을 하기 위해 하나님의 도움이 필요하다는 사실을 심각하게 고려하는 것이다.

복음전도와 세상으로부터의 분리

복음은 인간으로부터가 아니라 하나님께로부터 온 것이다. 복음이 세상에 들어옴으로 말미암아 필연적으로 갈등이 생기게 되었다. 왜냐하면, 복음은 이전 시대의 '바라는 것들'에 관한 절대적인 기준에 대하여 의문을 제기하기 때문이다. 복음은 인간으로 하여금 하나님과 거짓 신들, 빛과 어두움, 진리와 거짓 사이를 분별하도록 요구하고 있기에, 복음이 이 땅에 주어졌다는 사실만으로도 그것은 위기를 의미한다. 따라서 복음을 전하는 자들은 "하나님 앞에서 그리스도의 향기니 이 사람에게는 사망으로부터 사망에 이르는 냄새요 저 사람에게는 생명으로부터 생명에 이르는 냄새" 고후2:15,16다. 복음은 연합함과 동시에 분리시킨다. 복음 안에는 이와 같은 분리가 있기 때문에, 교회 공동체는 세상 안에 있으되 세상에 속하지 않도록 부름 받은 것이다.

교회가 세상과 분리된 실체라는 개념은 지금까지 잘못된 해석들을 야기했다. 그 첫 번째 형태는, 교회와 세상의 분리는 실제적인 분리가 아니라 단지 인식론적 차이에 불과하다는 주장이다. 즉, 교회는 자신이 하나님과 화해되었음을 알고 있는 반면에 세상은 그 사실을 모르고 있는 것뿐이며 그것이 전부라는 것이다.[73]

두 번째 형태는, 그 분리는 두 도시 사이에 놓여 있는 건널 수 없는 균열이라는 것이다. 교회와 세상 사이의 분리를 어떻게 이해하느냐에 따라 복음에 대한 정의와 복음전도의 방법론에 대한 정의가 달라지게 된다. 따라서 우리는 시급하게 복음전도를 재발견해야 할 필요가 있다.

즉, 성경의 관점에 기초하여 교회와 세상 사이의 구분을 심각하게 생각하며, 인간을 노예상태에서 해방시키는 동시에 교회가 이 세상의 종이 아님을 명백하게 표현하는 그와 같은 복음전도를 재발견할 필요가 있다.

복음전도와 예수 그리스도를 만민의 주로 선포함

신약성경을 연구해 보면, 신약성경의 핵심적 메시지가 교회의 가장 오래된 신앙고백 안에 요약되어 있음을 발견하게 된다. 즉 '예수 그리스도는 주' 이시다는 것이다. 제자들이 '주' 라는 칭호의 중요성을 깨닫게 된 것은 부활 이후인 것이 사실이지만, 그들이 '주요 그리스도' 로 믿었던 분은 다름 아닌 십자가에 달려 돌아가신 예수님이었다는 사실은 의심의 여지가 없다.행2:36 예수 그리스도를 주로 고백하는 것은, 하나님께서 "그의 피로써 믿음으로 말미암는 화목제물로 세우셨으니"롬3:25 예수님께서 "모든 사람의 주"롬10:12이심을 고백하는 것이다. 예수님께서는 자신을 희생제물로 드려 죄 용서의 토대를 제공하심으로 말미암아 이 세상을 다스리는 데 있어 중재자로서의 지위를 갖게 되신 것이다.히1:4

앞에서 언급한 구절들에 의하면, 예수 그리스도께서 담당하신 제사장과 왕으로서의 사역은 서로 분리될 수 없음이 분명하게 나타난다. 신약의 관점에서 볼 때, 예수 그리스도 안에 나타난 하나님의 사역은 죄를 깨끗하게 씻어버리는 것에 국한될 수 없다. 그것은 죄를 씻는 것뿐만 아니라 어두움의 권세로부터의 해방이요 예수 그리스도 안에서 현재적 실재가 된 메시아 왕국 안으로 들어감을 의미한다.골1:13

그리스도는 이 세상에 죄 용서뿐만 아니라 이 세상에 대한 종살이의 해방을 가져오신 분이시다. 십자가 사건은 이 세상과 이 세상의 지배자에게는 심판의 사건이다.요12:31; 16:11 즉, 그리스도께서 정사와 권세들을 무장 해제시키시고 그들의 패배를 선포하시고 그들을 포로로 삼으신 사건이다.골2:15 예수 그리스도는 온 우주의 주로 등극하셨으며엡1:20~22; 빌2:9~11; 벧전3:22 그의 이름을 부르는 모든 사람을 구원하시는 능력을 가지고 계시다.롬10:12,13 그리스도 안에서의 구원은 죄 용서뿐만 아니라요일1:9 믿음으로 말미암아 세상을 이기는 것요5:4도 포함한다.

따라서 복음을 전파하는 것은 마치 그리스도가 대단한 심리학자인 것처럼 생각하여 단지 죄의식에서 해방을 경험하도록 하는 것이 아니다. 또한, 그리스도의 구속의 능력은 그의 주권과 분리될 수 없다. 복음을 전파하는 것은 예수 그리스도를 주요 구세주로 선포하는 것이며, 그의 사역을 통하여 인류가 죄와 죄의 권세로부터 구원을 받아 만물을 그리스도의 지배 아래 두시는 하나님의 계획 안에 들어왔음을 선포하는 것이다. 월터 퀴네스 Walter Künneth가 지적한 대로 개인주의적 기독론, 즉 그리스도를 개인과의 관련 속에서만 보는 기독론은 창조를 부인하는 실마리를 제공하게 된다. 그 이유는, 그리스도를 개인과만 관련시켜 이해하게 되면 이 세상은 마치 하나님의 말씀과 분리되어 존재하는 것처럼 여겨지기 때문이다.74) 복음이 선포하는 그리스도는 모든 사람의 주이시며 하나님이 원하시는 새 인간을 창조하시기 위하여 역사 안에 들어오셔서 결정적으로 활동하셨다. 예수 그리스도를 믿는 사람은 "이 악한 세대"갈1:4로부터 구속함을 받으며, 또한 이 세대를 특징짓는 권세들로부터 구속함을 받는다. 세상은 믿는 자에 대하여 십자가에 못박혔으며, 믿는 자는 세상에 대하여 십자가에 못박혔다.갈6:14 믿는 자는 이제 헛된 신들의 영향이 미치는 영역에 속하지 않기 때문에 헛된 신들에게 굴복할 수 없다.골2:20

교회가 세상으로부터 분리되는 것은 신학 또는 종말론적인 관점에서만 있을 수 있는 것이다. 교회가 이 시대에 속하지 않고 장차 오는 시대에 속한 공동체로서 형성되어진 것은 하나님 앞에서다. 하나님에 의하여 부름을 받은 교회는 이 시대의 물질주의 속에 내재하는 거짓, 즉 세상이 제공하는 것들을 절대시하는 태도를 거절한다는 차원에서 이 세상에 속하지 않는다. 옛 시대는 스스로를 신이요 또한 주로 주장하는 우상의 지배 아래 놓여 있었으나, 교회는 유일하신 한 분 하나님 아버지와 한 분 주 예수 그리스도, 즉 창조와 구속의 중재자만이 계심을 주장한다.고전8:5,6 지금 여기에서 만물이 예수 그리스도를 모든 창조세계의 주로 인정하게 되는 날을 기대하면서, 빌2:9~11 교회는 그리스도를 영접하며, 엡1:22 또한 모든 사람의 주로서 그리스도가 주시는 축복과 은사들을 힘입어 살아간다. 엡1:3~14; 4:7~16 이것이 교회와 세상 사이의 기본적 차이다.

예수 그리스도를 모든 사람의 주로 선포하지 않거나, 예수 그리스도의 우주적 권세 앞에서는 모든 가치가 상대화된다고 선포하지 않는 복음전도는 존재하지 않는다. 복음을 전파한다는 것은 예수 그리스도께서 오늘 다스리고 계시며 또한 "모든 원수를 그 발아래 둘 때까지" 고전15:25 계속하여 왕노릇하실 것임을 선포하는 것이다. 신약성경의 우주적 기독론이야말로 복음선포의 핵심적 요소다.

복음전도와 세속화

예수 그리스도께서는 십자가에 못박히심으로써 이 세상 임금에게 결정적 패배를 안겨주었다. 그리스도의 원수는 치명적인 상처, 즉 더는 회복 불가능한 상처를 입었다. 그리스도의 부활은 창조세계가 헛된 것에 복종하였으나 하나님께서는 창조세계에 대한 그의 통치를 포기하지 않으셨음을 분명하게 보여주는 것이다. 모든 피조세계가 썩어짐의 종노릇하는 것으로부터 해방을 받을 것이다. 롬8:20, 21 전체 우주가 그리스도의 통치 아래 놓이게 될 것이다. 빌2:9~11 예수 그리스도의 최후 승리에 대한 소망은 기독교 신앙의 핵심이다. 예수 그리스도의 죽음과 부활을 통하여 하나님께서 행하신 일이 역사의 마지막 때에 완성될 것이다.

그러나 우리는 이 세상과 관련하여 실제적인 역사적 상황 속에 놓여 있는 교회에 대하여 잘못 이해해서는 안 된다. 신약성경은 세상과 세상에 있는 모든 것에 인간들(그리스도인이든 아니든 간에)에게 행사하는 엄청난 영향력이 실제로 존재함을 가르쳐 준다. 세상과 세상 권세에 대한 그리스도의 승리는 우리의 지적 동의를 요구하는 단순한 교리가 아니다. 그것은 믿음을 통하여 그리스도인의 삶 속에서 구체적인 현실로 나타나야만 하는 사실이다. "내가 세상을 이기었노라"요16:33라는 예수님의 주장과 함께 "세상을 이긴 이김은 이것이니 우리의 믿음이라"요일5:4는 신자들의 고백이 뒤따라야 한다. 다른 말로 하면, 그리스도인은 그의 신분에 합당한 자가 되도록 부름을 받았다. 복음주의 윤리에서의 명령법은 복음 안의 직설법과 함께 하나의 분리할 수 없는 전체를 이루고 있다.

이 시대가 진행되는 한 어두움의 권세에 대항하는 싸움은 지속된다. 세속화는 끊임없이 교회와 교회의 복음전파 사역에 위협을 가하고 있다. 이 악한 세대로부터 구속함을 받았음에도,갈1:4 그리스도인들은 이 시대가 굴복하고 있는 "약하고 천한 초등학문"으로 돌아갈 위험과 또한 아직도 세상에 속한 자들처럼 "붙잡지도 말고 맛보지도 말고 만지지도 말라"골2:20~22고 한 인간의 의문에 스스로 종노릇할 위험을 안고 있다. 그래서 그리스도인들은 그리스도 안에서 그들에게 주어진 자유를 끊임없이 기억할 필요가 있다.

그리스도께서 십자가에서 죽으시고 다시 살아나셨기 때문에 새 시대에 속하는 하나님의 자녀들은 '지금 여기'에서 자유를 누리며 살 수 있는 길이 제공되었다. 따라서 모든 율법주의는 세속화, 즉 어둠의 권세에게 종노릇하는 것으로 되돌아가는 것이다. 이것은 세계의 많은 지역에서 '복음주의 기독교문화'의 일부가 되어버린 많은 금기사항과 터부에도 적용되는 말이다. 그와 같은 금기사항과 터부들은 복음과 미묘하게 혼동되어서 복음주의가 마치 어떤 종교적 규칙들이나 관행들을 지키는 것으로 변질되어버렸고 복음의 본질인 자유는 잃어버리게 되었다.

오늘의 교회의 삶과 사명에 침투하고 있는 또 다른 형태의 세속화는 복음을 '시대정신'에 맞추는 일이다. 여기서는 두 가지만 예를 들고자 한다.

a. 세속적 기독교: 이미 1세기에 영혼과 물질을 구분하는 이원론에 복음을 조화시키려는 노력이 있었다. 그 결과, 기독교 사상사에 있어 소위 가현설로 알려진 사상이 나타났다. 즉, 세상을 이원론적으로 해석한 시대정신 속에서, 속성상 선한 존재인 하나님이 속성상 악한 물질세계 속으로 들어올 수 있다는 가능성을 설명함으로써 사람들에게 복음을 전하려고 새로운 기독론을 발전시킨 것이다. 아마도 요한서신에서 언급하고 있는 이단사상이 그와 같은 사상이었을 것이다.

오늘날의 문제는 영혼과 물질 사이의 이원론이 아니라 세속주의다. 이 세속주의는 다른 유형의 이원론이 가져온 논리적 결과로써 자연계는 총체적인 현실을 나타내 보여주며, 따라서 유일하게 가능한 지식은 '과학적' 지식뿐이라는 사상이다. 이것은 데카르트의 철학에서 유래한 것으로서, 그의 철학은 인간사유하는 주체과 세상사유의 대상 사이의 이원론이다.[75] 역사 안에서 활동하시고 자연계 안에서 활동하시는 초월적 존재로서의 하나님은 끼어들 자리가 없어졌다. 우주 안에서 존재하거나 발생하는 모든 것은 원인과 결과의 법칙에 의해서 설명이 가능하게 되었다. 경험적 방법으로 탐구될 수 없는 것은 실재적 존재가 될 수 없다.

현대 신학자들이 지향하는 세속적 기독교의 여러 형태들은 세속주의의 타당성을 가정한다. 그들이 보통 출발점으로 삼는 것은 본회퍼가 말한 것처럼 이 세상 인간들이 성년이 되었기 때문에 더는 초자연적 실재를 필요로 하지 않게 되었다는 것이다. 그러나 이와 같은 초자연적 실재는 종교의 가장 기초적인 전제이다. 그들 현대 신학자들의 목적은, 이 세상 안에서 어려움 없이 잘 살아가는 법을 깨우치고 초자연적 도움을 필요로 하지 않는다고 생각하는 현대인에게 복음을 새롭게 설명하는 것이다. 과학 이전 시대의 우주관의 일부였던 초월이라는 낡은 교리는 종말을 고할 때가 도래하였다는 것이다. 이 시대에 기독교신앙이 살아남으려면 현대식으로 포장해야 한다. 즉, 기독교신앙은 초월주의의 모든 찌꺼기를 벗어버리고 세속적 용어로 다시 새롭게 서술함으로, 과학 이전 시대의 개념들과 함께 쓰레기통에 던져지지 않도록 만들어야 한다는 것이다. 세속주의는 기독교신앙의 적이라기보다는 하나의 동반자이다. 왜냐하면, 고가르텐Friedrich Gogarten이 주장한 것처럼, 세상을 향한 인간의 책임이야말로 복음의 본질이기 때문이다.

따라서 인간이 더는 자연의 영역을 초월한 실재에 관심을 기울이지 않고, 세속도시를 건설하는 데 총력을 기울이게 하는 토대가 만들어졌다. 인간이 자기 운명의 주체자이며 그의 소명은 전적으로 역사 안에서만 의미를 가지는 것이다.

로버트 블레이키Robert J. Blaikie는 '세속적 기독교'의 저변에 깔려 있는 데카르트적 현실관에는 행동하는 존재로서의 인간관이 전혀 설 자리가 없음을 자세하게 논증하였다. 즉, 자유롭게 행동하거나 자신의 의지로 세상의 변화를 위해 노력할 수 있는 능력을 가진 인간관이 불가능한 것이다.76) 인간은 행동함으로써 현실 속에서 존재한다. 그러나 만일 인간이 사유하는 주체에 불과하며, 세상은 원인과 결과라는 폐쇄체제 안에 완전히 갇힌 것으로 인간의 사유의 대상에 불과한 것이라면, 이것은 인간이 인격적 실재가 아니며 활동하는 존재로서 여겨질 수도 없음을 의미한다. 그러나 우리가 상식적으로 이해할 때, 인간은 세상 안에 살며 세상 안에서 활동하는 존재들이며, 현실이란 과학적 방법을 통해서만 '객관적으로' 알려질 수 있는 어떤 것이라는 현실관은 불완전한 것이다. 이와 같은 현실관은 과학적으로 입증될 수 있는 철학적 전제들에 기초한 것에 불과하다. 결론적으로 세속적 기독교는 복음을 새롭게 서술한 것이 아니라 단순히 현대 세속주의의 한 모습인 왜곡된 현실관에 굴복한 것이다.

성경에 따르면, 창조세계를 향한 인간의 책임은 인간의 소명 가운데서 가장 핵심적인 부분이다. 하나님을 배제한 것, 즉 자연과 인간의 역사 안에서 활동하시는 하나님을 배제한 것은 시대정신과 타협하는 것이다. 이것은 세속화의 한 형태다. 세속적 기독교는 인간 중심적 종교로 인간이 듣기 원하는 것만을 말하는 종교다. 즉, 인간은 인간 자신의 주인이며, 미래는 인간의 손에 달려 있고, 하나님은 인간이 조종할 수 있는 비인격적인 어떤 것에 지나지 않는다는 것이다. 이것은 성경의 메시지를 거부하는 것인데, 성경의 메시지는 하나님께서 우주를 초월하여 계시며 또한 우주 안에서 자유롭게 행동하신다는 기본적 전제가 있다.

마지막으로 세속적 기독교가 하는 일은 세속적인 것을 신성시하는 것이다. 즉, 예수 그리스도 안에 나타난 하나님의 사랑을 세속도시의 상품들에 대한 사랑으로 대치했으며 마치 현재의 질서가 절대적 가치를 가지는 것처럼 가르치고 있다. 가현설에 위협 받던 1세기 교회에 준 요한의 충고는 오늘날도 여전히 유효하다. "이 세상이나 세상에 있는 것들을 사랑하지 말라 누구든지 세상을 사랑하면 아버지의 사랑이 그 안에 있지 아니하니"요일2:15

b. 문화 기독교: 세속적 기독교와 마찬가지로 복음에 악역향을 끼치는 것은 기독교를 문화 혹은 문화적 표현과 동일시하는 것이다. 16세기에 라틴아메리카는 스페인의 가톨릭 왕과 왕비의 이름으로 정복되었다. 이것은 군사적인 정복뿐만 아니라 종교적인 정복이었다. 그들은 단순히 스페인 문화뿐만 아니라 기독교 문화를 이식하는 데 관심이 있었다. 최근에서야 로마교황청이 라틴아메리카 민중 속에 자리 잡은 기독교가 대부분 명목뿐인 기독교에 지나지 않았다는 사실을 의식하기 시작했다. 19세기에 기독교 선교활동이 유럽 식민주의와 너무도 밀접하게 연관되어 있었기에 아시아와 아프리카에서의 기독교는 백인들의 종교와 동일시됐다.

그러나 오늘날 또 다른 형태의 문화 기독교가 세상에 지배적으로 나타나게 되었는데 그것은 다름 아닌 '미국식 삶의 방식'이다. 이 새로운 현상은 북미 기독교 작가에 의하여 다음과 같이 묘사되었다. "사회·정치적 보수주의를 복음주의와 같은 것으로 보도록 만드는 가장 중요한 요인은 세상과의 일치다. 우리는 미국주의와 기독교를 같은 것으로 여겨왔는데, 그것이 어느 정도인가 하면 우리는 다른 문화권에 살고 있는 사람들이 기독교로 개종할 때 반드시 미국식 제도를 채용해야 한다고 믿게끔 되었다. 우리는 이제 거의 무의식적으로 미국식 삶의 방식이 기본적으로 기독교적이라는 믿음을 갖게 되었다."77)

미국에서는 사회·정치적 보수주의와 복음주의를 동일시함으로 말미암아 상당 수의 중산층 백인이 교회에 출석하게 되었다. 그러나 그것을 위해 교회는 사회 안에서 예언자의 사명을 포기하는 대가를 치러야 했다. 틸리히가 말한 '개신교 원리', 즉 모든 역사적 절대화를 거부하는 능력은 문화 기독교에 있어서는 불가능한 것이 되었다. 많은 복음주의자가 기독교적 정통과 사회·경제적 또는 정치적 보수주의를 혼동하는 이유가 바로 여기에 있다.

이와 같은 유형의 기독교가 소위 '선교지'에 미치는 엄청난 영향으로 말미암아 오늘날 많은 국가에서 전파되는 복음이 '미국식 삶의 방식'이라는 간판을 달고 나타나고 있다. 오늘날 남미에서 복음을 전파하려는 사람들이, 종종 복음을 듣는 사람들의 마음속에서 복음과 미국주의를 동일시함으로 말미암아 제기되는 수많은 편견에 직면할 수밖에 없는 것은 놀라운 일이 아니다.

몇몇 형태의 미국 기독교에 의하여 투사된 그리스도인의 이미지는 행복을 위한 공식, 또는 자신이 가지고 있는 것을 다른 사람들과 자유롭게 나누기를 원하는 공식을 발견한 성공적인 사업가의 이미지다. 여기에서 기본적인 문제는 종교를 상품으로 하는 자유, 소비자의 시장에서 기독교가 더는 독점을 유지할 수 없는 형편이 되었기 때문에, 이 기독교는 모든 사람이 그리스도인이 될 것을 선택하도록 만들기 위하여 자신의 메시지를 최소한으로 줄이는 방안을 채택하였다는 점이다. 그 결과 복음은 일종의 상품으로 변해버렸고, 교회는 그 상품을 구입하는 소비자에게는 가장 고상한 가치들, 즉 인생에서의 성공과 지상에서 영원히 행복하게 사는 것을 보장해 주게 되었다.

그리스도를 영접하는 행위는 아무런 대가 없이 '좋은 인생'이라는 인상을 얻기 위한 수단이 되어버렸다. 십자가는 전혀 반발을 일으키지 않는 것으로 변질되었는데, 그것은 우리를 위한 예수 그리스도의 희생만을 강조할 뿐이며 제자도에 대한 부름은 빼버렸기 때문이다.

이와 같은 유형의 기독교의 하나님은 '값싼 은혜'의 하나님이다. 즉, 끊임없이 주시기만 하고 아무것도 요구하시지 않는 하나님, 가장 적은 노력을 들여 가장 손쉬운 해결책을 찾는 법칙에 의해 조종되는 대중적 인간을 위해 편리하게 조작된 하나님, 진통제가 필요한 것처럼 하나님을 필요로 하는 사람에게 모든 관심을 기울이시는 하나님이시다.

가능한 한 많은 수의 교인을 확보하고자 문화 기독교는 그들의 복음을 하나의 상품으로 변질시킨 것만으로 만족하지 않고 있다. 문화 기독교는 가장 많은 수의 종교 소비자들에게 그들의 복음을 나누어 주고 있다. 이와 같은 목적을 위하여 20세기는 완전한 도구, 즉 기술을 제공해 주었다. 따라서 전세계의 복음화를 위한 전략은 단순한 수학적 계산의 문제가 되어버렸다. 문제는 가장 빠른 시간 안에 가장 적은 비용을 투자하여 가장 많은 수의 그리스도인을 생산해 내는 것이다. 이 목적을 위하여 많은 전략가가 컴퓨터에 의존하게 되었고, 덕분에 과거 어느때보다 기독교신앙을 하나의 통합된 문화로 창출해 내는 것이 가능하게 되었다. 우리시대의 문화 기독교는 전세계에 성공의 메시지를 전파하고 그것도 효과적으로 전파하기 위한 고도로 발달된 기술자원을 갖추고 있다.

물론 복음전도에 기술이 필요 없다는 말은 아니다. 따로 떼어놓고 보면 기술도 과학이나 돈과 같이 도덕적으로 중립이다. 또한 더 많은 사람이 그리스도인이 되기를 바라는 마음 자체도 전적으로 타당하다. 하나님께서는 "모든 사람이 구원을 받으며 진리에 이르기를 원하신다"딤전2:4 이 문화 기독교의 문제는, 복음을 성공을 위한 공식으로 축소시켰으며, 그리스도 안에서의 승리를 가장 많은 수의 회심자를 얻는 것과 동일시한다는 데 있다. 그것은 기술 지향적 사고에 의해 철저하게 조정되고 있음이 분명한 인간 중심적 기독교다. 이와 같은 사고는 자끄 엘륄이 지적한 대로 효율성을 절대적 기준으로 여기며, 그것을 기초로 인간 삶의 모든 영역에서 미리 산출된 결과들을 얻기 위하여 방법과 자원을 조직화하는 것을 목표로 삼고 있다.78) 문화 기독교는 인간 자신을 포함하여 아무것도 기술의 영향에서 벗어날 수 없는 현대문명이 낳은 종교적 산물이다. 이 문명은 하나의 최선의 방법을 추구하는 데 정신이 팔려 있으며, 결국에는 자동화로 나아갈 수밖에 없는 것이다. 이것 또한 다른 형태의 세속화다. 성공적인 결과들을 달성하려고 복음을 변질시키는 것은 불가피하게 이 세상과 세상 권세에 종노릇하는 결과를 가져올 뿐이다.

세속적 기독교에서와 마찬가지로 문화 기독교와 관련된 기본적인 질문도 복음의 의미에 관한 것이다. 그러나 이러한 유형의 기독교를 주장하는 사람들은 문제의 핵심을 볼 수 있는 능력을 갖추지 못한 사람들이라는 것이 필자의 견해다. 왜냐하면, 그들 대부분이 기술 지향적 사고가 가장 큰 영향력을 행사하는 나라에 살고 있기 때문이다. 이와 같은 복음전도에 대한 그 어떠한 비판도 소 귀에 경 읽기 식이 되거나 아니면 복음을 전파하는 일에 관심이 결여된 것으로 매도되어지는 것도 전혀 이상한 일이 아니다. 이와 같은 추세로 나아간다면, 우리는 선교 전략가들이 스키너의 '행동 조정방식' 79)을 채용하고 환경이나 인간의 유전에 대한 과학적 통제방식을 채용하여 세상을 기독교화하려는 날이 멀지 않았다고 말할 수 있을 것이다.

예수 그리스도를 모든 사람의 주로 선포하는 것은 우상을 버리고 하나님께 돌아오도록, 또한 살아계시는 하나님을 섬기도록 부르는 것이다.살전1:9 하나님의 우주적 주권에 대한 개념을 잃어버린 곳에서는 회개가 있을 수 없다. 또한, 회개가 없는 곳에서는 구원이란 가능하지 않다. 무엇보다도 기독교의 구원은 폐쇄된 체계인 세상에서의 해방이고, 사회학의 영역에 갇히신 하나님을 인정하는 세상에서의 해방이며, 또한 하나님의 자유롭고 측량할 수 없는 활동을 배제하는 세상에서의 해방이다. 이 세상의 친구가 되는 자는 하나님의 적이 되는 것이다.약4:4 이 세상을 사랑하는 것은 하나님의 사랑을 거절하는 것이다.요일2:15 따라서 복음은 이 세상과 관계를 끊어버리는 믿음과 회개로의 부름이다. 또한, 우리가 우리 형제자매들을 섬길 수 있는 것은 우리 자신이 이 세상으로부터 자유함을 얻은 분량만큼만 가능하다.

복음전도와 사회참여

하나님나라는 예수 그리스도의 삶을 통하여 이 땅에 임했다. 종말이 역사 속으로 침투하여 들어왔다. 하나님께서는 만물을 그리스도의 통치 아래 두시는 자신의 계획을 분명하게 밝히셨다. 어두움의 권세가 패배를 당하였다. 지금 여기에서 예수 그리스도와 연합함으로 말미암아 인간은 새 시대의 축복을 자신의 것으로 누리게 되었다. 그러나 하나님나라는 아직 완성된 것이 아니다. 우리의 구원은 "소망 가운데" 있다.롬8:24 하나님의 약속에 따라 "우리는 의의 거하는 바 새 하늘과 새 땅을 바라본다."벧후3:13

이 시대는 하나님께서 참으시는 시대다. 하나님께서는 "아무도 멸망치 않고 다 회개하기에 이르기를"^{벧후3:9} 원하고 계신다.

복음전도와 회개 윤리

복음은 항상 조직화된 거짓에 대항하여 선포되었다. 그 거대한 거짓은, 인간은 하나님으로부터 독립하여 하나님 행세로 자신을 실현하고, 인간의 삶은 그가 소유하는 물건에 달려 있으며, 인간은 자기 자신을 위하여 혼자 살 뿐이고 또한 자기 운명의 주인이라는 것이다. 모든 역사는 이와 같은 거짓의 역사이며 또한 그것이 인간에게 가져온 파멸의 역사다. 즉, 모든 역사는, C. S. 루이스가 적절하게 표현한 대로 자신이 요구한 끔찍한 자유를 즐겼고, 그 결과로 말미암아 스스로 노예가 된 과정을 보여주는 것이다.

복음은 이와 같은 거짓에서 회개할 것을 요청한다. 복음과 회개의 관계는 다음과 같이 설명할 수 있을 것이다. 즉, 복음을 선포하는 것은 "회개와 죄의 용서함"^{눅24:27}을 선포하는 것, 혹은 "하나님께 대한 회개와 우리 주 예수 그리스도에 대한 믿음"^{행20:21}을 증거하는 것과 같은 것이다. 이와 같은 회개에 대한 부름 없이 복음은 존재하지 않는다. 회개는 악한 양심, 즉 죽음을 가져오는 "세상 걱정"^{고후7:10}뿐만 아니라 가치관의 변화와 새로운 인격을 포함하는 것이다. 회개는 단순히 비도덕적 습관들을 포기하는 것이 아니라 오히려 하나님께 대항하여 이제까지 들고 있던 반항의 무기를 내려놓는 것이다. 회개란 단순히 심리적으로 필요성을 인정하는 것이 아니라 하나님 앞에서 살고자 그리스도의 십자가를 세상에 대한 죽음으로 받아들이는 것이다.

이와 같은 회개에의 부름은 복음의 사회적 차원을 잘 나타내주고 있다. 회개에의 부름은 추상적인 죄인에게가 아니라 구체적인 사회적 상황 속에서 죄의 노예가 되어 있는 인간을 부르는 것이다. 그것은 역사 속에서 구체화되는 태도의 변화다. 그것은 개인의 주관적인 의식 속에서만 아니라 '세상 안에서' 하나님께로 돌아서는 것이다. 이 진리는 세례 요한의 하나님나라 선포에서 분명하게 나타나고 있다.마3:1~12; 눅3:7~14

첫째, 그것은 강렬한 종말론적 색채를 띠고 있다. 하나님께서 그의 예언자들을 통하여 주셨던 약속의 성취 시기가 도래하였다. 인간들 사이에 예수 그리스도께서 오셨다는 사실은 하나님께서 자신의 목적을 완성하시고자 역사 안에서 활동하신다는 증거다. "천국이 가까웠느니라."마3:2 둘째, 이 새로운 실재는 인간을 위기 상황에 처하게 만든다. 그들은 더는 아무 일도 없는 것처럼 살 수 없게 되었다. 하나님나라는 새로운 정신, 모든 가치의 재조정과 회개를 요구한다.마3:2 회개는 종말론적 중요성을 가진다. 그것은 옛 시대와 새 시대, 심판과 약속 사이의 경계를 보여준다. 셋째, 회개가 요구하는 변화는 새로운 삶의 방식을 포함한다. "회개에 합당한 열매를 맺어라."눅3:8 윤리가 없이는 진정한 회개란 없다. 넷째, 회개윤리는 구체적 행동과 관련 있다. 세례 요한에겐 그의 메시지를 듣고 양심의 가책을 받게 된 사람들에게 줄 적절한 메시지가 있었다. 세례 요한의 윤리적 요구는 인간이 권세의 노예가 되어 있던 상태 또는 하나님의 활동에 닫혀 있던 상태를 예리하게 지적해 주고 있다. 일반 대중들을 향하여 그는 다음과 같이 말한다. "옷 두 벌 있는 자는 옷 없는 자에게 나눠 줄 것이요 먹을 것이 있는 자도 그렇게 할 것이니라." 세리들에게는 다음과 같이 말한다. "부과된 것 외에는 거두지 말라." 군인들에게는 다음과 같이 말한다. "사람에게서 강탈하지 말며 거짓으로 고발하지 말고 받는 급료를 족한 줄로 알라."눅3:11~14 하나님나라에 의하여 야기된 위기는 전통적인 개념들을 받아들임으로 해결될 수 없다. 이것은 하나님나라의 윤리에 순종함으로써만 해결될 수 있다.

구체적인 순종이 없는 곳에서는 회개가 없으며, 회개 없이는 구원도 없다.막1:4; 눅13:3; 마21:32; 행2:28; 3:19; 5:31 구원은 인간이 하나님께로 돌아서는 것뿐만 아니라 그의 이웃에게 돌아서는 것을 의미한다. 예수 그리스도를 만난 세리 삭개오는 자신을 노예로 만들었던 물질주의를 거부하고 이웃을 향한 책임을 받아들였다. "주여 보시옵소서 내 소유의 절반을 가난한 자들에게 주겠사오며 만일 누구의 것을 속여 빼앗은 일이 있으면 네 갑절이나 갚겠나이다."눅19:8 이와 같은 포기와 예수 그리스도에 대한 헌신을 구원이라 부른다. "오늘 구원이 이 집에 이르렀다."눅19:9 복음의 부름에 대한 삭개오의 응답은 그 이상 더 구체적이고 세상적인 용어로 설명될 수 없을 것이다. 그것은 단지 주관적인 경험뿐만 아니라 도덕적 체험이었다. 인간의 삶을 지배해 온 거대한 거짓이 뿌리 뽑히는 순간, 구체적으로 인간의 삶이 변화되며, 자기사랑으로부터 이웃사랑을 체험하게 되는 것이다.

복음은 예수 그리스도께서 선포하신 내용을 받아들이는 것뿐만 아니라 회개를 포함한다.마4:17 회개는 개인과 하나님 사이의 사적인 문제 이상의 것이다. 회개는 세상 안에서, 즉 인간들 사이에서 예수 그리스도를 통해 나타난 하나님의 사역에 대한 반응이며, 삶을 완전히 바꾸는 것이다. 만일 복음운동이 회개를 심각하게 여기지 않는다면, 그것은 세상을 심각하게 생각하지 않기 때문이며, 만일 복음운동이 세상을 심각하게 생각하지 않는다면, 그것은 하나님을 심각하게 생각하지 않기 때문이다. 복음은 사회적 경건주의로 부르는 부름이 아니다. 복음의 목적은 인간을 세상에서 빠져나오도록 만드는 것이 아니라 세상 안으로 보내는 것이다. 세상의 노예로서가 아니라, 하나님의 아들이며 또한 그리스도의 몸의 지체로서 세상으로 들어가는 것이다.

예수 그리스도께서 주님이시라면, 인간은 언젠가는 삶을 주관하시는 그리스도의 권세와 만나지 않을 수 없다. 복음전도는 단순히 예수 그리스도에 의하여 얻게 된 혜택들을 제공하는 것이 아니며 또 그와 같은 것이 될 수도 없다. 그리스도의 사역은 그의 삶과 분리될 수 없다. 우리의 죄를 위하여 돌아가신 예수님은 전체 우주의 주이시다. 또한, 그리스도의 이름으로 주어지는 용서의 선포는 회개에의 부름, 즉 '이 세상 주관자'로부터 영광의 주님께로 돌아오라는 부름과 분리될 수 없다. "성령으로 아니하고는 누구든지 예수를 주시라 할 수 없느니라."고전12:3

복음주의와 내세주의

이 세상의 삶에 집착하는 세속적 기독교가 선포하고 있는 구원이란 다름 아닌 이 세상에서의 구원을 의미할 뿐이다. 가끔은 '새로운 인간의 형성' 즉 인간 자신이 운명의 주인이라는 개념을 포함하려고 노력하지만, 그들에게 있어서 구원은 본질적으로 경제와 사회 및 정치적 구원을 의미할 뿐이다.80) 그러므로 종말론은 유토피아 사상에 흡수되었으며, 기독교의 소망은 마르크스주의가 전하는 세속적 소망과 혼동하게 되었다.

세속적 기독교의 또다른 구원관은, 먼 미래에 영혼이 구원된다는 것으로서 현재의 삶은 내세를 위한 준비로서의 의미만 가질 뿐이라는 것이다. 그러므로 역사는 미래주의자가 말하는 종말론과 동일시되었으며, 종교는 현실 도피 수단이 되어버렸다. 그 결과는 세상과의 분리라는 미명 하에 사회에서 일어나고 있는 여러 가지 문제로부터 완전히 등을 돌리는 것이었다. 마르크스주의자에게 기독교 종말론이 민중의 아편이라는 비판을 받은 것은, 이와 같이 복음을 잘못 이해했기 때문이다.

이와 같은 구원관이 성경을 잘못 이해한 것이라는 사실은 더는 증명할 필요조차 없다. 그러나 불행하게도 오늘날 대부분의 복음주의 교회가 전파하는 메시지 속에는 이와 같은 구원관이 너무도 깊숙이 자리 잡고 있기 때문에, 우리는 잠시 이 문제를 분석해 보지 않을 수 없다.

첫째, 아버지께서 예수 그리스도께 부탁하신 사명은 복음을 전파하는 것에 국한되지 않았다. 예를 들어, 마태는 예수님의 지상사역을 다음과 같이 요약한다. "예수께서 온 갈릴리에 두루 다니사 그들의 회당에서 가르치시며 천국 복음을 전파하시며 백성 중의 모든 병과 모든 약한 것을 고치시니"마4:23; 9:35 참조 복음전도가 구두상의 의사전달로 정의된다 할지라도 (이 정의는 의사전달 심리학에 비추어 볼 때 대단히 미흡한 것이지만), 우리는 마태복음의 본문을 근거로 복음전도는 예수님의 사명의 다양한 측면 가운데 단지 하나에 불과하였다는 사실을 짚고 넘어가야 할 것이다.

예수님의 사역에는 케리그마뿐만 아니라 디아코니아와 디다케가 함께 있었다. 이것은 구원이 전인격을 포함하는 것이지 단순히 죄의 용서나 천국에 올라간 다음에 하나님과 함께 영원한 삶을 살 것을 보장해 주는 것으로 축소될 수 없음을 보여준다. 구원을 종합적으로 이해할 때에만 그리스도인의 사명을 종합적으로 이해할 수 있게 된다. 구원은 전체다. 구원은 전적인 인간화다. 구원은 영생이요, 하나님나라의 삶이요, '지금 여기'에서 시작되며(요한복음과 요한서신에서 영생을 가진다로 말할 때 현재시제가 사용된 이유가 이와 관련이 있다), 인간 존재의 모든 측면을 대상으로 하는 것이다.

둘째, 예수님의 사역은 사회·정치적 의미를 가지고 있었다. 필자가 앞에서 언급한 문화 기독교의 개인주의는, 주님께서 하나의 몸만 가지고 계신 것처럼 생각한다. 즉, 그들은 예수님을 개개인의 구원에만 관심이 있으신 개인주의적인 분으로 생각하고 있다. 복음서들을 편견 없이 읽어보면, 다양한 정치적 선택 가운데 직면하셨던바리새파, 사두개파, 열심당, 엣센파 예수님께서는 새로운 대안, 즉 하나님나라를 선포하시고 그 나라를 몸소 보여주셨음을 알 수 있다. 예수님을 그리스도로 언급하는 것은 그를 정치적인 용어로 묘사하는 것이 된다. 즉, 그가 왕이심을 확인하는 것이다. 그의 나라는 이 세상에 속하지 않았다. 이것은 그의 나라가 이 세상과 아무런 연관이 없다는 말이 아니라, 인간의 정치와는 다르다는 차원에서 그렇다는 말이다. 그 나라는 희생을 특징으로 하는 나름대로의 정치를 가지고 있다. 예수님은 "섬김을 받으려 함이 아니라 도리어 섬기려 하고 자기 목숨을 많은 사람의 대속물"막10:45로 주기 위하여 오신 왕이시다. 이와 같이 자기 자신을 희생하는 섬김이 하나님나라의 본질에 해당된다. 또한 이것이 그를 왕으로 고백하는 공동체 안에서의 특징적인 표식이 되어야 할 것이다.

인간의 정치에 따르면, "소위 집권자들이 저희를 임의로 주관하고 그 대인들이 저희에게 권세를 부린다." 하나님나라의 정치에서 위대한 자가 되기를 원하는 자는 "모든 사람의 종이 되어야 한다."막10:43,44 따라서 예수님께서는 남을 지배하려는 뿌리 깊은 욕망을 거부하심으로 권력구조 자체를 인정하지 않으셨다. 오히려 그는 다른 대안을 선포하셨는데, 그것은 다른 사람에 대한 사랑, 봉사 및 헌신에 기초한 것이다. 예수님은 종교 혹은 영적인 것들에로 도피하지 않으셨다. 예수님은 그의 나라가 이 세상의 정치·사회적 삶과 전혀 관계가 없는 것처럼 선포하신 것이 아니라 오히려 인간 정치의 허상들을 벗겨버리시고, 자기 자신을 '종' 인 동시에 '왕' 으로서 계시하셨다. 또한, 그는 그를 주로 고백하고 복종하며 그의 삶을 따라 살기로 작정한 공동체의 창시자며, 동시에 그와 같은 삶의 모델로서 자신을 제시하셨다.

십자가 사건에서 정점을 이룬 예수님의 희생은 구체적으로 종이며 왕이신 예수 그리스도의 삶의 방식을 따라 사는 공동체를 만들어 내었다. 이 공동체 안에서는 모든 구성원이 자신의 능력에 따라 주고 필요에 따라 받는다. 왜냐하면, 그들은 "주는 것이 받는 것보다 복이 있다"행2:45; 4:34,35; 20:35고 믿었기 때문이다. 또한, 이 공동체 안에서는 "오직 그리스도는 만유시요 만유 안에 계시기 때문에"골3:11; 갈3:28 인종이나 문화의 장벽도 존재하지 않는다. 이것은 하나님과 화해하고 인간들 사이에 화해가 있는 공동체다.엡2:11~22 마지막으로 이 공동체는 이 악한 세대의 파괴적인 영향에 대하여 저항하는 전진기지이며 예수 그리스도의 제자들이 이 세상에 속하지 않은 존재로서 이 세상 안에 사는 것을 가능하도록 도와준다.

셋째, 예수 그리스도 안에서의 새 창조는 구체적인 현장 속에 선한 일들로 나타나게 된다. 바울의 말을 빌리면, 하나님께서는 "우리는 그리스도 예수 안에서 선한 일을 위하여 지으심을 받은 자니 이 일은 하나님이 전에 예비하사 우리로 그 가운데서 행하게 하려 하신 것이다."엡2:10 예수 그리스도는 우리를 대신하여 자신을 주셨는데 그것은 "모든 불법에서 우리를 구속하시고 우리를 깨끗하게 하사 열심히 선한 일을 하는 백성이 되게 하려 하심이다."딛2:14 신약성경에서는 구원론과 윤리, 하나님과의 연합과 자기 이웃과의 연합, 믿음과 행함 사이를 구분지어 가르치지 않는다. 그리스도의 십자가는 율법을 행함으로 하나님의 은혜를 얻으려는 인간의 모든 노력을 부정하는 것뿐만 아니라 사랑에 의하여 특징짓는 새로운 삶의 질을 요구한다. 그것은 개인의 욕망을 채우고 또한 다른 사람들의 필요에 무감각한 개인주의적 삶과는 정반대인 것이다.

그리스도의 십자가는 구원론적 의미뿐만 아니라 윤리적 의미도 가지고 있다. 왜냐하면, 십자가 사건을 통하여 예수님께서는 복음의 직설법의 기초를 세우셨을 뿐만 아니라 이 사건을 통하여 우리가 사랑을 알게 하셨기 때문이다.요일3:16 또한 예수님께서는 '지금 여기'에서 인간의 삶을 위한 모델을 제공하여 주셨다. "우리도 형제들을 위하여 목숨을 버리는 것이 마땅하니라".요일3:16 말씀이 인간이 되셨듯이, 사랑도 그것이 다른 사람에게 전달되려면 선한 일로 바뀌어야 한다.

세상의 재물들이 의미를 갖게 되는 것은 이와 같은 도식 속에서 뿐이다. 즉, 그것들은 새시대의 삶을 구체적으로 보여주는 도구로 사용될 수 있다.

이것이 그 다음 구절을 통해 요한이 말하고 있는 내용이다. "누가 이 세상의 재물을 가지고 형제의 궁핍함을 보고도 도와 줄 마음을 닫으면 하나님의 사랑이 어찌 그 속에 거하겠느냐."요일3:17 십자가 위에서 나타난 하나님의 사랑은 교회를 통하여 이 세상 안에 가시적으로 나타나야 한다. 영생의 증거는 예수 그리스도를 주로 단순히 고백하는 것이 아니다. 그것은 "사랑으로서 역사하는 믿음"갈5:6이다. 예수님께서는 다음과 같이 말씀하셨다. "나더러 주여 주여 하는 자마다 다 천국에 들어갈 것이 아니요 다만 하늘에 계신 내 아버지의 뜻대로 행하는 자라야 들어가리라."마7:21

성경의 가르침에 비추어 볼 때, 그리스도인으로 하여금 복음의 뿌리를 내리고 그의 이웃들을 섬기는 일에 희생하도록 만들지 않는 내세주의는 전혀 성경과 상관 없는 것이다. '종말론적 마비 상태' 혹은 '사회적 파업'은 성경에서 발견되지 않는다. 이 땅에서 얼마나 많은 사람들이 배가 고파 죽어가는지 고려하지 않는다면, 매 순간 그리스도 없이 얼마나 많은 영혼들이 죽어가는가에 관한 통계는 전혀 의미 없는 것이 된다. 예루살렘에서 여리고로 내려가는 길에서 강도 만난 사람을 보고 그냥 지나치면서도 그가 구원받아야 할 영혼이라고 말하는 그러한 복음전도는 성경이 가르치는 바가 아니다. "내 형제들아 만일 사람이 믿음이 있노라 하고 행함이 없으면 무슨 유익이 있으리요 그 믿음이 능히 자기를 구원하겠느냐 만일 형제나 자매가 헐벗고 일용할 양식이 없는데 너희 중에 누구든지 그에게 이르되 평안히 가라, 덥게 하라, 배부르게 하라 하며 그 몸에 쓸 것을 주지 아니하면 무슨 유익이 있으리요 이와 같이 행함이 없는 믿음은 그 자체가 죽은 것이라."약2:14~17

우리가 사는 세상을 심각하게 여기는 구원론의 맥락 속에서만, 복음을 구두로 선포하는 것이 가능하게 된다. 인간들이 주의 이름을 부르려면, 그들이 먼저 그리스도를 믿어야 한다. "저희가 듣지도 못한 일을 어찌 믿으리오."롬10:14 그러나 교회에게 위탁하신 화해의 말씀은 예수 그리스도께서 이루신 화해사역의 연장이다. "하나님이 죄를 알지도 못하신 이를 우리를 대신하여 죄로 삼으신 것은 우리로 하여금 그 안에서 하나님의 의가 되게 하려 하심이라"고후5:21 따라서 하나님께서는 그리스도 안에서 단번에 세상을 자신과 영원토록 화해시키셨다. 즉, 하나님께서 죄인들의 상황 안으로 들어오시고 죄인들과 자신을 동일시하심으로 말미암아 죄의 최종적 결과들을 자신에게 지우신 것이다. 이것이 복음이 말하는 수직적 사역이다. 즉, 십자가 안에서 그리스도께서 가장 어두운 지점까지 내려가신 것이다.

이것이 복음의 심장이다. 또한, 이것은 복음선포의 기준이 된다. 만일 하나님께서 인간의 상황 안으로 들어오셔서 화해를 이루셨다면, 우리에게 주어진 유일한 형태의 복음전도는, 말씀이 세상 안에서 육신이 되고 복음을 선포하는 자가 사람들을 그리스도께로 오도록 하기 위하여 "모든 사람의 종"이 되는 것뿐이다.고전9:19~23 진정한 복음선포 사역을 위한 첫 번째 조건은 복음을 선포하는 자가 자신을 십자가에 못 박는 일이다. 그와 같은 일이 없이는 복음은 공허한 말이 되며, 복음전도는 한 종교에서 다른 종교로 개종할 것을 권유하는 행위 밖에는 되지 않는다.

교회는 사람들을 설득하는 기술을 동원하여 추종자를 얻기 위해 조직된 내세지향적 종교단체가 아니다. 교회는 하나님나라의 표식이며 지금 여기에서, 인간들 속에서 복음을 선포하고 복음에 따라 살며, 만물을 그리스도의 통치 아래 두실 하나님의 계획이 완성될 것을 기다리고 있다. 교회는 세상으로부터 자유함을 받았으나 세상 안에 존재하고 있다. 교회는 그리스도께서 아버지에 의하여 보내심을 받은 것과 마찬가지로, 그리스도에 의하여 세상으로 보냄을 받았다.요17:11~18 다른 말로 하면, 교회는 사명을 부여 받았는데, 그 사명은 인간을 향하신 하나님의 계획이 완성되는 새 인간 건설을 지향하며, 또한 희생과 섬김을 통하여서만 수행될 수 있는 그러한 사명이다. 교회의 가장 큰 야망은 승리에 의한 성공일 수 없으며 그러한 것이어서도 안 된다. 오히려 교회의 가장 큰 야망은 주님께 신실하게 되는 것뿐이며, 그와 같이 될 때, "우리는 무익한 종이라 우리가 하여야 할 일을 한 것뿐이라"눅17:10는 고백을 할 수 있게 된다. 이와 같은 고백은 하나님의 은총으로 말미암아 살아가며 그들의 모든 일이 만민을 위하여 돌아가신 분의 영광을 위한 것이며, 동시에 "살아 있는 자들로 하여금 다시는 그들 자신을 위하여 살지 않고 오직 그들을 대신하여 죽었다가 다시 살아나신 이를 위하여 살게"고후5:15될 것을 소망하는 사람들에 의해서만 가능한 고백이다.

복음전도와 세상에 관한 소고

우선 나의 논문 주제에 대해 질문과 의견을 보내주신 분들께 감사하고 싶다. 사실상, 세속적 이데올로기가 아니라 복음에 더욱 부합한 선교에 대한 내 마음을 여러분 가운데 많은 사람과 공유할 수 있었던 것이 나에게 큰 기쁨이었다. 독자들 가운데 한 사람만이 왜 내가 그런 논문을 썼는지 이해할 수 없다고 하였다. 다른 분들도 그처럼 생각할 수도 있지만, 감사하게도 그 부분에 대해서 언급하지는 않아서, 나는 전체적으로 나에 대해서 독자들이 너그럽다는 것을 확신하게 되었다. 따라서 하나님께서 금세기에 예수 그리스도의 제자들로 살아가는 우리에게 기대하는 모든 것을 우리가 더욱 명확하게 이해하도록 인도해 주시기를 기도한다.

그동안 제기된 모든 질문에 대한 대답과 더욱 명확한 설명이 필요한 것들에 대해서 상세하게 설명하는 것은 불가능하다. 따라서 내가 여러분이 강하게 제기한 질문이나 의견에 대해서 고려하지 않는 것처럼 보일지라도 이해해 주시기 바란다. 내가 제기한 주제와 밀접하게 연관될 뿐만 아니라

가능한 한 이번 모임에 참석한 분들의 관심사를 최대한 반영하는 테마들을 선택하고자 최선을 다했다.

이 논문의 첫 장은, 신약에서 세상cosmos이라는 단어가 어떻게 사용되고 있는지 살펴볼 것이다. 그래서 성경적 입장에서 복음은 세상과 아무 관련 없이 고립되어 살아가는 사람들에게 하나님께 돌아오도록 초청하는 것이 아니라, 세상 속에 살아가는 사람들을 위한 것임을 살펴볼 것이다. 복음은 언제나 예수 그리스도를 통해서 창조되고 재창조될 세상에 살아가는 사람들에게 제시된다. 복음은 물질적 소유물처럼 일시적인 세상의 존재 질서 속에 있는 사람들에게 선포된다. 복음은 그리스도께서 위하여 죽으신 세상, 즉 인류의 한 사람 한 사람을 위한 것이다. 동시에 복음은 하나님을 대적하고 어둠의 권세에 매여 있는 세상을 위한 것이기도 하다. 따라서 복음화는 사람들로 하여금 미래에 경험하게 될 그들의 영혼 구원을 이 땅에서 주관적으로 경험하게 하는 것일 뿐만 아니라 그들의 삶 자체를 변혁하는 것이다. 한편으로, 그들을 세상과 어둠의 세력들로부터 구원하는 것이고, 다른 한편으로는 하나님께서 이 세상의 모든 만물을 그리스도의 통치 아래 두시려는 계획에 참예하게 하는 것이다. 복음은 홀로 세상을 등지고 고립되어 살아가는 사람들을 위한 것이 아니다. 복음은 우리가 앞으로 지나가 버릴 이 세상에 속한 아담과 같은 존재에서 앞으로 올 세상에 속한 새 아담이 되는 것이다.

논문의 두 번째 부분에서 나는 세상과의 구별이라는 관점에서 복음화의 중요성을 제기하려고 한다. 예수님께서 십자가에서 죽으시고 부활하셔서 지금 이곳에서 모든 것 위에 주와 왕이 되셨다. 그리고 그분은 모든 피조물이 썩어 없어질 것에서 구원되길 원하셨다. 그래서 예수님을 믿는 자들은 세상과 그 모든 세력에 종노릇 하는 것에서 구원받는 것이다.

구원은 단순히 죄에 대한 용서만을 의미하지 않는다. 구원은 어둠이 지배하는 곳에서 예수님께서 모든 것의 주가 되시는 영역, 즉 하나님께서 사랑하시는 아들의 왕국골1:13으로 이동하는 것이다.

덧붙여 말하면, 복음전도와 세상에 대한 참여를 다룬 부분보다 이 논문의 두 번째 부분에서 회개에 대한 전반적 주제를 더욱 자세히 살펴볼 것이다. 회개는 성경에 따르면, "돌이킴Turning away from"이라는 우리에게 다소 거북한 의미negative connotation를 함축하고 있다. 하지만, 이곳에서는 그러한 거북한 의미의 회개행위가 아니라 회개가 세상 속에서 우리 삶에 가지는 긍정적인 윤리적 측면을 살펴보려고 한다.

논문의 두 번째 부분에서 복음을 도덕적 규칙과 행위로 혼동하는 점을 들어서 복음전도가 얼마나 세속화 되어있는지 살펴볼 것이다. 이에 대해 어떤 비평가는 왜 율법주의가 세속화와 연관되는지 물으면서 성경은 금지명령으로 가득 차 있다고 주장한다. 구원 역사의 관점에서 성경적인 금지명령은 한 가지인데 그것은 신약이 "거룩하며 의롭고 선하다"롬7:12고 표현한 율법에 포함되어 있다. 그러나 "장로의 유전"에서 비롯된 규율과 관습은 그와는 다른 것이다. 나는 새로운 도덕률폐지론적 주장들을 옹호하려는 것이 아니라, 기독교 윤리를 "자의적 숭배와 겸손과 몸을 괴롭게 하는 데는 지혜 있는 모양이나 오직 육체 따르는 것을 금하는 데는 조금도 유익이 없는"골2:23 일련의 규율과 규칙으로 간주하는 위험성을 지적하고자 하는 것이다.

그리스도인의 삶에서 율법의 유용성(신학에서는 율법의 "세 번째 유익"이라고 알려진)이 있다는 것을 그 어느 누구도 부인하지 않는다. 하지만, 그리스도인의 삶이 복음과 아무런 연관성 없는 금지와 금기들에 대한 순종으로 치우칠 때 문제가 된다. 바울은 이와 같은 것을 "약하고 천한 초등학문" 즉 세상에 다시 종노릇 하는 것이라고 했다. 그러나 "금지명령들이 연약한 그리스도인에게는 필요한 안전장치 역할을 하지는 않는가?" 나는 어린 아이들을 보호하기 위해서 울타리를 쳐야한다고 생각한다. 그러나 염려되는 것은 그러한 울타리가 종종 시멘트벽으로 변하고, 그 안에서 현재 세상 일들과는 고립된 "복음적 하위 문화"가 자라난다는 것이다.

만약, 우리가 사실상 율법주의적 자세로 세상과의 분리를 조장한다면, 우리가 "담배 피지 말라", "술 마시지 말라"와 같은 규정들을 지키더라도, 여전히 세상에서 인간의 삶을 결정하는 집단적 이기주의의 노예라는 것을 잊지 말아야 한다. 우리가 "미시적 윤리"에 집중하고 "거시적 윤리"는 소홀히 할 때마다, 우리는 우리 자신을 "화 있을진저 외식하는 서기관들과 바리새인들이여 너희가 박하와 회향과 근채의 십일조는 드리되 율법의 더 중한 바 정의와 긍휼과 믿음은 버렸도다 그러나 이것도 행하고 저것도 버리지 말아야 할지니라 맹인 된 인도자여 하루살이는 걸러 내고 낙타는 삼키는도다."마23:23~24

복음전도가 어떻게 세속화에 영향 받는지 살펴보고자, 복음이 "시대 정신"에 순응하는 것을 간략하게 논의하려 한다. 나는 그런 세상적 수용을 '세속화된 기독교'와 '문화가 된 기독교'의 관점에서 살펴보고 싶다. 이 모임에 참석한 모든 사람이 기독교의 세속화는 복음의 재진술이 아니라 현대 세속주의의 일부가 된 현실을 왜곡된 관점으로 바라보는 것이라는 나의 기본적인 결론에 동의할 것이다. 하지만, 문화가 된 기독교의 문제에 대해서는 상황이 완전히 다르다. 나를 비판하는 사람들 중의 어떤 분은 내가 기독교를 이렇게 묘사하는 것이 이번 회의에 참석한 사람들이 필요로 하는 수많은 통찰력의 소통을 방해할 만큼 소음을 일으키는 것이라고 주장한다. 반면, 다른 분은 말하기를, 오늘날 미국이 세계와 공유하는 물질주의적 철학과 불완전한 신학에 연관된 기독교를 풍자한 것이며, 그렇게 진단하는 것이 과하지 않다고 한다. 기독교를 위와 같이 평가한 것이 과대평가인지 과소평가인지는 내가 결정할 문제는 아니다. 그러나 상반된 평가들을 생각해 볼 때, 이번 회의에서 문화가 된 기독교의 문제점과 관련 있는 신학적이고 실제적인 이슈들을 파악하는 것이 상당히 중요해 보인다. 마지막 때에 함께 모여 서로를 위로하면서, 우리의 신학은 올바르고, 복음주의적 교회들은 바른 방향으로 가고 있으며, 우리에게 필요한 것은 세계 복음화를 위한 올바른 전략과 효과적인 방법뿐이라고 말하는 것 외에 할 말이 없다면 정말로 유감스러울 것이다.

다시 한 번 강조하는 것은 북미 지역의 문화와 기독교를 옹호하는 사람을 판단할 의도가 전혀 없다는 것이다. 판단하시는 분은 오직 주님이시며 그분께서 오셔서 우리 마음의 중심을 드러내실 것이다. "만일 누구든지 금이나 은이나 보석이나 나무나 풀이나 짚으로 이 터 위에 세우면 각 사람의 공적이 나타날 터인데 그 날이 공적을 밝히리니"고전3:12~13

오늘 아침 하나님 앞에서 내가 할 일은 가능한 한 객관성과 공정성을 가지고 미국을 중심으로 세계 도처에 퍼져있는 기독교를 신학적으로 평가하는 것이다.

여러분 중 몇 분이 제안한 것처럼, 미국적 삶의 모습이 아닌 문화 기독교의 다양한 면을 주제로 선택할 수도 있었다.

나는 북미 그리스도인만이 성경과 문화를 혼동하는 함정에 빠진 사람들이라고 암시하고 싶지 않다. 하지만, 미국이 복음 전파만큼이나 세계사에서 담당하는 역할이 크기 때문에, 유례없는 이 특별한 형태의 기독교가 국경을 넘어 상당한 영향력을 가지고 있음이 사실이다. 그리고 이것이 왜 내가 기독교를 다른 나라의 문화가 아니라 미국적 삶의 모습과 동일시하는지 궁금해 하는 분들에게 드리는 답변이다. 문화가 된 기독교의 이런 면뿐만 아니라 모든 면에서 동일하게 적용할 수 있는 한 가지 원칙이 있다. 그 원칙은, 교회는 그 문화 안과 밖에서 주님께서 교회에 주신 사명을 충실하게 행하지 못하도록 방해하는, 문화 안에 존재하는 어떤 것 그리고 모든 것에서 구원 받아야 한다는 것이다. 우리 그리스도인이 우리의 문화에 대해 항상 스스로 질문해야 할 것은, 문화의 어떤 부분을 계속 유지하고 이용하며, 어떤 것들이 복음을 위해서 제거되어야 하는지 이다.

교회가 세상의 틀 안으로 그것을 끼워 넣으려고 할 때, 볼 수 있는 능력, 더 나아가 사회악을 비난할 수 있는 능력을 상실하게 된다. 마치 특정 색은 분별할 수 있으나 다른 색은 분별할 수 없는 색맹처럼, 세속화된 교회는 그 안에서 전통적으로 비난해 온 개별적인 악들을 볼 수는 있지만, 그것들을 둘러싼 문화가 가지고 있는 죄 된 특성들을 보지는 못한다. 내가 이해하기로 이것이 어떻게 미국적 기독교가 인종주의적이고 계급차별적 요소들을 세계 복음화를 위한 전략 안에 포함시켰는지를 설명할 유일한 방법이다. 그 이면에 있는 사상은, 사람들은 그들과 같은 인종과 계급을 가진 사람들과 함께 있기를 좋아하고, 그래서 우리는 인종과 계급 차별적 요소가 있는 교회들을 개척해야 하며, 그럴 때 더 빠르게 성장한다는 것이다. 그들은 인종차별이 "기독교화에 도움이 된다는 측면에서 이해해야 한다"고 주장한다. 하지만, 이런 주장은 아무리 많은 성경 주해로 근거를 삼는다 할지라도, 그리스도의 몸 안에서 성도들의 하나됨에 대해 명확하게 가르치는 신약 성경의 교훈에 부합하지 않는다. "거기에는 헬라인이나 유대인이나 할례파나 무할례파나 야만인이나 스구디아인이나 종이나 자유인이 차별이 있을 수 없나니 오직 그리스도는 만유시요 만유 안에 계시니라."골3:11 "너희는 유대인이나 헬라인이나 종이나 자유인이나 남자나 여자나 다 그리스도 예수 안에서 하나이니라."갈3:28 수적 성장을 위해서 의도적으로 차별을 선택한 교회가 어떻게 분열된 세상을 향해 외칠 수 있는가? 무슨 권위로 그리스도의 죽음을 통한 하나님과 인류의 화해는 선포하면서 동시에 인류가 서로 화해하는 것은 부인할 수 있는가? 둘 다 복음에서 동일하게 중요함에도 말이다.엡2:14~18 사무엘 모펫Samuel Moffet 박사는 베를린 회의에서, "인종차별이 교회 안에 들어올 때, 그것은 인류에 대한 범죄 이상의 죄이며, 하나님에 대한 도전이다"라고 말했다.

바로 이런 상황에서 예언적 사역에 대한 나의 의견을 표명하는 것이 좋을 것 같다. 왜냐하면, 인류를 향한 하나님의 원래 목적을 부인하는 사회악을 교회가 비판할 수 있는 것은, 오직 교회가 스스로 모든 것을 그리스도의 주권 아래에 놓으려는 하나님의 계획을 이 땅에 실현할 수 있을 때에만 가능하기 때문이다. 교회의 생명과 교회의 예언적 사역, 그리고 교회의 예언적 사역과 복음선포 사이에는 내적 연관성이 있다. 교회는 지금 이곳에서 하나님께서 건설하기 원하시는 사회의 모습을 보여주도록 부르심 받았다. 교회는 예언적 사역을 통해 사회 안에 하나님의 목적을 좌절시키는 악을 노출시키고, 복음선포를 통해 사람들을 하나님의 목적 안에 참여시키는 것이다. 그 하나님의 목적은 마지막 때에 하나님나라에서 온전히 성취될 것이다. 따라서 교회가 예언자로서의 사명에 실패할 때, 교회는 또한 복음전도자로서의 사명에 실패하는 것이다.

모든 면에서 복음에 충실하지 않은 교회는 불가피하게 현상유지를 위한 수단으로 전락한다. 복음은 삶의 모든 것을 예수 그리스도의 우주적 주권 아래 위치시키는 것이지 종교 집단을 재생하는 것이 아니다. 그것은 세상의 현상유지를 허물어 버리는 것이다. 따라서 세상에서 우리의 삶에—창조세계뿐만 아니라 인간세상과 관련해서—아무런 변화를 가져오지 않는 것은 기독교 복음이 아니라 단순히 당시 세상 풍조에 순응해 버린 하나의 문화로서의 기독교에 불과한 것이다.

이런 종류의 기독교는 힘이 없다. 이것은 종교를 물건처럼 마음대로 소비하는 사람들이 원하는 복음이다. 왜냐하면, 값싸고 아무것도 요구하지 않기 때문이다. 캐논 마이클 그린Canon Michael Green은 말하기를, 1세기의 복음은 정치적으로 의심을 받았고 사회적으로 변혁적이었다고 한다. 오늘날 문화가 된 기독교의 복음은 순응자의 메시지다. 복음을 거부하는 사람들에 의해서 쉽게 용납되는 그런 메시지다. 왜냐하면, 그것은 어느 누구에게도 거리낌 없기 때문이다. 인종주의자는 계속 인종주의자가 될 수 있고 착취자는 계속해서 착취 해도 상관없다. 그들에게 기독교는 그들의 삶에 변화를 요구하는 그런 것이 아니라 그들의 삶의 방식과 병행할 수 있는 것이다.

이렇게 불완전한 복음은 칼빈, 웨슬리, 윌버포스 그리고 마틴 루터 킹과 같은 인물들을 배출해 내고자 하는 교회에 충분한 기반을 제공할 수 없다. 그런 복음은 충성스럽지 못한 교회들, 즉 인종주의적이고 계급주의적 차별의 본거지가 되며, 사회적·경제적·정치적 영역에서 삶에 아무런 연관성도 가지지 못하는 메시지를 가진 종교 클럽을 위한 기초를 제공할 뿐이다.

이제 나는 기독교 선교에 있어서 수적 증가 강조에 대한 우려를 설명하고자 한다. 나의 독자 중 한 사람이 "저는 당신이 교회 성장을 옹호하고 회심자의 수가 중요하다고 생각하는 사람들이 피상적 회심을 선택하는 사람들이라고 말하는 것이 아니기를 바랍니다. 우리 중의 어떤 분들은 양과 함께 질도 중요하다고 믿습니다"라고 언급했다. 나의 대답은, 교회의 수적 증가는 성경을 삶의 원칙으로 생각하는 어느 누구에게나 중요한 관심이라는 것이다. 내 논문에서 언급했듯이, 이것은 의심의 여지가 없다. "하나님께서는 모든 사람들이 구원을 받고 진리를 알게 되기를 바라신다." 존 R. 모트John R. Mott는 "이 세대 안에 손길이 닿을 수 있는 모든 곳"에 복음을 전하는 것이 관심사였는데, 그것은 성경적이며 또한 우리 그리스도인이 헌신해야 하는 것이다.

게다가, 그리스도께 사람들을 적게 인도한 사람의 사역 결과가 반드시 양질의 그리스도인을 배출하는 것이라고 아무도 장담할 수 없다. 그러나 중요한 것은, 적어도 질이 양만큼이나 중요하다는 것이고, 많은 사람을 회심케 하려면 그들이 얼마나 복음에 진실하게 반응했는지 점검하는 것을 포기할 수 없다는 것이다. 모든 사람을 그리스도인으로 만들고자 복음을 불완전하게 제시한다면, 그것은 충실하지 못한 교회를 만드는 것이다.

교회의 성장과 관련해서 정말로 중요한 질문은, 성공적인 수적 성장－세상적인 기준을 따른 성공－이 아니라, 복음에 얼마나 충실한지 여부이고, 이런 점이 우리로 하여금 더욱 많은 사람이 그리스도인이 되도록 기도하고 사역하게 하는 것이다. 나는 양에 대해서 찬성한다. 하지만, 복음에 충실한 양을 지지한다. 나는 수적 성장을 반대하지 않는다. 하지만, 복음이 제시될 때에 믿음과 불신앙의 문제를 명확하게 설명받고, 은혜와 심판에 대한 선택이 자유로운 선택이라는 점을 알고 그리스도인이 된 사람들의 성장을 찬성한다.

'칼의 복음' 과는 상반되게, 십자가의 복음은 사람들로 하여금 그리스도를 거절할 가능성을 허용하는데, 그것은 그들이 그리스도를 따르는 것이 대가를 지불해야 하는 것임을 알게 하기 때문이다. 십자가의 복음은 교회 안에 구성원이 소수라 할지라도, 교회 안에 어떤 사람들은 받아들이지 않는 것이 나음을 인정한다. 그것이 예수님께서 부자청년을 다루시던 방식이며,막10:17~22 그의 명성이 최고에 다다랐을 때 무리를 다루시던 태도가 아니었는가?눅14:25~32 게다가, 불완전한 복음이 스스로 복음을 거부하는 교회들을 양산한다면, 교회의 수적 증가를 이야기할 때에 증가한 교회가 어떤 교회인지를 물어보는 것이 당연하다. 아마도 그러한 수적 증가는 배교자들을 양산한 것에 불과할 것이다. 따라서 정말 중요한 질문은, 수적 증가 자체가 아니라 복음에 얼마나 충실한 전도였는가 이다.

나의 논문에서, 문화가 된 기독교는 복음을 값싼 물건으로 변화시킬 뿐 아니라 세계 복음화의 전략을 기술적 문제로 변질시킴을 언급했다. 비평가 중의 한 사람은 나의 이러한 세계 복음화에 대한 시각을 '라틴아메리카적인 도전'이라고 표현했다. 이것은 문제 자체보다는 사람을 향한 반박이다. 라틴아메리카 사람들은 사람에 대해서 기술의 한계를 정의하는 데 어떠한 기여도 하지 않았다. 사실상 북미의 문화가 된 기독교를 결정지은 "기술을 신봉하는 정신"을 언급할 때, 나는 프랑스 사람 자끄 엘륄에게 호소한다. 그의 정신에 의하면, 효율성이라는 것은 인간 삶의 모든 부분과 미리 세워진 결과를 달성하기 위한 방법과 자원의 시스템화에 있어서 무엇을 찾아야 하는지 결정하는 절대적 기준이다. 나는 복음에 대한 성실성을 대가로 효율성을 절대적으로 추구하는 것에 반대한다. 기술적인 면이 복음전도에 있어서 중요한 부분이 있음은 사실이며, 그것을 부인하는 것은 어리석은 것이다. 하지만, 우리가 필요로 하는 것이 성경적인 복음과 교회가 아니라 더 좋은 전략이라는 가정 하에 기술적인 방법이 성경을 대체할 때 문제가 발생한다. 우리가 신약성경에서 보는 교회의 모습은 인간적인 방법과 기술을 효과적으로 사용해서 세상을 정복한 강력한 조직의 모습이 아니다. 그것은 오히려 "하나님께서 날마다 구원받은 사람을 부르신다"는 하나님 나라를 새로운초자연적인 실체로 경험하는 것이다. 마이클 그린은 "초대교회가 세상에 보여준 가장 큰 충격은 그리스도인으로 구성된 공동체의 변화된 삶과 질이다"라고 말했다. 공동체의 변화된 삶과 질, 다시 말해 실제 삶에서 복음에 대한 신실함은, 기술적인 방법으로 달성할 수 있는 것이 아니라 오직 하나님의 말씀과 성령으로만 가능하다. 전략이나 기술적 접근을 통해서 우리는 삶을 복음으로 변화시키려는 실패를 만회할 수 없다.

게다가, 세계 복음화의 전략을 방법적 측면에서 접근한다면, 미래에 교회가 따라야 할 전략을 최종적으로 결정지을 사람은 기술적인 노하우가 있을 뿐만 아니라 필요한 조사를 할 수 있는 자원을 소유한 사람이 될 것이며, 교회는 이 부분에 대해서 아무것도 언급할 수 없을 것이다. 이런 것 또한 복음과 세상 권력을 동일시하는 방법, 즉 지난 수백 년 동안 전체적인 선교에서 볼 수 있었던 지배-의존 구조를 영속화하는 방법이 아닌가? 그리스도의 교회가 가지고 있는 보편적 성격과 하나됨은 어떻게 되는 것인가? 하지만, 아마도 이런 것은 결국에는 중요하지 않을 것이다. 문제는 오히려 가능한 가장 짧은 시간에, 가장 적은 비용으로, 가장 많은 그리스도인을 배출하는 것이 될 것이다.

내가 지금까지 주로 북미의 문화가 된 기독교를 다루어 왔다면, 그것은 다른 곳에서는 그리스도인이 복음을 그들의 상황에 맞게 수용하는 함정에 빠질 수도 있다는 것을 망각하기 때문이 아니다. 그것은 오히려 세계에서 북미 기독교가 미치는 광범위한 영향력 때문이다. 하지만, 누군가 말했듯이, "집단 숭배를 통해서 조국의 신들과 지도자가 숭배되고 있는 개발도상국에도 같은 위험이 있다"는 것, 혹은 다른 누군가가 표현하듯이, "기독교적 상황에서 다른 나라들의 문화적 측면을 받아들일 수 있는가 하는 것이 의문이다"라는 사실을 받아들일 수 있다. 미국인이 아닌 우리가 어떻게 우리만의 문화가 된 기독교를 창조할 수 있는가에 대해서는 질문의 여지가 있다. 따라서 나는 미국인이 그의 상황에서 문화가 된 기독교를 바라보며 제기한 질문과 비슷한 질문을 통해서 일석이조의 효과를 보고 싶다. "내 자신의 문화를 벗어날 수 없는 상황에서 어떻게 나는 문화가 된 기독교를 극복할 수 있을까?"

무엇보다, 우리는 우리가 하나님께 예배하는 것에서부터 시작해서 우리 위에 영향을 미치고 있는 세상과 세상의 것들을 인식해야 한다. 우리는 너무 자주 다른 사람들이 그들의 신학 안에 너무 쉽게 잘못을 허용한 점들을 비난하지만, 우리가 복음을 선포하는 방식에서 찾을 수 있는 잘못된 점들에 대해서는 잘 보지 못한다. 우리가 고수하는 신조의 정통성이 우리가 삶과 예배에 있어서 복음에 부합하게 살아가는지를 보장할 수는 없다. 여기서 중요한 점은 겸손이다.

둘째로, 우리는 우리의 삶과 행동을 하나님의 말씀에 항상 비추어 볼 필요가 있다. 우리가 진리를 소유하고 있기 때문에 우리의 복음선포와 윤리를 포함한 그 외 모든 것이 진리에 부합하다고 단정 할 수는 없다. 신학의 목적은 지난 세대들이 말한 것을 단순히 수긍하는 것이 아니라 교회의 전체적인 삶과 사명을 하나님의 계시와 일치시키는 것이다. 그래서 우리의 모든 가정과 방법을 반드시 성경의 관점에서 재점검해야 한다. 성공이 아니라 복음 자체가 우리의 사역을 평가하는 기준이 된다. 여기서 중요한 점은 신학적 갱신이다.

셋째로, 전세계적으로 그리스도의 몸이 하나 되는 것을 신중하게 생각해야 한다. 만약, 교회가 정말로 하나라면, 교회의 한 부분이 복음과 그리스도인의 사명을 해석하는 권리를 독점할 수 없다. 신조를 기계적으로 암송하는 것이나, 서구에서 유입된 틀에 박힌 복음전도의 무분별한 적용에 만족할 수도, 만족해서도 안 된다.

나는 신학에 대한 상대적인 접근을 옹호하는 것이 아니다. 나는 신학의 형성과 세계 복음화 계획에 관련된 문제를 인식하고 태도의 변화를 요구하는 것이다. 문제는 불충분한 신학적 기초에 기반하고 실용주의에 영향받은—워터게이트 사건을 탄생시킨 실용주의의 한 종류—하나의 문화가 된 기독교가 세계에서 사람들에 의해서 인정된 공식적이고 정통성을 지닌 복음주의적 입장과 조치로 간주된다는 것이다. 요구되는 태도의 변화는 자기 민족 중심성의 부인과 다양한 문화에서 형성된 신학 간 상호 증진이다. 하나님의 성령 아래에서 각 문화는 복음을 이해하고 그것이 교회의 삶과 사명에 대하여 갖는 함축적인 의미를 파악하는 데 기여하는 부분이 있다. 북미의 기독교 문화가 우리로 하여금 인종, 국적, 언어, 혹은 문화가 무엇이든지 상관없이 "우리가 다 하나님의 아들을 믿는 것과 아는 일에 하나가 되어 온전한 사람을 이루어 그리스도의 장성한 분량이 충만한 데 이르기까지"엡4:13 그리스도의 몸 안에서 동등한 존재인 것을 망각하게 해서는 안 된다. 여기서 핵심단어는 상호 증진이다.

우리가 겸손하게, 세상에서 구원받아야 할 필요를 인정하며, 하나님의 말씀 앞에 나아가고 서로에게 배우려고 할 때, 하나님의 성령이 우리 안에 역사하셔서 우리가 물질주의로 만연한 사회를 나타내는 것이 아니라 세상의 소금과 빛이 될 수 있음을 믿는다.

내 논문의 세 번째 부분은 복음전도와 세상에 대한 참여에 대해서 다룬다. 여기서 나는 첫째로, 회개는 한 사람의 인성이 변화하는 것이고 복음의 사회적 측면을 두드러지게하는 것임을 다루었다. 왜냐하면, 회개라는 것은 한 사람이 주관적인 의식에서뿐만 아니라 세상 속에서도 죄에서 돌아서서 하나님께 돌아가는 것이기 때문이다. 윤리가 없는 곳에는 회개가 존재하지 않는다. 내가 그동안 비난 받아온 것처럼, 복음선포의 개인적 측면을 경시하고 있는 것인가? 절대로 그렇지 않다. 내가 말하고자 하는 것은, 모든 사람이 사회적 존재라는 것과 그렇지 않다면 그리스도께로 회심하여 그리스도인으로 성장하는 것은 불가능하다는 것이다. 사람들은 추상적 상황에서는 절대로 죄인으로서 하나님께 돌아가지 않는다. 그들은 항상 구체적·사회적 상황에서 하나님께 돌아간다.

내가 회개에 대해 강조한 것과 관련해서 제기된 반대는, 회개로의 부르심이 복음의 본질적 측면은 아니라는 것이다. 내가 듣기로, 예수께서 "천국이 가까이 왔으니" 회개하라고 하신 설교는 "유대인들을 향하는 것"이며, 그래서 우리는 그분께서 유대인에게 다가간 방식이 은혜의 시대에 적용되는 것으로 혼동해서는 안 된다는 것이다. 유대인들은 예수의 부르심을 거절했다. 그래서 그는 그의 사도들과 성령을 통해서 은혜로 말미암는 구원을 제시하였다. 이방인과 같은 세상에서 복음을 선포할 때에는 회개보다는 믿음에 더 집중 해야만 한다는 것이다.

우리는 지금 매우 중요한 질문을 앞에 두고 있다. 논의는 우리가 세상에 선포할 복음의 내용과 관계있는 것이다. 우리 모두 우리에게 맡겨진 복음에 동의하고, 우리에게 필요한 것은 복음을 제시할 좀 더 효과적인 방법이라고 가정하는 것은 소용이 없다. 만약 우리가 그렇게 생각한다면, 우리는 우리 자신을 속이는 것이다. 회개의 복음과 값싼 은혜의 복음은 서로 다르다. 시간이 여의치 않아서 그 문제를 충분히 다룰 수 없으므로, 다음의 내용들에 대해서만 논의를 제한하겠다.

1. 누가복음 24장 47절에서 보는 것과 같이 대위임 명령에서 예수님은 직접 그의 제자들이 열방 가운데 선포할 메시지의 내용을 "또 그의 이름으로 죄 사함을 받게 하는 회개가…"라고 정의한다. 그 메시지를 처음 선포한 사람들은 충실하게 예수님의 지시를 따랐다는 것이 사도행전에 잘 나와 있다. 회개는 유대인 가운데 복음을 선포한 베드로와 다른 사도들뿐만 아니라행2:38, 3:19, 5:31 이방인 가운데 복음을 전한 바울의 설교에 포함된 부분이었다.행17:30, 20:21, 26:18 사도행전 16장 31절 "주 예수를 믿으라 그리하면 너와 네 집이 구원을 얻으리라"의 말씀을 제시하는 분들에게 나는 31절은 32절의 "주의 말씀을 그 사람과 그 집에 있는 모든 사람에게 전하더라"라는 내용이 뒤따라온다는 것을 언급하고 싶다. 고린도전서 15장 1절에서 5절 말씀을 바울이 전한 복음의 총체로, 거기에는 회개에 대한 언급이 없다고 주장하는 분들에게, 나는 그 본문은 믿음도 명확하게 언급하지 않는다고 주장하고 싶다. 복음의 사실성을 강조하는 것이지 그것을 어떻게 사용했는지가 아니다.

2. 사실상 '회개'와 '회개하다'라는 단어들은 바울 서신에서 공통적으로 발견되지는 않는다(그러나 롬2:4; 고후7:9; 딤후2:25을 보라). 그러나

이것이 우리로 하여금 바울이 믿음으로 의롭게 되는 것을 강조한 것과 예수님께서 회개하라고 촉구하는 것을 대조하도록 해서는 안 된다. 칭의는 죄 사함이 회개와 분리될 수 없듯이 중생과 떨어질 수 없다. 신약의 다른 저자와 마찬가지로, 바울은 의롭게 하고 용서하시는 하나님께서 바로 죄에 대한 종노릇에서 우리를 구원하시는 하나님이라고 말한다. 여호야킴 예레미야Joachim Jeremias는 말하기를, "하나님께서 우리의 죄를 용서해 주시는 것은 형법적 차원에서 '마치~처럼' 도 아니고, 단순한 말도 아니다. 그것은 생명을 창조하시는 하나님의 말씀이다. 하나님의 말씀은 항상 열매를 맺는다. 하나님의 최후의 무죄 선언이 있기 전에 칭의는 완전한 용서를 의미한다. 새로운 삶, 새로운 존재, 성령의 은사를 통한 새로운 창조의 시작을 의미한다."[81] 그래서 칭의는 그것으로 말미암은 선물과 분리될 수 없는데, 이것은 마치 믿음이 행위와 떨어질 수 없는 것과 같다. 만약, 우리가 복음서와 사도행전에서 회개라는 단어가 사용될 때 언급된 도덕적 혁명이, 로마서 6장에서 바울이 죄에 대해서 죽었다가 다시 살아남, 옛 것은 지나가고 새 것이 오는 새 창조고전5:17, 그리고 육체의 소욕을 만족시키는 것과 성령과 동행하는 것의 차이점을 가르칠 때에 함축되었다는 것을 모른다면 바울을 올바르게 이해하는 것이 아니다.

3. 회개 없는 믿음은 구원에 이르는 믿음이 아니라 교만한 신앙주의이다. 복음의 목적은 우리 안에 믿음을 생기게 하는 것이고 그 믿음은 사랑을 통해 역사한다. 사랑의 역사가 없는 곳에는 진정한 믿음이 없는 것이다. 만약, 우리가 행위에 의해서 구원받은 것이 아니라면, 구원에 이르게 하는 믿음은 역사하는 믿음이다. 루터가 말했듯이, "믿음만이 의롭게 하지만, 믿음만 존재하는 것은 아니다" 복음의 명제와 기독교 윤리의 명령은 구별될 수는 있지만, 분리되어서는 안 된다.

회개가 복음의 필수적인 부분이라는 것을 부인하는 것은, 성경을 주의 깊게 공부한 결과가 아니라 복음을 수적 성장을 위해 세상에 수용시키려는 시도의 또 다른 표현, 즉 모든 사람을 그리스도인이 되게 하려고, 메시지가 최소한으로 축소되어야 한다는 가정에 기반을 두는 것이다. 사실상, 손쉬운 구원본회퍼가 말하는 "값싼 은혜"은 내가 전에 언급하려 했던 문화가 된 기독교가 가진 한 부분이다. 내가 회개를 강조할 때, 그것은 내가 정의한 것처럼, 자연스럽게 회개가 새로운 회심자에게 너무 많은 것을 요구하는 것은 아닌지의 문제를 제기한다. 그렇다면, 회개가 얼마나 너무 많이 요구하는가? 한 사람이 살아계신 하나님 혹은 이 세상의 우상에게 줄 수 있는 가장 귀한 것은 그 자신의 생명이다. 그러나 그것만 하나님께서 우리에게 원하는 것이 아니지 않은가? 회심 후에는 그가 그리스도께 자신을 위탁했다는 것의 의미를 더욱 깊이 이해하게 되는 성장 과정이 있다. 그러나 요지는 회개 없는 회심은, 다시 말해서 가짜 회심은, 회개 없는 그리스도인의 삶, 즉 가짜 그리스도인의 삶을 낳을 수밖에 없는 것이다. 탄생과 성장을 통해서 유기적 연합이 이루어진다. 순종 가운데 성장하는 유일한 믿음은 회개하라는 하나님의 명령에 순종하는 가운데서 태어난 믿음이다. 그리스도인이 된다는 것은, 종교적 변화, 즉 한 사람이 한 종교를 열렬하게 따르는 것이 아니라, 하나님, 이웃 그리고 창조세계와 관련해서 한 사람의 전 인격이 변화하는 것이다. 이것은 단순히 교회 출석, 성경 읽기 그리고 기도와 같이 옛 것에 새로운 모습을 첨가하는 것이 아니라, 한 사람의 전 인격을 재조정, 즉 세상 가운데서 한 사람의 삶을 완전히 변화시키는 것이다. 복음을 제시할 때 복음전도자의 사명은 그것을 쉽게 만들어서 사람들이 긍정적으로 반응하게 하는 것이 아니라 복음을 명확히 설명하는 것이다. 예수님이나 그의 사도들 어느 누구도 사람을 회심시키고자 복음이 요구하는 바를 축소하시지 않으셨다. 사람들을 회개로 인도하는 하나님의 인자하심만이 그들을 제자화하는 데 흔들리지 않는 기반을 제공한다. 값싼 은혜는 충분하지 않다. 복음을 더욱 효과적으로 제시하려고 그것을 시대의 조류에 맞도록 수용하는 복음전도자는 기독교의 구원의 본질을 망각한 자이다. 왜냐하면, 구원은 사람의 일이 아니라 하나님께서 하시는 일이기 때문이다. "사람으로는 할 수 없으되 하나님으로는 그렇지 아니하니 하나님으로서는 다 하실 수 있느니라"막10:27

교회의 미래는 사람들로 하여금 불완전하게 제시된 복음에 지적으로 동의하도록 설득하는 능력에 달린 것이 아니라 우리가 예수 그리스도의 완전한 복음에 얼마나 부합하여 복음을 선포하는지, 그리고 하나님께서 자신의 말씀에 얼마나 신실하신지에 달려있다. 포시스P. T. Forsyth는 "반쪽짜리 복음은 아무런 위엄도 미래도 없으며, 노새와 같이 조상에 대한 자부심도 후손에 대한 희망도 없다"라고 말하였다.82)

"복음전도와 초자연성"이라는 부제 하에 나는 현재 세상과 관련한 두 가지의 극단적 입장을 말하고자 한다. 첫째는, 구원이 사회적 · 경제적 · 정치적인 해방의 관점에서 볼 때, 현재의 시대 안에서만 적합하다는 주장이다. 구원의 개인적 측면이 제거 혹은 축소된 것이다. 개인은 사회 안에서 찾아볼 수 없으며, 죄책감과 죄의 용서 혹은 육체의 부활과 영생에 대한 부분은 논의되지 않는다. 이 세상은 지금 존재하는 모든 것이며, 따라서 교회의 근본적 사명은 정치를 통한 이 세상의 변혁이라는 관점에서 고려되어야 한다. 또 다른 극단적 관점은, 구원은 미래적 영혼 구원으로 축소되고 따라서 현 세상은 내생을 위한 예비단계라는 것이다. 구원의 사회적 측면은 완전히 경시되고, 교회는 영혼들을 현재의 악한 세상에서 구원하는 사명으로, 구원받은 사람들이 사회와 고립되어 존재하는 곳이 되었다. 결국, 예수님께서 "내 왕국은 이 세상에 속하지 않았다"라고 하지 않으셨는가? 왜 교회가 가난한 자와 도움을 필요로 하는 자들을 돌봐야 하는 것인가? 예수께서 "가난한 사람들은 항상 저희와 있으리라"하지 않으셨는가? 따라서 교회가 세상을 향해 가진 유일한 책임은 복음을 선포하고 교회를 세우는 것이다. "교회가 할 수 있는 많은 선한 일이 있지만, 그것은 교회의 본질적인 사명에는 속하지 않는다."

나는 이러한 두 가지 견해들이 불완전한 복음에 기초하고, 현재 교회의 가장 큰 필요는 우리 주 예수 그리스도의 복음——온 세상과 모든 개인을 위한 총체적 복음——을 온전히 회복하는 것이라고 생각한다.

한편으로, 복음은 사회적 · 경제적 · 정치적 관점으로 축소될 수 없고, 교회가 인간 개조를 위한 조직으로 간주될 수도 없다. 더욱이 복음은 정치적 이데올로기와 혼동될 수 없으며, 교회를 정당으로 보아서도 안 된다. 그리스도인으로서 우리는 초월적이며, 초자연적인 그리스도, 그리고 그를 통해서 받은 죄 용서와 하나님과의 관계 회복을 증거하도록 부르심을 받았다. 우리 모두는 하나님의 말씀이 선포되는 것을 통해 성령이 역사하셔서 개인적으로 성자 하나님을 만날 때 경험하는 중생이 필요하다. 그리고 영적인 중생만이 사람들을 하나님의 새로운 피조물과 백성으로 만들 수 있음을 믿는다. 이것이 성경이 말하는 구원이며, 우리는 그러한 구원에 온전히 헌신되어 있다. 우리는 구원을 육체적 필요 충족, 사회적 개선, 그리고 정치적 해방과 동일시해서는 안 된다.

다른 한편, 교회를 영혼구원에 헌신된 초자연적 공동체로 간주하고, 교회의 사명을 인류가 예수 그리스도를 통해서 하나님과 화해하였다는 것을 선포하는 것으로 제한하는 것만이 어떤 성경적 지지를 받는 것은 아니다. 엘튼 트루블러드Elton Trueblood는 "진정한 복음은 단순히 내적으로 따뜻한 열정을 고양하는 것이 아니라 사회 정의에 항상 관심을 가진다"라고 말한다. 복음과 사회 정의에 대한 관심 간의 관계는 내가 지금 다루고 있는 논의 밖에 있는 것인데, 나의 동료인 사무엘 에스코바가 다룰 것이다.[83] 나는 내가 쓴 논문에 대해서 내게 보내준 많은 질문 가운데 몇 가지 핵심적인 것들에 대해서만 답변을 하도록 하겠다.

1. **"정의와 경제에 우리는 어떻게 관여 해야 하는가?"** 사실상, 우리가 좋아하든 싫어하든 간에 우리는 그것들에 관여하고 있다. 정치와 경제는 피할 수 없으며, 우리가 이 세상에 있는 한, 우리를 둘러싼 현실의 한 부분을 이룬다. 따라서 우리가 정말로 질문해야 할 것은 "우리가 어떻게 정치와 경제에 우리 주 예수 그리스도의 복음에 부합하여 참여할 수 있을까?"하는 것이다. 우리가 정치와 경제에 대해서 아무런 주의를 기울이지 않으려 해도, 정치와 경제는 항상 우리를 관여시킨다.

2. **"사회 구조를 변화시키는 것이 복음전도의 한 부분인가?"** 본질상, 그 질문을 다른 말로 표현하면, "당신은 두 왕국을 혼동하지는 않는가?"하는 것이다. 여기서 나는 복음이 우리 삶에 이룩한 것과 그래서 복음이 우리 삶에 주는 명령은 분리할 수 없다고 반복할 수밖에 없다. 그것을 달리 표현하면, 법이 두 가지 측면을 함께 가지고 있다거나, 혹은 하나님과 인간의 화해에 대한 관심과 사회 정의에 대한 관심은 분리될 수 없다거나, 혹은 복음전도적 명령은 문화 명령에 순종할 때만 실현될 수 있다거나, 혹은 하나님나라는 인간 세상 속에 나타나고, 혹은 단순하게 교회의 사명은 교회가 속한 세상과 분리될 수 없다는 것이다. 따라서 나는 복음선포라는 교회의 우선적 사명과 부차적 혹은 선택적 사명 간에 쐐기를 박고 싶지는 않다. 교회의 머리 되신 주께 순종하려면, 교회는 필수적이지 않은 어떠한 것도 행해서는 안 된다. 그러므로 교회가 주님께 순종하는 가운데 행하는 모든 것은 필수적이지 않은 것이 없다. 왜 그런가? 그것은 하나님을 향한 사랑과 이웃을 향한 사랑이 분리될 수 없기 때문이다. 행함이 없는 믿음은 죽은 것이기 때문이다. 소망은 모든 것을 하나님나라 안에서 회복하는 것

을 포함하기 때문이다. 나는 두 왕국을 혼동하는 것이 아니다. 나는 인류 혹은 선행이나 정치적 행동을 통한 사회의 궁극적 구원을 기대하지 않는다. 나는 단순히 우리가 이 세상에서 인간 삶의 모든 영역을 복음에 부합시키고 있는지를 신중히 고려할 것을 요청할 따름이다. 유일한 대안은, 하나님께서 우리가 그 분을 "주여, 주여"라고 부르는 것에 관심이 있으시고, 사회 부정의, 억압, 기근, 전쟁, 인종주의, 문맹과 같이 중요한 문제들에 대해서 하나님의 뜻에 순종하는지는 관심이 없다고 말하는 것이다.

3. **"예수께서 정치적 측면에서 왕이라고 말하는 것이 옳은가? 정치를 당신 자신의 말로 정의하고 있지 않은가?"** 내가 예수님을 그리스도라고 표현하면서, 우리는 사실상 그분을 정치적 측면에서 묘사하는 것이라고 말할 때, 나는 그분께서 오늘날 우리가 좁은 의미에서 정치적 행동이라고 간주하는 것에 참여했다는 것을 의미하는 것이 아니라 메시아이라는 타이틀 자체가 정치적 의미가 있다고 말한 것이다. 그는 하나의 종교를 만들려고 이 땅에 오신 것이 아니라, 모든 것을 그 분의 주권에 복종시키고자 하는 하나님의 뜻을 성취하려고 오신 것이다. 예수님을 주로 인정하는 사람들은 하나님과 화해하였을 뿐만 아니라, 그 분 안에서 인간의 삶의 모델, 정치적 영역에서의 모델을 보게 되는 것이다. 지금 여기 이 세상에서 예수님의 제자들은 그들의 개인적 그리고 공동체적 삶을 하나님나라의 윤리, 즉 하나님의 뜻과 일치시키도록 부름 받았고, 그 왕국의 주요한 원칙은 사랑이다.

4. **"윤리를 강조할 때, 어떻게 우리의 가르침에서 도덕주의와 율법주의를 피할 수 있는가?"** 기독교 윤리의 본질은 규칙과 규범에 대한 외부적 복종이 아니라 마음에서 우러나오는 하나님을 향한 순종과 감사라는 것을 가르침으로 우리는 피할 수 있다. 도덕주의와 율법주의에 빠지는 위험을 피

할 방법은, 복음이 요구하는 윤리적 측면을 제거하는 것이 아니라, 순종이라는 것이 복음에 대해 믿음으로 반응하는 필수적인 것임을 깨닫는 것이다. 그러한 순종은 항상 우리 안에 성령께서 역사하셔서 하나님의 능력으로만 가능하다.

5. **"압도적인 문제들에 봉착했을 때 교회는 무엇을 할 수 있는가?"** 교회는 모든 문제를 해결하도록 부름 받은 것이 아니라 교회가 가진 것으로 하나님께 신실하도록 부름 받았다. 교회가 세상에 할 수 있는 가장 큰 기여는 하나님께서 의도하신 대로 이 세상 안에 존재하고 행하는 것이다. 다른 무엇보다도 다음과 같은 것들이 하나님께서 교회를 향해 계획하신 것이다.

첫째, 교회는 화해의 공동체이다. 분열된 세상 가운데 교회는 모든 장벽이 허물어지고 사람들이 그리스도께서 그들을 환영하듯 하나님의 영광을 위하여 서로를 환영하는 것을 배우는 곳이다. 둘째, 교회는 각 개인이 있는 그대로 용납되는 공동체이다. 모든 사람이 사회에 의해서 주입된 대로 살아야 하는 세상 속에서 교회는 모든 사람을 있는 그대로 받아들이고 하나님의 형상을 따라 충분히 자신을 개발하도록 격려하는 곳이다. 셋째, 교회는 섬기고 나누는 공동체이다. 사람들이 섬김 받고 받기만 좋아하는 세상 가운데에서, 교회는 모든 사람을 섬기고 주기 위해 존재하는 공동체이어야 한다.

결론을 내리면, 우리의 가장 시급한 필요는 더욱 성경적인 복음과 그 복음에 부합한 교회이다. 우리는 이 회의를 일련의 좋은 논문과 책자를 가지고 나와서 그것들을 잘 정리한 후에 잊어버릴 수도 있다. 그리고 크고 인상적인 세계적 회의였다는 인상을 가지고 회의를 마칠 수도 있다. 혹은 우리는 사람들을 회심시키기 위한 기발한 공식을 배웠다는 확신을 가지고 모임을 마칠 수도 있다. 그러나 내가 바라고 기도하는 것은 우리가 세상에 종노릇하고, 오만한 승리주의에 빠진 것을 회개하는 것이다. 우리의 능력만으로 그런 속박에서 벗어날 수 없지만, 그럼에도 우리가 구하고 생각하는 것 이상으로 풍성하게 우리 안에 능력으로 행하시는 우리 주 예수 그리스도의 아버지이신 하나님을 신뢰하기를 기도한다. "그에게 모든 세대 가운데 세세토록 영원히 교회와 예수 그리스도 안에서 영광이 있을찌어다. 아멘"

제3장 · 그리스도인이 된다는 의미

세상 사람들과 똑같이 세상 가치관대로 살면서도
교회가 제공하는 처방대로 하면
영원한 구원을 보장받는다고 가르치는
거짓복음의 망령이 사람들의 마음을 유혹하고 있다.

우리는, 교회를 넘어뜨리고 세계복음화라는 교회의 사명을 좌절시키려고 애쓰는 정사와 악의 권세들과 끊임없는 영적 싸움을 하고 있다는 사실을 믿는다. 우리는 하나님의 전신갑주로 우리 자신을 무장하고 진리와 기도의 영적 무기들로 이 싸움을 싸워야 할 필요가 있다. 왜냐하면, 우리는 교회 밖의 헛된 이데올로기들뿐만 아니라 교회 안에서 성경을 왜곡하고 인간을 하나님의 자리에 올려놓는 거짓복음을 통하여, 우리의 대적이 활동하고 있음을 감지하기 때문이다. 성경에 계시된 복음을 고수하려면 경계와 분별력이 요청된다. 우리는 우리 자신의 사상과 행동이 세상의 영향에서 벗어나 있지 않다는 사실, 즉 세속주의에 굴복하고 있다는 사실을 인정한다. 예를 들면, 양적 측면이나 영적 측면 모두를 고려한 교회성장에 관한 연구들이 정확하고 가치

있음에도, 우리는 그와 같은 연구들을 무시해 왔다. 다른 한편으로 복음에 대한 반응이 즉각적으로 나타나게 하고자, 우리는 적당히 타협하여 말씀을 전하였고, 복음을 듣는 자들에게 겁주는 수단을 동원하였으며, 쓸데없이 통계에 집착했거나 통계를 사용하는 데 있어서조차 정직하지 못했음이 사실이다. 이 모든 것이 세상적이다. 교회는 세상 안에 존재해야 하지만, 세상이 교회 안에 존재해서는 안 된다.엡6:11~18; 고후4:3,4; 고후10:3~5; 요일2:18~26; 4:1~3; 갈1:6~9; 고후2:17, 4:2; 요17:15

–로잔언약 제12항 중에서

로잔회의는 오늘날의 교회가 직면한 다양한 신학적 문제를 회피한 채 세계복음화 계획만을 결의하는 모임으로 끝날 뻔했다. 이 회의에 참석한 대부분의 사람들은 로잔회의가 개최되기 직전에 북미의 어느 유명한 복음주의 잡지 사설에서 밝힌 실용적 관점을 그대로 받아들이고 있었다. 그 사설은 베를린회의1996년가 세계복음화를 위한 신학적 골격을 만들었으므로핵심 용어는 복음주의였음 로잔회의1974년는 그 사역의 실제적 측면에만 관심을 기울이면 된다고 말하였다. 다행스럽게도 이 거대한 모임이 진행되는 동안, 참석자들은 자연스럽게 신학적 문제들을 논의의 대상으로 삼았으며, 그 결과로 말미암아 로잔언약이 선포되었다. 이 로잔언약은 복음주의 교회의 전통적 입장에 대해 이의를 제기하는 문서이다.

로잔언약의 제12항은 특별히 교회 내의 세속화 경향에 대하여 경고한다. 이 경고는 신약성경이 언급하는 영적 싸움이라는 차원에서 나온 것이다. 이 헌장은 세상이 교회를 조정하는 교묘한 방법들을 지적하며, 교회의 메시지뿐만 아니라 복음주의적 방법들 안에까지 세상의 영향이 침투해있음을 지적한다. 로잔언약은 요한복음 17장 16절 말씀을 상기시키는 내용으로 결론짓는다. "교회는 세상 안에 존재해야 한다. 그러나 세상이 교회 안에 존재해서는 안 된다." 이 장에서는 로잔언약 제12항이 제시하는 문제의식을 기초로, 부정적인 의미에서 세상의 의미이것은 로잔언약이 보여주는 기본적 관점이다와 세상이 교회에 미치는 영향, 교회가 세상과 직면했을 때 감당해야 할 역할 등의 문제들을 생각해 보고자 한다.

현대 세계의 구조

현대 세계의 가장 두드러진 특징은 19세기에 시작된 산업혁명의 결과로 나타난 새로운 유형의 사회, 즉 소비사회의 급속한 성장이다. 사회 안의 인구이동 현상은 전세계적으로 도시문명의 성장을 가져왔으며, 도시문명의 특징은 상품숭배로 나타난다. 사실, 오늘날 모든 인류는 도시의 삶에 참여한다. 자끄 엘륄이 관찰한 대로 "우리가 시골에 산다 할지라도 우리는 도시 안에 있다. 왜냐하면, 오늘날의 시골은머지않아 이것은 아시아의 거대한 평원 지역에도 해당 될 것이다 도시의 부속물에 지나지 않기 때문이다."84) 그는 도시지역의 엄청난 인구폭발을 강조할 뿐만 아니라85) 선진국이나 후진국을 가릴 것 없이 현대사회를 특징짓는 '소비 심리'consumer mentality라는 전세계적 현상을 강조한다.86)

소비사회는 기술과 자본주의의 산물이다. 역사적으로 서구의 소비사회는 부르주아 계층이 정치권력을 장악하고 기술을 자신들의 정치권력을 확장하는 도구로 활용한 데서 나오게 되었다. 산업혁명 이전 사회에서 평범한 사람들에게 안전을 보장해 주었던 사유재산이 더는 사회적 기능을 수행할 수 없게 되었고 그것은 절대권리로 변형되었다.87) 거대한 자본주의 산업이 등장했다. 그들이 생산해 내는 물건들 대부분은 그다지 중요한 것들이 아니었다. 즉, "국가 수입의 일부로 간주될지라도 다른 품목들이 충분하게 생산될 때까지 생산되지 말았어야 하거나 아니면 전혀 생산될 필요가 없는 것들"88)이었지만, 그들의 목표는 생산을 계속 증가시키는 것이었다. 어떠한 인간의 활동도 산업 발전과 직접적으로 관계되지 않으면 가치 없는 것으로 간주 되었다. 노사관계는 경영자들의 편의에 따라 조정되었는데, 경영자들에게 재산은 사회 봉사의 수단이라기보다는 개인 소유를 증가시키는 수단에 불과한 것이었다.

대중매체, 특별히 라디오와 텔레비전은 소비자로 하여금 특정한 삶의 양식에 익숙해지도록 만들었다. 이 삶의 양식에서 그들이 일하는 것은 돈을 벌기 위함이고, 돈을 버는 것은 물건을 사기 위함이며, 물건을 사는 것은 자신들의 가치를 발견하기 위한 것이 되었다. 자끄 엘륄이 지적한 대로 기술사회에서의 삶의 양식은 광고에 의하여 형성된다.89) 광고는 끊임없는 생산의 증가와 이해관계가 얽혀 있는 사람들에 의하여 통제되는데, 생산이란 '사는 것은 곧 소유하는 것' 이라고 믿는 사회에서 상당한 소비수준이 형성될 때 가능한 것이다.90) 이와 같은 방법으로 기술은 소비라는 이데올로기를 주입시키려고 자본에 봉사하게 된다.

현대사회를 분석하는 분석가들은, 대부분의 선진국이 제1차 기술혁명에서 제2차 기술혁명으로 진입하고 있다고 본다. 제1차 기술혁명 단계에서 인간의 노동이 기계에 의하여 대치되었다면, 제2차 기술혁명 단계에서는 인간의 사고 자체가 기계에 의하여 대치된다. 자동화와 인공두뇌의 시대가 도래하였다. 오늘날 우리는 가장 많은 인류에게 가장 심각한 고통을 주는 문제 가운데 하나인 기아문제를 해결할 수 있는 단계까지 왔다. 그런데도 기술은 '이 땅의 못 가진 자들' 의 불행에는 무감각한 소수 특권층의 경제적 이해만을 해결하는 데 활용될 뿐이다. 거대한 다국적 기업의 출현이야말로 제3세계에 소비자 이데올로기를 수출하는 데 가장 중요한 요인이 되었을 것이다. 이와 같은 이유로 도시는 점차 사람들을 물질적 틀에 짜맞추려고 유도한다. 이 틀 속에서는 물건이 절대적 가치를 가지며 따라서 물건을 얼마나 소유하느냐에 따라 신분이 달라진다. 또한, 노동의 의미 혹은 삶의 목적 등에 관한 질문은 의미가 없어지고 만다.

오늘날의 산업체계는 인간이 아니라 자본을 섬기고 있다. 그 결과 이 사회는 인간을 1차원적 존재로 만들어버렸다. 즉, 인간은 공급과 수요의 법칙에 의해 돌아가며, 전세계적 환경오염의 주범이 된 거대한 기계의 한 부속품으로 전락하고 말았다. 이와 같은 산업체계는 가진 자와 못 가진 자라는 결코 좁혀질 수 없는 격차를 가져왔을 뿐만 아니라, 국제적 차원에서 부유한 나라와 가난한 나라 사이의 격차를 만들어 냈다. 오늘날은 인류 역사상 유래 없을 정도로 기술이 진보하고 산업이 확장되었음에도, 저개발국가들은 그 어느 때 보다 자신들의 문제를 해결하지 못하는 어려운 상황에 처해있다.

오늘날은 원자에너지를 이용하고 우주를 정복할 만큼 기술이 발전하였으면서도 그 어느 때보다 배고픈 시대다.[91] 일반적으로 부유한 나라들은 그들의 경제적 발전과 가난한 나라들이 안고 있는 문제들 사이에 관련 있음을 인정하지 않는다. 국제기구들도 경제대국들의 협력을 끌어내는 데 속수무책일 뿐이다.[92] 카스트로Josué de Castro가 말한 대로 "서구 강대국들의 공식적인 발전 논리는 매우 협소하며 식민주의적 발상에서 유래한 이기심에 의하여 지배되고 있다."[93] 소비사회를 탄생시킨 경제제도의 밑바탕에는 욕심이 깔려있다.

현대사회에서 소비주의는 가난한 지역에도 침투하였다. 거대한 도시의 부유층이 사는 지역뿐만 아니라 가난한 사람들이 밀집해 있는 지역에도 대중매체는 행복의 이미지를 전파한다. 즉, 소비하는 인간의 이미지가 그것이다. 그 결과, 전세계는 소비주의 원리를 기초로 하는 '지구촌'이 되어가고 있다. 저개발국가가 소비하는 양은 선진국에 비하여 훨씬 낮은 것은 사실이지만, 소비에 가치를 부여한다는 점에서는 선진국이나 저개발국이나 마찬가지다. 부자들은 카스트로가 적절하게 묘사하는 것처럼 '과시성 소비주의'에 사로잡혀 있다. '사회 혹은 경제적 발전에는 전혀 도움이 되지 않는 수입 사치품과 경제발전을 저해하는 소비'[94]가 그것이다. 다른 한편으로, 가난한 사람들은 사회적 신분 향상을 갈구한다. 그들은 가장 기본적인 의식주뿐만 아니라 신분의 상징으로 광고되는 품목들, 특히 자동차와 전자제품을 소유하기 원한다. 소위 말하는 '욕구의 상승'은 애매모호한 가치를 가지는데, 그것은 대부분의 사람들이 인간적 존엄과 존경을 갈구함을 보여주는 것이긴 하지만, 대중매체에 의하여 소비하는 인간이 인류의 이상인 것처럼 착각하도록 조작된 측면이 있기 때문이다.

소비사회를 특징짓는 물질주의의 배후에는 신약성경이 언급한 파멸의 세력이 놓여 있다. 사도 바울은 인간을 억압하는 이데올로기의 구조 속에는 정사들과 악의 권세들이 활동하고 있음을 간파하였다. 여기에서는 이 주제에 관하여 깊이 논의할 수 없지만,[95] 부정적인 의미에서의 '세상'과 사탄의 권세와의 관계에 대하여 바울이 말한 내용에 관하여 두 가지 중요한 관찰을 제시하고자 한다.

1. 세상은 하나의 체계이며 이 체계 속에서 악이 조직화된 형태로 선에 대항하고 있다. 세상이 그와 같은 특징을 갖는 것은 세상과 사탄의 연계에 기인한다. 즉, 사탄은 "이 세상의 신"고후4:4; 요12:31; 14:30; 16:11; 요일5:19이요, 사탄의 세력은 "이 세상을 다스리는 권세들"고전2:6, "정사와 권세와 이 어두움의 세상 주관자들"엡6:12, "이 세상의 기본적 요소들"갈4:3,9; 골2:8,20이다.[96] 이와 같은 묵시적 세계관은 바울서신 전체에서 발견되며 그것은 죄뿐만 아니라 그리스도인의 구속이 우주적 차원을 가지고 있음을 지적해준다. 그리스도의 사역은 이와 같은 배경 없이는 이해할 수 없다.[97]

2. 사탄의 권세는 인간이 절대적으로 생각하는 구조와 체계를 동원하여

이 세상 안에서 인간을 노예로 만들어 버린다. 라이커Bo Reicke는 「바울에 있어서 율법과 세상」갈4:1~11에 관한 몇 가지 고찰들이라는 중요한 논문에서 사도 바울이 갈라디아서 4장 8절 이하에서 경고하는 것은 율법주의에 대한 것뿐만이 아님을 밝히고 있다.98) 즉, 바울은 율법주의뿐만 아니라 체계화된 종교를 통하여 인간을 자신의 지배 아래 두려는 영적 권세들에게 다시 종노릇하는 것과 전혀 신이 아닌 것들을 신으로 섬기는 데로 돌아가는 것에 대해 경고하는 것이다.99) 이러한 해석은 고린도전서 10장 20절의 본래 뜻과 일치하는 것으로, 이 구절이 의미하는 바는 이방인의 제사는 "하나님께가 아니다"and not to God (RSV)가 아니라 "하나님이 아닌 것" that which is not God (NEB)에게 하는 것이라는 뜻이다. 바레트C.K.Barrett의 해석에 따르면, 바울은 우상숭배란 "그것이 하나님께 돌려져야 할 영광을 빼앗기 때문에 악하며, 인간이 유일하신 참 하나님이 아닌 다른 존재를 향하여 경배하고 또한 영적 행위에 참여함으로써 악한 영의 세력과 교감하는 것이기 때문에 악하다"라고 하였다.100) 이와 동일하게 인간이 만든 제도나 체계를 절대적으로 만드는 사탄의 권세와 우상숭배의 관계는 골로새서 2장 16절 이하에서도 언급하고 있으며, 그것은 고린도전서 1장과 2장에서 언급하는 "이 세상의 지혜"와도 무관하지 않다. 여기서 말하는 세상이란, 악의 권세들이 우상숭배를 통하여 인간을 노예로 만드는 억압적 체계와 동일한 것이다.

인간들을 통제하는 소비사회 역시 우상숭배의 특성을 가지고, 그 특성이 인간을 지배한다는 사실을 이해할 때, 이와 같은 바울의 가르침이 오늘날에도 적용되는 것임이 명백해진다. 사도 바울의 가르침은 개인을 초월하여 존재하며 인간들의 사상과 삶의 양식을 결정짓는 제도와 이데올로기를 언급한다. 신약성경에서 언급하는 악의 세력들은 신화적 표현방식에 불과하기 때문에 그 속에서 성경의 메시지를 찾아내야 한다고 주장하는 사람들이나 악의 권세들이 활동하는 범위가 신비종교, 귀신들림, 점성술 등에 국한된다고 생각하는 사람들은, 이 악의 문제를 개인적 문제로 만드는 것이며, 그리스도인의 구원을 단순히 개인적 체험의 문제로 만드는 것이다. 오히려 우리는 성경이 묘사하는 내용의 사실성을 받아들이고, 이 세상에서 인간은 악의 영역에 노예로 잡혀 있으며 이 영역에서 우리가 해방되어야 한다는 사실을 이해하여야 한다. 헌터A. M. Hunter가 주장한 대로 "악을 인간보다 고등한 존재로 생각하여 자신들의 목표로 삼아 인류를 대적하고, 모든 활동이 배후의 전략가에 의하여 지시되는 그와 같은 영적 존재들이 있다는 사실을 부정할 형이상학적 근거는 없다."101) 인간이 악의 세력들이 수단으로하는 세상 우상들의 노예가 될 때, 인간은 하나님께 반항하게 된다. 오늘날 인간을 노예로 만드는 우상들은 소비사회의 우상들이다.

기술과 자본은 모두 선을 위하여 활용될 수도 있고 악을 위하여 활용될 수도 있다. 윤리적 원리들이 배제된 상태에서는 기술과 자본이 결합함으로 말미암은 경제적 번영을 경배하고 물질적 번영을 찬양하는 사회가 출현하였다. 악의 권세에 의하여 지배되는 이 세상에서 사회·정치·경제적 상황을 결정짓고 있는 것이 소비사회다. 기술에 대한 맹신, 양도할 수 없는 권리로서의 사유재산에 대한 절대적 신뢰, 자연을 무책임하게 약탈하더라도 생산만 증가하면 된다는 신앙, 지구촌의 못 가진 자들을 더욱 가난하게 만드는 다국적 기업들의 비대화, 소비주의의 열병, 과시 및 유행 등이다. 이와 같은 물질주의가 오늘날 인류를 파멸로 이끄는 이데올로기다. 교회는 이와 같이 인간으로 하여금 절대적 가치를 버리고 상대적 가치에 길들게 하여 비인간화시키는 이데올로기와 그 구조 속에 자리 잡은 악의 세력과 영적 싸움을 전개하는 것이다.

교회의 세속화

교회는 종말론적 실재다. 교회는 예수 그리스도에 의하여 시작된 성취의 시대에 속해 있으며, 새로운 인류의 첫 열매다. 그러나 교회 역시 역사적 실재이기 때문에 다른 모든 인류와 마찬가지로 세상의 영향 아래 놓여 있을 수밖에 없다.

예수 그리스도의 부활과 재림 사이의 기간에 새 시대가 옛 시대를 앞서 가며 종말론이 인류역사의 한가운데를 흘러가고 있다. 교회의 총체적 삶과 사명을 특징짓는 것은 바로 그와 같은 종말론적 긴장이다. 로잔언약은 그와 같은 긴장의 가장 중요한 측면들 가운데 하나를 언급한다. "우리는 교회를 넘어뜨리고 세계복음화라는 교회의 사명을 좌절시키려고 애쓰는 정사와 악의 권세들과 끊임없는 영적 싸움을 싸우고 있다는 사실을 믿는다."

로잔언약은 제12항 후반부에서 악의 권세가 교회 밖의 거짓 이데올로기라는 관점뿐만 아니라, 교회 내의 사상과 행동이 세상을 닮아간다는 점도 지적한다. 전통적으로 복음주의자들이 취했던 낭만주의적 생각을 고려해 볼 때, 로잔언약이 교회도 세상의 공격 앞에 영향 받을 수 있다고 인정한 사실은 그 자체만으로도 엄청난 기여를 한 것이다. 『목회 활동의 숨겨진 동기들: 라틴아메리카 상황에서의 재고찰들』이라는 책에서 쎄군도Juan Luis Segundo는 전통적으로 로마 가톨릭이 지배하는 남미에서 교회가 개인의 확신을 요구하는 성경의 메시지를 따르기보다는 소비사회에 적응하도록 만든 몇 가지 요인을 지적한다.

1. **도시 사회에서는 인간의 삶에 필요한 근본적 문제들이 논의되지 않기를 바란다.** 그래서 도시사회는 보편적 가치에 의해 사람들을 통일시키려고 하

는 것이 아니라 오히려 소비주의에 의해 통일시키려고 한다. 가치나 세계관은 개인적 삶의 영역에서만 관계있는 것으로 전락하며 궁극적으로는 상대적으로 여기게 된다.

2. 기독교는 더는 과거의 폐쇄사회가 제공하였던 도움에 의지할 수 없게 되었다. 그와 같은 도움이 결여된 상태에서 열려진 사회는 기독교와 매우 피상적인 접촉점만을 유지할 뿐이며, 이것은 도시에 사는 인간들에게는 삶의 뿌리가 없는 것과도 관계있다. 도시의 삶과 기독교가 접촉점이 거의 없다는 사실은 다양한 종교적 의식을 만들어 내게 한다. 그러나 한 세대에서 다음 세대로 기독교가 이어지는 것은 더는 사회적 환경에 도움을 받을 수 없게 되었다.

3. 소비사회에서 그리스도인이 된다는 것은 전적으로 개인적 확신과 관련된 문제다. 인간의 '대중화'를 반대하는 그 어떤 심오한 사상도 혁명적이며 단지 영웅적 소수만이 그와 같은 사상을 가지게 된다.

4. 따라서 목회사역은 복음의 요구들을 받아들이는 소수와 기독교에 헌신한 것으로 착각하는 다수의 소비자 사이에서 한 쪽을 선택하지 않으면 안 된다.

5. 목회사역은 참기독교의 가치를 인위적인 소비자 대중의 가치와 바꾸어버렸으며 복음의 요구들을 최소화시켜 버렸다. 이와 같은 현상이 나타나게 된 데에는 몇 가지 이유가 있다. 첫째, 목회자들은 자유에 대한 두려움을 가지고 있다. 왜냐하면, 복음을 복음대로 밀고 나가는 대신 사람들의 자유의지와 결정에 의지하면, 대부분의 목회자들은 물질적·심리적 근심을 가지게 될 것이며 또한 목회 사역에 종사하는 다른 사람들에게도 유사한 근심

을 가져다 줄 것이기 때문이다.102) 둘째, 목회자들은 대중의 운명에 대한 두려움을 가지고 있다. 왜냐하면, "만일 우리가 대중을 지키는 대신 소수의 영웅만을 키워낸다면 대부분의 사람들은 기독교의 보호영역 밖에 놓이게 될 것이기 때문이다."103) 셋째, 목회자들은 복음에 대한 두려움을 가지고 있다. 즉, 그들은 교회가 복음만을 의지하여 사역을 수행할 수 없다고 생각한다.

이것은 소비사회 안에서 기독교의 위치에 관한 매우 날카로운 분석이다. 쎄군도 자신이 예수 그리스도의 복음보다 콘스탄틴주의와 훨씬 더 강한 유대를 맺고 있는 기독교의 배후에 어떠한 동기들이 숨어 있는지에 관하여 언급하기 때문에, 그것을 하나씩 요약하는 것이 매우 유용하다고 생각한다. 쎄군도가 남미의 문화 기독교에 관하여 말한 내용들은 1장에서 언급한 '문화 기독교'에도 동일하게 적용할 수 있다(문화 기독교라 함은 '미국식 삶의 방식'과 동일시되는 기독교로서 미국식 삶의 방식의 영향은 전세계의 모든 나라에 걸쳐 나타난다). 전통적 로마 가톨릭 같이, 문화 기독교는 더 많은 사람을 그리스도인으로 만들고자 스스로 세상의 방식에 적응하였다. 그 결과 교회가 사회 변혁을 위한 역할을 담당하지 못하게 되었고, 단지 현대사회의 모습을 그대로 반영할 뿐이며, 더욱 한심한 것은 교회 자신이 현대사회가 사람들을 물질주의적 가치관에 길들이려고 사용하는 도구로 전락했다는 사실이다. 로잔언약이 교회의 세속화 위험을 지적하면서 언급한 두 영역에서, 우리는 문화 기독교가 세상에 순응하고 있음을 살펴볼 수 있다. 즉 "사고와 행동"의 영역이 그것이다.

1. 사고의 영역에서, 세상에 대한 교회의 순응은 주로 복음을 순수하게 영적 메시지로 축소해버린 것이다. 즉, 복음은 하나님과의 화해의 메시지요, 영

혼 구원의 메시지가 되었다. 이와 같은 원리에 입각하여 교회의 사명은 복음전도에 의해 정의되고, 복음전도는 예수 그리스도께서 십자가에서 죽으셨기 때문에 인간이 구원받고자 해야 할 유일한 일은 예수 그리스도를 개인의 구세주로 영접하는 것뿐임을 선포하는 것으로 이해되었다. 이것은 신앙과 회개 사이, 복음의 핵심적 요소들과 비핵심적 요소들 사이, 케리그마와 디다케 사이, 구원과 성화 사이를 구분했다. 가장 기본적인 차원에서 그것은 구주로서의 그리스도와 주로서의 그리스도를 구분하는 것이다. 그 결과, 인간이 소비사회 속에서 세상적 가치관과 태도를 갖고 살면서도, 기독교가 제공하는 영원한 안전을 누리면서 살 수 있다는 것을 가르치는 복음을 만들어 내었다. 따라서 현대인의 삶은 '종교'와 '세속 활동'이라는 영역을 명확하게 구분하게 되었다. 하나님께서는 인간의 종교적 영역에만 관여하실 뿐이며 그의 세속적 삶의 영역에는 관여하시지 않는다. 그가 믿는 하나님은 종교적 의심에 관심이 있는 하나님이며 사회·정치·사업·국제관계 등에 관한 문제에는 관심이 없으신 하나님이다.

이와 같은 복음은 인위적인 소비자 대중을 위하여 편리하게 만들어진 복음이다. 그것은 소비사회에서 생산된 또 다른 생산 품목에 불과하다. 그것은 로잔언약이 언급하는 "성경을 왜곡하고 인간을 하나님의 자리에 올려놓는 거짓 복음들" 가운데 하나이다. 이와 같은 잘못을 시정하는 유일한 방법은 예수 그리스도를 구주와 인생의 주인으로 믿는 복음, '로잔언약에 대한 답변'에서 명백하게 정의되는 복음으로 돌아가는 길뿐이다.

복음은 예수 그리스도 안에 계시된 하나님의 복된 소식이다. 복음은 예수 그리스도께서 선포하시고 또한 그가 구현한 하나님나라의 통치, 예수 그리스도의 십자가만을 통하여 창조세계를 회복시키려는 하나님의 사랑의 사역, 파멸과 죽음의 사탄의 세력에 대한 그리스도의 승리, 전체 우주에 대한 그리스도의 주권을 전하는 복된 소식이다. 복음은 생명을 공급하는 성령의 사역으로 말미암아 그리스도를 통한 새창조, 새로운 인간, 새로운 탄생에 관한 복된 소식이다. 또한 복음은 그리스도의 사역을 통하여 성령의 역사로 말미암는 은사들과, 지금 여기에서 그리스도의 평화의 통치를 구현할 능력을 부여받을 수 있는 소식이며, 그리스도의 복된 소식을 세상으로 하여금 볼 수 있고 알 수 있도록 만들어 주는 기독교 공동체에 관한 복된 소식이다. 복음은 해방, 회복, 치유 그리고 개인뿐만 아니라 사회, 전세계 그리고 우주적 구원에 관한 복된 소식이다.

2. **행동의 영역에서, 문화 기독교는 소비사회의 영향을 그대로 반영하고 있다.** 이와 같은 분석만이 로잔언약에서 언급하고 있는 숫자에 대한 집착현상을 설명해 줄 수 있다. "다른 한편으로 복음에 대한 반응이 즉각적으로 나타나도록 하고자, 우리는 적당히 타협하여 말씀을 전하였고, 복음을 듣는 자들에게 겁주는 수단을 동원하였으며, 쓸데없이 통계에 집착했거나 통계를 사용하는 데 있어서조차 정직하지 못했음이 사실이다."104) 이것은 교회가 이 세상에 적응한 방식을 가장 분명하게 보여준다. 우리는 교인의 수적 증가를 부추기는 복음주의적 방법론을 가지고 있는데, 이것은 팔 다리가 잘린 복음이라 할 수 있다. 소비사회에서 지속적 생산의 증가가 유일한 관심사라면 소비자 종교가 교회의 수적 증가에 모든 관심을 기울이는 현상은 지극히 당연한 일이다.

어떤 사람들은, 신자의 수적 증가에 관심을 두는 것은 "모든 사람들이 구원을 받으며 진리를 아는 데 이르기를 원하시는"딤전2:4 하나님을 향한 마음이 있는 사람이라면 지극히 당연한 관심사라고 반박할 수 있을 것이다. 이에 대하여 쎄군도가 다음과 같이 말한다.

그리스도인의 머리수를 헤아리는 데는 두 가지 다른 방법이 있다. 그 하나는 통계적 방법으로 최소한의 요구사항에 기초한 것이다. 즉, 세례, 성찬에 가끔 참가하고 인구조사 때에 기독교를 믿는다고 고백하는 것이다. 그리스도인의 수를 세는 두 번째 방법은 기독교의 복음을 사회 구석까지 전파하고 삶에 관한 다른 사상과 다른 철학을 가진 사람들을 만나서 그들을 그리스도께로 인도하며 그리스도의 메시지를 붙들고 사회의 급진적 변혁을 위하여 개인적으로 헌신할 준비가 되어 있는 자들만을 세는 것이다.[105]

이와 같이 그리스도인을 세는 방법은 복음과 교회의 사역, 그리스도인의 삶에 관한 두 가지 다른 태도와도 연결된다. 만일 복음주의 교회들이 최소한의 조건을 근거로 그리스도인의 수를 세고 있다면, 그것은 그들이 현대 소비사회의 영향에서 벗어날 수 없음을 스스로 입증하는 셈이다. 그들은 더 많은 신자를 확보하려고 그들의 메시지를 소비사회에 적절하게 바꾸어버린 것이다. 오늘날 필요한 개혁은, 모든 교회가 삶의 현장에서 복음의 요구들을 구체적으로 나타내 보일 수 있도록 교회를 전체적으로 재건하는 일이다.

복음, 세계, 교회

세상과 직면한 교회가 택할 수 있는 방법은 두 가지밖에 없다. 즉 세상에 따라 변화하고 복음을 배신하거나 아니면 복음에 충실하여 세상과 싸우는 것이다.

부정적 의미에서의 세상은 하나의 체계이며 이 체계 안에는 악의 하나님을 대항하여 조직화되어 있다. 세상이 사람들에게 강요하는 삶의 방식은 결국 정사들과 악의 세력들의 노예가 되도록 만드는 것이다. 세상은 자신의 강력한 영향에 도전하는 가치관이나 기준을 용납하지 않는다. 이 세상이 사람들에게 미치는 영향은 대단히 미묘한 것이어서 인간이 가장 자유스러운 영역이라고 믿는 종교적 영역에조차도 침투하고 있다. 로잔언약이 명백하게 지적하는 것처럼, 사탄의 활동은 교회 안에, 교회가 선포하는 메시지 안에, 복음을 선포하고자 사용되는 방법론 안에까지도 미칠 수 있다.

복음은 예수 그리스도께서 어둠의 권세를 이기셨다는 복된 소식이다. 죽음을 통하여 죄를 속량하신 구주께서는 동시에 "통치자들과 권세들을 무력화하여 드러내어 구경거리로 삼으시고 십자가로 그들을 이기셨다"골 2:15 그리스도께서 이루신 구원은 죄로부터의 자유뿐만 아니라 죄의 권세로부터의 자유도 포함한다. 이 구원은 인간과 하나님의 화해뿐만 아니라 하나님께서 예수 그리스도 안에서 계시하신 새로운 인간의 모델에 따라 인간의 삶을 재구축하는 것과도 관계있다. 다시 말해, 복음은 종교적 체험뿐만 아니라 하나님의 통치 아래에서의 새로운 창조 및 새로운 삶의 방식과도 관계있는 것이다.

교회는 이 세상 한복판에서 하나님나라를 실현해 보여주도록 부름 받았다. 복음이 교회에 부여하는 사역도 다름이 아닌 이것이다. 그러나 그와 같은 임무에 헌신한다는 것은 이 세상과 치열한 전투를 벌인다는 것을 의미한다. 교회가 이 세상의 권세와 직접 부딪쳐 싸우지 않고도 그것을 격퇴할 수 있다고 생각하는 것은 큰 오산이다. 교회의 기원과 역사를 살펴보면, 그리스도인은 늘 세상과 직면하여 싸웠다는 사실을 알 수 있다. 그런데도 오늘날 그리스도인이 세상과 싸우려 들지 않는다는 것은 놀라운 일이다. 교회가 교회로서의 의미를 가지는 것은 기존 체제를 부정하심으로 말미암아 죽음을 당하신 예수 그리스도의 뒤를 따르기 때문이다. 사도 바울은, 영광의 주님을 십자가에 못박은 것은 "이 세상을 다스리는 권세들"

NEB, 즉 악의 세력이라고 말하고 있다. 그래서 교회로 가는 길은 십자가의 길일 수밖에 없다. 마르틴 루터 킹은 다음과 같이 말하고 있다. "예수 그리스도의 교회가 그 권세, 메시지 및 그리스도의 신부로서의 위치를 다시 한 번 회복하려면 복음이 요구하는 것만 따라가야 한다."106)

갈라디아서는 그리스도의 십자가가 지니는 실제적 의미를 밝혀준다. 바울은 서두에서 "그리스도께서 하나님 곧 우리 아버지의 뜻을 따라 이 악한 세대에서 우리를 건지시려고 우리 죄를 대속하기 위하여 자기 몸을 주셨으니"갈1:4라고 선포하고 있다. 그리고 후반부에서는 복음을 왜곡시키기 위하여 갈라디아 교회에 침투해 들어온 거짓 선생들의 감추어진 동기들을 밝히고 있다. 그들은 사람들 앞에서 자신들의 명성을 유지하고 세상과의 갈등을 피하기 원했다. 바울이 제기한 질문들이 이것을 분명하게 보여준다. "이제 내가 사람들에게 좋게 하랴 하나님께 좋게 하랴" 복음의 관점에서 볼 때, 답변은 한 가지뿐이다. "내가 지금까지 사람들의 기쁨을 구하였다면 그리스도의 종이 아니니라."갈1:10 이와 같이 둘 중 하나를 선택해야만 하는 것은 그 둘 사이에 엄청난 괴리가 있다는 사실을 반영한다. 즉, 한편으로는 파멸의 권세에 복종하고 이 악한 세상과 일치하는 삶의 방식이며, 다른 한편으로는 예수 그리스도의 주권 아래 있으며 새창조와 일치하는 삶의 방식이다. 거짓 교사들은 세상과의 갈등을 회피하기 원했으며 그것은 그들로 하여금 복음을 변질시키도록 만들었다. 거짓 교사들이 원했던 것은 신자로 하여금 할례라는 의식에 복종하도록 만들어서 그들로 하여금 "무릇 육체의 모양을 내려 하는 자들이 억지로 너희에게 할례를 받게 함은 그들이 그리스도의 십자가로 말미암아 박해를 면하려 함뿐이라"갈6:12였다. 바울은 만일 그리스도께서 우리를 이 악한 세상에서 해방시키기 위하여 죽으셨다면 그리스도의 십자가는 우리와 세상 사이에 서 있다고 이해한다. "그리스도로 말미암아 세상이 나를 대하여 십자가에 못 박히고

내가 또한 세상을 대하여 그러하니라."갈6:14

교회가 그리스도의 복음을 심각하게 받아들이면 받아들일수록 세상과의 갈등은 불가피한 일이 된다. 그것은 1세기 상황에서 뿐만 아니라 오늘날 소비사회에도 해당되는 말이다. 복음의 관점에서 볼 때, 그것은 우리가 이미 세속적 활동들 속에서 일부의 시간을 떼어 하나님께 바치거나 약간의 시간을 종교활동에 투자함으로써 내면의 평화 또는 종교가 제공하는 물질적 축복을 누리는 것을 의미하지 않는다. 중요한 것은 권세의 노예가 된 상태에서 해방되어 모든 것을 예수 그리스도의 주권 아래 두는 하나님의 목적에 따라 살며, 또한 둘째 아담의 본을 따라 살아가는 공동체로 가시화되어 나타나는 새창조 안으로 들어가는 것이다. 만일 교회가 세상과의 갈등을 피하고자 이 시대의 정신과 타협하게 될 때, 교회는 예언자로서의 사명을 잃어버리게 되며, 소비사회의 현상유지를 위한 도구가 되어버린다. 소금이 그 맛을 잃게 된다. 교회는 온도 조절장치가 아니라 온도계의 역할을 하는 것으로 떨어지게 된다. 그 결과로 교회는 번튼Pierre Bunton이 지적한 것과 같은 비난을 받을 수밖에 없게 된다.

기독교가 혁명적 종교이며 그리스도인은 사회의 다른 구성원들과는 전혀 다른 가치관을 가지고 사는 사람들이라는 사실이 오래 전에 잊혀졌다. 그들이 붙잡고 있던 가치들은 오늘날 사회의 제반 가치들과도 여전히 마찰을 보이고 있다. 그러나 오늘날의 종교는 최초의 그리스도인이 대적하였던 보수 세력이 되어버렸다."107)

소비사회는 소유를 절대 권리로 만들고, 인간보다는 돈을, 자연보다는 생산을 더 중히 여기는 삶의 방식을 사람들에게 강요해 왔다. 이것이 '이 악한 세상'이 갖추고 있는 체계이다. 로잔언약이 우리에게 경고하는 세속화의 위험은 매우 구체적이다. 즉 그 위험은 우리가 이 악한 세대의 삶의 방식에 우리 자신을 맞추고, 이 세상의 물질주의, 개인적 성공에 대한 집착, 그리고 맹목적 이기주의를 삶의 원리로 받아들이는 것이다.

예수 그리스도는 우리의 죄를 위하여 우리를 이 악한 세대에서 해방시키시고자 죽으셨다. 그리스도의 성육신과 그의 십자가 죽음은 오늘날 교회의 삶과 사명을 위한 규범이다. 그리스도의 승리는 세상과 싸우는 우리 소망의 기초다. 그리스도의 부르심은 '하나님의 전신갑주로 우리 자신을 무장하고 진리와 기도라는 영적 무기들을 가지고 이 싸움을 싸우는 것'이다.

> 그러므로 형제들아 내가 하나님의 모든 자비하심으로 너희를 권하노니 너희 몸을 하나님이 기뻐하시는 거룩한 산 제물로 드리라 이는 너희가 드릴 영적 예배니라 너희는 이 세대를 본받지 말고 오직 마음을 새롭게 함으로 변화를 받아 하나님의 선하시고 기뻐하시고 온전하신 뜻이 무엇인지 분별하도록 하라롬12:1,2

제4장 · 복음이란 무엇인가?

그리스도인의 신앙은
복음에 순종할 때 비로소 진실한 것이 된다.
그러므로 사랑으로 행하는 선한 행위는
구원에 따르는 부산물이 아니라
예수 그리스도 안에서 실현된 새 창조의 일부다.

오늘날 교회의 삶과 사명에 대해 제기되어야 할 가장 중요한 질문은 복음의 필요성에 관한 문제가 아니라 복음의 내용에 관한 것이다. 물론, 복음이 어떻게 현대인의 필요를 채워줄 것인지를 고찰하는 것도 중요하지만, 그보다 훨씬 더 중요한 것은 인간의 필요를 해결해 줄 복음이 도대체 어떠한 속성을 가지는가를 밝히는 것이다. 왜냐하면, 복음의 내용이 무엇이냐에 따라 복음이 인간의 삶 속에서 어떤 영향을 미치는가가 결정되기 때문이다.

오늘날은 실용주의 경향이 강하기 때문에 신학적 질문들은 사람들의 관심을 끌기 어렵다. 우리는 종종 그리스도인은 복음을 잘 알고 있기 때문에, 그들에게 필요한 것은 복음을 전달하기 위한 전략과 더 효율적인 방법이라는 말을 듣게 된다. 따라서 복음운동의 효율성은 그것이 얼마나 복음에 충실했는가보다는 결과의 관점에서 측정된다. 그러나 이와 같은 복음전도의 평가방법보다는 복음 자체를 새롭게 강조해야 할 필요가 있다. 이에 대해서는 세 가지 중요한 이유가 있다.

1. 효과적인 복음운동의 조건은 **복음의 내용에 대한 확신**이기 때문이다. 이 확신은 한 개인이 믿음으로 복음에 응답할 때 주어지는 것이 사실이지만, 복음선포는 개인적 체험을 증거하는 것으로 그쳐서는 안 된다. 복음선포는 하나님나라가 인간의 구체적 상황뿐만 아니라 인간의 이해를 초월하여 존재한다는 사실을 제시해 주어야 한다. 우리가 이천 년 전에 있었던 일을 그 내용뿐만 아니라 전체적 의미를 확신 있게 선포하게 되기까지는 복음운동을 위하여 충분하게 준비되었다고 말할 수 없을 것이다.

2. 복음이 선포된 후에는 사람들이 **복음 자체에 대해 어떤 반응**을 보이느냐가 중요하기 때문이다. 한 개인이 얼마나 진실하게 회개했느냐의 여부는 그가 회개한 믿음으로 반응을 보인 복음의 진실성에 달려 있다. 가짜 복음은 가짜 회심자를 만들어 낼 뿐이다. 자신이 선포하는 메시지를 정확하게 이해하지 못하는 그리스도인은 사람들로 하여금 복음 자체보다는 자기 자신에게 반응을 보이도록 만들기 십상이다.

3. 그리스도인의 체험은 그것이 **복음에 대한 체험**이라는데 특징이 있기 때문이다. 그리스도인의 체험은 항상 종교적 체험이다. 그러나 모든 종교적 체험이 기독교적인 것은 아니다.

복음은 신약성경에 잘 정리되어 있다. 복음이 형성된 방법에는 약간씩 차이가 있지만, 그것은 '그 복음'으로 언급되고 있다.108) 그 복음을 설교하고,마4:23; 9:35; 24:14; 26:13; 막1:14; 13:10; 14:9; 16:9; 갈2:2; 살전2:9 증거하고,행20:24 선포하고,고전9:18; 고후11:7; 갈1:11; 고전9:14참조 알리고,엡6:19 복음에 대해 이야기하고,살전2:2 그래서 복음을 듣고,행15:7 믿고막1:15 받아들였다.고전15:1; 고후11:4 복음의 내용은 너무나 명백해서 사도 바울은 분명하게 그에게 전파된 복음 이외에 다른 복음은 없다고 말할 수 있었다.갈1:6-9 그렇다면, 오늘날 복음의 내용을 종합한 것이라고 주장하는 형식들과 관련하여 제기해야 할 질문은, 그와 같은 복음이 오늘날에도 역사하는지의 여부에 관한 것이 아니라 그와 같은 복음이 성경이 말하는 복음과 일치하는지의 여부다. 본 장에서는 복음 자체를 요약하여 제시하고자 하는 것이 아니라, 오늘날 선포되는 복음을 바로 평가하기 위한 성경적 기준을 제시하고자 한다.

복음의 역사적 배경

구약성경에서 '소식' 혹은 '기별'이라는 뜻을 가진 유앙겔리온euange-lion이 종교적 의미가 아닌 다른 의미로 쓰인 적이 몇 번 있다. 먼저, 사독의 아들 아히마하스가 다윗에게 가져온 소식은 압살롬을 이겼다는 소식이었다.삼하18:20, 22, 25 109) 또한 열왕기하에는 몇 명의 문둥이들이 하나님께서 이스라엘을 수리아의 손에서 건져내셨다는 소식을 요람왕에게 전했다는 기록이 나온다.왕하7:9 이와 유사한 의미에서 동사인 유앙겔리오마이는 새로운 왕의 등극, 또는 적군에 대한 승리, 아들의 탄생 등과 관련된 소식을 전하는 데 사용되었다.왕상1:42; 삼상31:9 시편 68편에서 여호와께서는 여인들로 하여금 "복된 소식"11절을 전하도록 하셨으며, 그 내용은 이스라엘의 대적들이 패했다는 것이었다. "여러 군대의 왕들이 도망하고 도망한다"12절는 소식을 전하는 자들은 미리암과 데보라가 그랬던 것처럼, 노래하는 여자들의 큰 무리였다. 이 본문은 역사상 메시아에게 적용되어 왔다.

신약의 복음을 이해하는 데 있어서 훨씬 더 중요한 것은 이사야 후반부 40장~66장에 나타난 복된 소식을 전하는 것과 관련된 말씀이다. 이 부분은 예수 그리스도와 초대교회에 의하여 널리 사용되었다. 이사야 선지자는 바벨론에 포로로 잡혀 있던 이스라엘이 귀환할 것을 예고하고 있으며, 그 일을 통하여 하나님의 우주적 주권이 드러날 것임을 말하고 있다. "좋은 소식을 전하며 평화를 공포하며 복된 좋은 소식을 가져오며 구원을 공포하며 시온을 향하여 이르기를 네 하나님이 통치하신다 하는 자의 산을 넘는 발이 어찌 그리 아름다운가"사52:7 신약시대에는 이스라엘의 회복이것은 사40:9; 41:27과 61:1~3에 언급된 '복된 소식'의 주제다이 예수님에 의하여 성취된 구원의 약속으로 해석되었으며 사도들 또한 그렇게 선포하였다. 이사야가 선포한 복음은 하나님의 권능에 의한 메시아 시대의 도래였다. 그 선포 속에서 신약에 나타난 복음의 내용이 예견되고 있다.110)

헬라인에게는 소식을 전하는 자의 소식은 승리의 소식이었다. 소식을 전하는 자는 손을 높이 들면서 "기뻐하시오. 우리가 승리했습니다"라고 소리친다. 그 소식이 경기에서 승리한 것이든 전투에서 승리한 것이든 간에 그것은 기쁜 소식이었으며, 그 소식을 전하는 자는 그로 말미암아 보상을 받았다. 그러나 이방세계에서도 유앙겔리온이 종교적 의미로 사용된 적이 있었다. 그것은 유앙겔리온이 황제수배와 관련되어 사용된 것인데, 그 예는 피레네소아시아 기념비기원전 9세기 경에 새겨진 비문에서 볼 수 있다. 그 기념비에서는 아우구스투스에 대해 다음과 같이 기록하고 있다. "그 신의 탄생은 그로 말미암아 전파되는 기쁜 소식들의 시작이었다."111)

종말론적 메시지

예수 그리스도에 관한 복음은 신약성경에서 선포하고 있지만, 그렇다고 해서 구약성경을 간과할 수는 없다. 초대교회에서 복음의 핵심은 예수 그리스도의 삶, 죽음, 부활 그리고 승천에 관한 내용이 바로 구약에서 예언한 내용들의 성취라는 사실이었다. 신약성경에서 구약성경을 자주 인용하는 것은 단순한 문학적 비교가 아니다. 이것은 신약성경의 저자들이 예수 그리스도의 사역을 구약성경에서 선포된 하나님의 약속의 성취로 이해하였음을 보여준다. 그들은 예수 그리스도를 이스라엘의 아버지인 아브라함에게로까지 거슬러 올라가는 구속사의 정점으로 보았다.

복음이 최초로 선포된 세계는 메시아에 대한 열망으로 불타오르던 세계였다. 신약성경과 당시 유대 묵시문학의 관계와는 상관없이, 복음서의 사건들이 발생한 것은 당시 이스라엘 사람에게는 살아있는 종말론적 소망이 삶의 일부가 되어 있었음을 보여준다. 따라서 복음이 이스라엘 민족에게 처음 들려졌을 때, 그 충격이 얼마나 컸겠는가를 상상하기란 그렇게 어려운 일이 아니다. 그 복음의 내용은 다름이 아니라 이스라엘 민족이 오랫동안 기다렸던 하나님의 약속, 즉 자기 백성을 구원하시겠다는 하나님의 약속의 성취였던 것이다.

이와 같은 성취에 관한 암시는 최초로 세례 요한에 의하여 선포되었다. 그의 메시지는 "회개하라. 천국이 가까왔다"는 것이었다. 세례 요한 자신은 이사야 40장 3절의 예언을 성취하는 예언자였다. 그는 "주의 길을 예비하라. 그의 첩경을 평탄케 하라"고 광야에서 외치는 자의 소리였다.마3:2,3 사실상 그는 메시아 같은 선구자였으며, 그의 사역은 마가에 의하여 "예수 그리스도의 복음의 시작"막1:1으로 묘사되고 있다. 그것은 세례 요한이, 하나님께서 그보다 뒤에 오시는 자를 통하여 구원과 심판의 사역을 이루실 것임을 선포한 최초의 사람이었기 때문이었다.마3:7~12; 눅3:16~18 그는 약속의 시대와 성취의 시대 사이에 살았다. "율법과 선지자는 요한의 때까지요 그 후부터는 하나님나라의 복음이 전파되어 사람마다 그리로 침입하느니라"눅16:16

마가는 "요한이 잡힌 후 예수께서 갈릴리에 오셔서 하나님의 복음을 전파하여 이르시되 때가 찼고 하나님의 나라가 가까이 왔으니 회개하고 복음을 믿으라 하시더라"막1:14,15라고 기록하고 있다. 세례 요한은 하나님께서 이 땅에 임하실 때가 임박하였음을 선포하였다. 예수님께서는 종말론적인 성취의 날이 사실상 이 땅에 임했음을 선포하셨다. 예수 그리스도께서 선포하신 말씀들은 인류 역사상 그 어떠한 주장보다도 놀라운 주장이다. 예수님의 선포는 복음과 관련한 다음과 같은 사실들을 뒷받침해 준다.

1. 복음선포 자체가 카이로스를 이룬다. 즉, 하나님의 구원사역을 성취하기 위하여 하나님께서 지정하신 때가 도래하였음을 의미하는 것이다. 구원사역에서 결정적인 시간이 도래하였다. 예언자들의 소망이 실현된 것이다.

2. 복음의 내용은 새로운 신학이나 하나님에 관한 새로운 가르침이 아니라 하나의 사건이었다. 즉, 하나님나라의 임함이다. 이 '임함'을 표현하는 동사 엥키켄engiken은 예수 그리스도의 선포가 임박한 것을 의미할 뿐만 아니라 이미 인간들 사이에 새로운 실재가 임해 있음을 의미한다.

3. 하나님나라와 복음에 대한 언급은 이사야 52장 7절을 상기시켜 준다. 다시 말해서, 예수님은 자기 자신을 "내 하나님이 통치하신다"는 이사야의 메시지가 성취되는 새시대의 선포자로 이해하셨음을 보여준다.

4. 복음선포는 회개와 믿음에 대한 부르심과 불가분의 관계에 있다. 하나님께서 지금 활동하고 계시기 때문에 인간들에게 그들의 죄를 버리고 하나님께로 돌아서라고 요청하고 있다. 회개와 믿음 없이 새시대에 참여할 수는 없다.

나사렛 회당에서 예수님께서 하신 첫 번째 설교의 주제 역시 하나님의 약속의 성취였다.눅4:16~21 예수님께서는. 구원의 복된 소식을 선포하고 있는 이사야서의 한 구절사61:1,2을 읽은 다음에 "이 글이 오늘날 너희 귀에 응하였느니라"고 선언하심으로써 회중을 놀라게 하셨다. 그는 가난한 자에게 복음을 전하기 위하여 오신 하나님의 기름부음 받은 자였다. 그는 "포로 된 자에게 자유를, 눈 먼 자에게 다시 보게 함을 전파하며 눌린 자를 자유롭게 하고 주의 은혜의 해를 전파하기 위하여"눅4:18,19 보냄을 받으셨다. 예수님은 가난한 자, 포로 된 자, 눈먼 자, 억눌린 자들을 위하여 사역하셨고, 그 사역을 통하여 실현된 새시대의 선포자이시다. 그의 복음은 그를 통하여 역사하시는 성령의 능력으로 말미암아 발생하는 '어떤 것'에 대한 복된 소식이다. 게하르트 프리드리히Gerhard Friedrich가 지적한 대로 "선포자들이 전국에서 나팔을 불어 희년을 선포할 때, 희년이 시작되고 옥문이 열리고 빚진 자들이 탕감받았다. 예수 그리스도의 선포는 그와 같은 나팔의 울림이었다."112)

이와 같이 하나님의 약속이 성취되었다는 선포는 예수님께서 다른 상황에서 하신 말씀들에서도 발견된다. 예를 들어, 금식 문제에 관하여 말씀하실 때, 예수님께서는 유대교 안에서 메시아 성취와 관련하여 언급되던 비유, 즉 혼인잔치 비유를 사용하셨다. "혼인 집 손님들이 신랑과 함께 있을 때에 금식할 수 있느냐 신랑과 함께 있을 동안에는 금식할 수 없느니라."막 2:19 이 말씀이 의미하는 것은, 그리스도의 오심으로 말미암아 성취의 시대가 도래하였기 때문에 그의 제자들은 금식하지 않는다는 것이다. 또한, 예수님께서는 제자들에게 다음과 같이 말씀하셨다. "너희가 보는 것을 보는 눈은 복이 있도다 내가 너희에게 말하노니 많은 선지자와 임금이 너희가 보는 바를 보고자 하였으되 보지 못하였으며 너희가 듣는 바를 듣고자 하였으되 듣지 못하였느니라."눅10:23,24 그들은 이전 시대의 사람들이 그토록 보고자 했던 메시아를 직접 보는 복을 누리게 된 것이다. 이와 동일한 각도에서 예수님께서는, 세례 요한이 제자들을 보내어 예수님이 오실 메시아이신가를 확인하도록 했을 때 다음과 같이 답변하셨다. "너희가 가서 듣고 보는 것을 요한에게 알리되 맹인이 보며 못 걷는 사람이 걸으며 나병 환자가 깨끗함을 받으며 못 듣는 자가 들으며 죽은 자가 살아나며 가난한 자에게 복음이 전파된다 하라."마11:4,5; 눅7:22 이 대답은 이사야 35장 5,6절을 상기시켜 준다. 예수님의 주장은 명백한 것이다. 비록 세례 요한이 기대한 것과 같은 방식은 아니지만, 종말이 이미 도래하였으며 현재 인간들 속에 임해 있다는 것이다. 예수 그리스도의 사역 속에서 예언자들의 종말론적 열망이 모두 성취되었다. 가난한 자에게 전파되는 복된 소식뿐만 아니라 그가 행하신 기적들은 오실 메시아가 이미 오셨음을 분명하게 보여주는 특징들이다.

하나님나라에 관한 예수님의 가르침 가운데 가장 두드러진 특징은, 그 나라가 자신의 삶과 사역 속에서 이미 인간들 속에 임해 있다는 것이다. 래드G. E. Ladd가 말한 대로 이것이야말로 "예수 그리스도의 선포의 중심이며 그의 전체 사역의 열쇠"다.113) 예수님께서 강조하신 것은 하나님나라가 근접해 있다는 것이 아니라 실제로 임했다는 것이다. 마태복음 12장 28절에서 이 사실을 확인할 수 있다. "내가 하나님의 성령을 힘입어 귀신을 쫓아내는 것이면 하나님나라가 이미 너희에게 임하였느니라." 성령을 통한 하나님의 역동적 사역은 인간을 악의 권세로부터 건져내는 것이며 예수님의 삶과 사역 속에서 하나님나라가 이미 임하였음을 보여준다. 그러나 하나님나라의 임재가 누구에게나 자명한 것은 아니었다. 왜냐하면, 하나님나라에 대한 예언들이 사람들이 기대하던 방식으로 성취된 것이 아니었기 때문이다. 예수님을 메시아로 인정하지 않았던 바리새인이 하나님나라가 이미 그들 가운데 임해 있음을 볼 수 없었던 것도 바로 이러한 사실 때문이다.눅17:21

현재 이 땅에 임한 하나님나라는 예수님께서 선포하신 메시지의 주제일 뿐만 아니라마4:23; 9:35; 막1:14,15; 눅4:43; 8:1; 16:16 열 두 제자에게 위탁하신 메시지의 주제이기도 하며,마10:7; 눅9:2,6 후에 70인에게 위탁하신 메시지였다.눅10:9,11 예수님께서 감람산 강화에서 주신 말씀에 따르면, 하나님나라는 이 시대가 끝날 때까지 그리스도인이 선포해야 할 주제다.마24:14; 막13:10 이 말씀에 비추어볼 때, 사도행전에서 빌립이 사마리아에서 전파한 메시지를 "하나님나라에 관한 복음"행8:12으로 묘사한 것과 사도 바울이 에베소에 있는 회당에서 하나님나라에 관하여 변론하고행19:8, 로마에서 하나님나라를 전파했다행28:23,31고 기록한 것은 놀라운 일이 아니다. 오순절 이후에 사도들이 전파한 메시지의 내용들을 살펴보면, 다음과 같은 사실이 입증된다. 즉, 사도들이 "예루살렘과 유대와 사마리아와 땅 끝까지 이르러"행1:8 그리스도의 증인이 된 사실과 예수님 자신의 삶과 사역 속에서 하나님께서 그의 나라를 결정적으로 임하도록 하셨다는 사실은 본질적으로 같은 것이라는 점이다.

예수 그리스도 안에서 새로운 종말론적 실재가 도래하였다는 복음의 통일성 있는 관점은 신약성경 전체의 증거를 통하여 확정되고 있다. 오순절에 베드로는 십자가에 못박혔던 예수님께서 살리심을 받아 주와 그리스도로서 높임을 받으셨다고 선포하였다.행2:33,36 썩음을 보지 않으실 거룩한 자에 관한 구약의 예언과시16:8,11 왕위에 앉으실 거룩한 자에 관한 다윗의 예언들시89:3,4; 132:11이 성취되었음이 다시 확증되었다. 베드로의 주장은 매우 분명하다. 즉, 예수님께서 그 보좌 위에 앉으셨고 메시아 시대가 도래하였다는 것이다. 베드로의 메시지는 지상명령, 즉 "하늘과 땅의 모든 권세가 내게 주어졌다"마28:18는 예수님의 말씀을 상기시켜 준다. 이것은 사도들이 선포한 기본적인 내용이었는데, 그들의 선포는 초대 그리스도인의 신앙고백, 즉 예수 그리스도는 주이시며 이스라엘의 메시아는 모든 사람의 주님이시라는 고백으로 요약된다.행10:46; 11:20; 롬10:9,12 하나님께서 구약성경에서 그의 예언자들을 통해 미리 약속하셨던 그 복음은 예수 그리스도와 관계된 것이다. 예수 그리스도는 "육신으로는 다윗의 혈통에서 나셨고, 성결의 영으로는 죽음 가운데서 부활하여 능력으로 하나님의 아들로 인정되셨으니 곧 우리 주 예수 그리스도"롬1:1~4시다.114) 오스카 쿨만 Oscar Cullmann이 강조한 대로 예수님을 주로 고백한 것은 초대교회의 신앙을 요약한 것이다. 왜냐하면, 그것은 과거에 십자가에 달려 죽으셨으며 미래에 다시 오실 그분이 지금 현재 하나님의 우편에 앉으셔서 우주를 다스리시는 분이라는 사실을 보여주기 때문이다.115)

신약의 관점에서 볼 때, 복음선포의 핵심 내용은 하나님께서 구약시대에 주셨던 약속들이 성취되었다는 것이다. 예수 그리스도의 사역으로 인하여 인간이 지금 여기에서 장차 올 시대의 능력을 맛보는 것이 가능하게 되었다.히6:5 그리스도인은 "말세를 만난"고전10:11 사람들이다. 물론 그리스도인 역시 하나님나라가 미래에 완성될 것을 기대하고 있음은 사실이다. 예수 그리스도의 삶과 사역 안에서 일어난 구약 언약의 성취는 "완성을 기다리는 성취"다.116) 그러나 결정적인 종말론적 사건이 일어났으며, 그 결과, 메시아가 "모든 원수를 그 발 아래에 둘 때까지 반드시 왕 노릇 하시리니"고전15:25이다. 따라서 미래에 완성될 하나님나라지만, 그것은 이미 이 땅 위에 실현된 종말론적 나라다.

결국 복음은 "때가 차매"갈4:4 하나님께서 그의 아들을 보내시고 예수 그리스도 안에서, 예수 그리스도를 통하여 구약의 메시아적 소망들이 성취된 것에 관한 복된 소식이다. 이와 같은 종말론적 성취를 인정하지 않고는 복음에 충실할 수 없다.

기독론적 메시지

위에서 살펴본 대로 복음은 우리 주 예수 그리스도 자신이다. 물론, 여기에는 그의 삶과 사역이 포함된다. 사도들이 전파한 내용을 살펴보면 그 중심 주제가 때로는 그리스도행5:42; 8:5; 9:20[22절 참조]; 19:13; 고전1:23; 고후2:12; 4:5; 9:13; 10:14; 11:4; 빌1:15로, 때로는 복음행8:35; 11:20; 14:7; 16:10; 17:18; 롬15:20; 고전1:17; 고후2:12; 갈1:8,11; 2:2; 엡3:8; 살전2:9; 벧전1:12으로 언급됨으로써 그리스도와 복음을 동일시함을 볼 수 있다.117) 예수님의 복음을 이해하는 열쇠는 '나라' 바실레이아라는 용어의 역동적 의미를 이해하는 데 있다. 예수님께서 선포하신 하나님나라는 자신의 삶과 사역을 통하여 인간들 가운데 행동하시는 하나님의 권능이다. 하나님께서는 그의 구속사역을 완성하시려고 인류 역사의 한복판으로 들어오셨으며, 그 일을 예수 그리스도 안에서 행하셨다. 하나님나라가 가까왔다는 예수님의 선포는, 이 세상의 종말이 가까왔다는 의미가 아니라 자신의 사역을 통하여 하나님께서 자기 백성 가운데 임하시고 따라서 예언자들의 예언이 성취되었음을 의미하는 것이다. 예수 그리스도 자신이 그 나라이며118) 그를 통하여 하나님께서 역사하신다. 결과적으로 자기 자신을 위하여 희생을 당하시는 것은 하나님나라를 위하여 희생을 당하시는 것과 같은 말이 된다.119)

우리는 초대교회에서 복음이 다양한 모습으로 제시되었다는 것을 이해해야 할 것이다. 마이클 그린Michael Green은, 사도들이 전파한 복음의 내용들이 다소 차이를 보인다는 학자들의 지적은, 복음을 어느 일정한 형식으로 축소시키려는 시도는 어떠한 형태든 잘못된 것임을 보여주는 것이라고 지적하였는데 정확한 지적이다.120) 신약성경에서 복음을 묘사하는 표현은 다양하게 나타난다. 그것은 "예수 그리스도의 화평의 복음"행10:36. "하나님의 비밀 혹은 증거",고전2:1 "말씀",행8:4 "주의 말씀",행15:35 "십자가의 도",고전1:18 "진리의 말씀",약1:18; 엡1:13 "하나님의 말씀",히4:12; 벧전1:23; 행4:31; 6:2; 11:1; 13:44 "주 예수의 부활에 대한 증거",행4:33; 딤후2:8 "하나님의 복음",막1:14; 롬1:1; 고후11:7 "하나님나라의 복음",마24:14 "그리스도의 복음", 롬15:19; 고전9:12 "하나님의 은혜의 복음",행20:24 "너희의 구원의 복음"엡1:13 등이다. 이와 같이 복음이 다양하게 묘사된 것은 복음의 다양한 측면을 보여주는 것이다. 동시에 그것은 복음선포자들이 복음을 듣는 사람들의 상황에 맞추어 복음을 제시하였음을 반영해 준다. 이 모든 표현의 중심에 놓여 있으며 그 모든 것을 하나로 묶어주는 것은, 구약의 약속을 성취하기 위하여 하나님께로부터 보내심을 받은 예수 그리스도다. 그는 십자가 위에서 치욕스러운 죽임을 당하셨으나 하나님께서 그를 죽음으로부터 일으키시고 만물 위의 주로 높이셨다. 높임을 받으신 만물의 주로서 예수 그리스도는 성령을 보내셨고, 지금 그의 교회 위에 새시대의 은사와 축복을 부어주고 계신다. 그는 자신의 사역을 완성하고자 역사의 마지막 때에 다시 오실 것이다. 회개와 신앙으로 예수 그리스도를 주로 고백하는 사람들은 예수 그리스도의 부활생명에 동참하고 또한 이 세상 안에서 예수 그리스도의 동역자가 된다.

하나님의 구원사역이 성취된 핵심적 사건은 그리스도의 죽음과 부활이다. 그리스도의 죽음과 부활은 성경에 이미 예언된 사건이며,마26:54,56; 요19:28; 20:9 구약의 예언자들을 통하여 다양하게 선포된 메시아 예언들눅24:25~27,44~46; 행13:27~29, 17:2,3; 18:28; 26:22,23; 28:23; 롬1:2~4이 성취된 사건이었다.121) 신약성경에서 그 두 사건이 강조되고 있는 것은 예수 그리스도 자신이 여호와의 종으로서 메시아 예언의 성취라고 주장한 것에 근거하는 것이다. 약속된 메시아와 고난 받는 종을 동일시한 것은 예수님께서 인자의 영광 받음을 고난과 죽음의 관점에서 언급하였다는 사실을 통해 강조되고 있다. 마8:31과 병행구절, 9:12과 병행구절, 9:31, 10:32~34과 병행구절, 10:45 리더보스Herman Ridderbos가 설명한 대로 "주이시며 또한 종이라는 사실, 하나님의 권능을 소유하고 계시지만, 고난을 당하셔야 한다는 신비로운 이중성은 4복음서가 기록하는 예수님의 삶 중에서 가장 핵심 요소다."122) 예수님께서는 자신이 다니엘서 7장에 언급된 인자라고 말씀하시면서, 자신이 자신에게 속한 권세와 능력을 받는 것은 이사야 53장에 언급된 여호와의 종으로서 고난을 받음으로 말미암아 되는 것이라고 말씀하고 있다. 이와 같은 '신비로운 이중성'이 사도들이 전한 선포의 기초가 되었다. 즉, 예수 그리스도는 "거룩하고 의로운 자", 행3:14, 7:52 "생명의 주", 행3:15 "하나님의 거룩한 종"행4:27, 8:32 이하으로서 우리의 죄를 위하여 죽으셨으며고전15:3 123) 죽음에서 살리심을 받아 만물 위의 주로 높이심을 받았다. 행2:36; 10:36; 11:20 바울의 표현에 따르면, "자기를 낮추시고 십자가에 죽기까지 복종하신 자"가 높임을 받아 모든 이름 위에 뛰어난 이름을 받았다. 빌2:8,9 복음의 핵심에 예수 그리스도가 있으며, 그는 높임 받으신 주로서 십자가에 달려 죽으신 메시아요고전1:23, 2:2 124) 또한 "하나님의 능력과 지혜"이시다.

구원론적 메시지

복음서들은 예수님을 구약에서 예언된 메시아 소망을 성취하신 약속된 메시아로 묘사한다. 예수님께서 감당하신 사역은 새로운 종교나 독특한 철학체계를 창시한 것이 아니라, 새시대의 도래, 즉 하나님나라가 임했다는 복된 소식을 선포한 것이었다. 그가 선포한 것은 하나님께서 그의 아들의 삶과 사역을 통하여 역사 속에 들어오셔서 행동하신다는 것이었다. 그러나 메시아이신 예수님께서는 하나님의 구원 약속을 이스라엘 민족이 생각했던 것처럼 정치적인 해방이나 이스라엘 민족의 승리라는 관점에서 성취한 것이 아니었다. 그가 가져온 승리는 우주적 차원의 성격을 띠고 있다. 예수님께서 귀신들을 쫓아내신 것은 "사탄과 그의 졸개들이 영원한 불에 던져지기"마25:41 전에 하나님께서 사탄의 영역에 침범하셔서 그를 결박하셨음을 나타내는 표시다.마12:29; 눅11:21,22 예수님께서 죽은 자를 살리시고 병든 자를 치유하신 것은 죽음이 생명에 의하여 삼키어질 종말의 때가 이미 도래했음을 보여주는 표시다.125) 하나님나라를 이 땅에 임하게 하신 인자로서, 그리스도는 죄를 용서하는 권세를 가지고 계셨다.막2:10; 눅7:48 예수 그리스도께서는 하나님의 잃어버린 자들, 즉 죄인과 세리들을 부르시고막2:15~17; 눅15장 그들을 하나님과 부자관계로 회복시키셨다.마6:32,33; 눅12:30 126) 예수님께서 가져오신 하나님나라는 구원이 일어나는 영역이며, 그 안에서 메시아 시대의 축복들이 하나님나라 백성에게 주어진다. 그 나라는 인간들이 지금 들어갈 수 있는 영역이다. 예수 그리스도의 복음은 그리스도 자신의 삶과 사역 속에서 인간의 역사 안에 들어왔으며, 구약의 소망들이 전혀 기대하지 않았던 방식으로 성취되어진 새로운 구원의 질서에 관한 복된 소식이다. 복음의 내용은 사실상 예언자들에 의해 이미 예언된 것들이지만 그것이 새로운 이유는, 하나님 자신이 만유의 주 되신 예수 그리스도로 말미암아 평화의 복음을 직접 선포하셨다는 사실 때문이다.행10:36 이 평화는 하나님의 기름부음 받은 자에 의해 창조된 새로운 질서를 가리킨다. 이 평화의 선포 자체가 새시대가 시작되었음을 알리는 표시다.눅4:18,19,21을 보라

에베소서 2장에서 사도 바울은 예수 그리스도에 의하여 성취된 메시아적 평화는 하나님과의 새로운 관계뿐만 아니라 이웃과의 새로운 관계도 포함되었음을 분명하게 밝히고 있다. 평화는 그리스도와 상관없이 주어지는 어떤 은사가 아니다. 그리스도 자신이 평화이시다.엡2:14 또한 그리스도는 자신의 죽음을 통하여 인간들 사이에 적대감을 영원히 종식시키셨다. 이사야 52장 7절의 성취로서 그는 평화를 선포하러 오셨다.엡2:17 이사야의 말씀과 같이 그리스도께서 선포하신 평화는 먼데 있는 자들과 가까운데 있는 자들, 즉 유대인과 이방인에게 선포되었다.엡2:17 따라서 예수님께서는 그리스도 안에서 연합되고 한 성령 안에서 아버지께로 나아갈 수 있는 새로운 인간엡2:15을 창조하셨다. 예수 그리스도에 의하여 선포된 평화의 복된 소식은 새시대의 축복들을 구현하는 교회공동체를 탄생시켰다.

로마서 10장 15절에서 사도 바울이 자기 자신을 포함한 사도들을 복된 소식을 전하는 자라는 표현으로 언급하는 것은 매우 의미 있는 것이다. 이것은 이사야의 표현을 인용한 것으로 사도행전 10장 36절과 에베소서 2장 17절에서는 예수 그리스도를 가리켜 언급하고 있다. 이제 예수님께서 주로 높임 받으셨기 때문에 그는 그를 부르는 모든 사람에게 새시대의 축복을 부어주신다. 그리스도의 이름으로 주어지는 구원은 모든 인간을 향한 것이다. 그러나 인간들이 그리스도에 관한 소식을 듣지 않고 어떻게 그를 부를 수 있겠는가? 전하는 자 없이 어떻게 그리스도에 관한 소식을 들을 수 있을 것인가? 보냄을 받지 않고 어떻게 전하는 자가 있을 것인가? 그 해답은 평화의 복된 소식을 선포하러 오신 예수 그리스도의 사역에 따라 자신의 사역을 감당하는 사람들을 통하여 주어진다. "기록되었으되 복된 소식을 전하는 자의 발이 어찌 그리 아름다운고."

사도들의 사역은 예수 그리스도로부터 말미암은 것이다. 예수 그리스도는 복음선포의 목표이며 모델일 뿐만 아니라 복음의 내용 자체이시다. 따라서 사도들의 사역은 인간이 하나님의 형상으로서 온전하게 회복되는 것에 대한 관심을 포함하고 있다. 신약의 관점에서 볼 때, 복음이 가져오는 구원은 하나님께서 인간에게 베푸시려는 구원의 계획을 방해하는 모든 것에서의 구원을 의미한다.

1. **구원은 죄의 결과들에서의 해방이다.** 죄의 결과들은 저주,요3:17; 막16:16 심판,요12:47; 롬5:21 타락,마16:25; 막8:35; 눅9:24; 19:10; 고전1:18; 고후2:15; 살전2:10 죽음,롬1:32; 6:23; 고후7:10; 약5:20 또는 진노롬2:5; 5:9; 살전5:9; 엡2:3 등으로 묘사되고 있다. 복음이란, 의로우신 하나님 앞에서 죄인인 인간이 그리스도를 믿음으로 말미암아 의롭다함을 받았다는 사실에 대한 선포다. 즉, 하나님으로부터 면죄판결을 받고 무죄선언을 받은 것이다.롬3:20,24; 4:5; 갈2:16; 3:11; 딛3:7 127) 그들은 하나님과 화목하게 되었기에 더는 하나님의 원수가 아니다.롬5:10 이하; 고후5:10 이하; 고후5:18 이하; 골1:19~22 그들은 용서받은 자들이다.행2:38; 10:43 이 구원은 이미 완성되어진 사건이며롬8:24; 엡2:5,8 그것은 그리스도인이 받는 세례에서 분명하게 보인다.

2. **구원은 죄의 권세에서의 해방이다.** 예수 그리스도를 주로 시인하는 사람들은 하나님에 의하여 "흑암의 권세에서 건져내어 그의 사랑의 아들의 나라로 옮기어졌다"골1:13 그들은 "그리스도 안"에서 새생명을 부여 받았는데,롬5:17,21; 6:23; 8:2; 골3:3,4; 빌1:21; 살전5:10 이 새생명은 다음 세 가지 사실을 포함한다.

첫째, **그들은 하나님의 백성이 된다.** 이 하나님의 백성은 그 계보가 아브라함에게까지 거슬러 올라간다.갈3:27~29 구원과 교회의 관계에 관한 신약성경의 가르침을 고려할 때, 마이클 그린의 다음과 같은 말은 전혀 과장이 없다. 즉, "교회는 실제적 의미에 있어서 복음의 일부다."128) 교회는 하나님나라가 아니다. 그러나 파멸의 권세에서의 해방을 포함하는 새시대의 축복들을 경험하는 영역이다.

둘째, **그들은 도덕적 변화를 체험한다.** 모든 악한 일과의 고리를 끊어버리고 선한 일을 행하려는 것이 예수 그리스도와 연합한 사람들의 속성이 된다. 그리스도인은 예수 그리스도와 함께 죽고 함께 살아난 자들이기 때문에 그들은 "새 생명 가운데서"롬6:4 살아간다. 그들은 그리스도와 함께 장사지낸 바 되었기 때문에 모든 악한 행실을 벗어버린 자들이다. 그들은 그리스도와 함께 살리심을 받은 자들이기 때문에 새사람 그리스도를 옷 입고 사는 자들이다.129) 복음은 구원을 주시는 하나님의 능력이다.롬1:16 그것은 복음이 인간을 죄의 속박에서 해방시켜 줄 뿐만 아니라, 우리의 구체적 삶의 여정 속에서 보여지는 믿음, 사랑, 소망 등과 같은 열매를 맺게 만들기 때문이다.골1:6 대부분의 고대종교들은 종교와 윤리가 분리되어 있는 것이 특징이다. 이와는 대조적으로, 신약성경은 "행함이 없는 믿음은 그 자체가 죽은 것이라"약2:17고 말함으로써 신앙과 행위를 분리하지 않는다. 복음은 믿어야 할 뿐만 아니라 순종해야 하는 것이다.롬2:8; 갈3:1; 5:7; 고후9:13 그리스도인의 신앙은 그들이 복음에 순종할 때에야 비로소 진실한 것이 된다. 사랑으로 행하는 선한 행위는 구원에 따르는 부산물이 아니라 예수 그리스도 안에서 실현된 새 창조의 일부다.엡2:10; 딛2:14

셋째, **그들은 성령의 은사를 받는다.** 복음은 공허한 말이 아니라 권능으로 주어진다는 말은, 복음이 선포될 때 성령이 임재하셔서 함께 역사하신다는 말이다.살전1:5; 고전2:5,5; 벧전1:12 영생을 주시는 분은 성령이시다. 이 영생은 새시대의 생명으로서 모든 윤리적 덕목들로 특징짓는다. 즉, "사랑, 희락, 화평, 오래참음, 자비, 양선, 충성, 온유, 절제"갈5:22가 그것이다. 성령께서는 "약속의 성령"엡1:13; 4:30으로 불리는데, 그것은 성령 안에서 하나님께서 그의 구원사역을 언젠가 완전하게 성취하실 것임을 약속하셨기 때문이다.엡1:14; 고전2:9; 벧전1:4 성령의 은사는 '지금 여기에서' 살아가는 그리스도인의 삶의 핵심적 요소이다. "누구든지 그리스도의 영이 없으면 그리스도의 사람이 아니라"롬8:9; 8:14 용서와 마찬가지로 성령의 은사도 믿음으로 들음에 의해 주어진다.갈3:2,5; 눅11:13 복음이 선포하는 구원은 죄의 결과들에서의 해방만이 아니라 죄의 권세에서의 해방도 포함한다. 죄의 권세에서의 해방은 성령의 권능을 힘입어 의로운 삶을 살게 하는 하나님의 은혜인 것이다. 예수 그리스도로 말미암아 우리 가운데 들어온 하나님나라는 우리의 삶 속에서 의로운 행동, 이웃과의 화목, 성령 안에서의 기쁨으로 나타나게 된다.롬14:17 130) 복음이 선포하는 구원은, 실현된 종말론의 주관자인 하나님의 영에 의하여 미리 이 땅에 들어오게 된 메시아 시대의 축복을 '지금 여기에서' 누리게 됨을 의미한다. 그러므로 구원은, 그리스도를 믿는 자들이 성령을 받고 하나님의 소유로 인치심을 받은 사건에서 시작하여 다가오는 시대에 하나님의 소유로 완전한 구속을 받는 데 이르기까지의 과정이다.엡1:13,14; 고후1:22

3. **구원은 인간으로 하여금 하나님과 교제하고 이웃과 화목하는 것뿐만 아니라 하나님의 창조세계를 다스리기 위하여 하나님의 형상으로서의 본래 모습을 온전히 회복함을 포함한다.** 물론 진정한 의미의 회복은 미래에 하나님의 창조세계가 멸망의 속박에서 벗어나고 하나님의 자녀들이 영광스러운 자유를 얻게 될 때 비로소 실현될 것이다.롬8:21 신약성경 전체는 예수 그리스도 안에서 이루어질 하나님의 최종 승리에 대한 소망을 표현한다. 신약성경은 미래적 종말론만을 집중적으로 가르치고 있지는 않다. 그러나 신약성경은 하나님의 구원사역이 "예수 그리스도의 날"빌1:6에 완성될 것이라는 분명한 근거를 제공하고 있다. 이 예수 그리스도의 날은 "하나님의 의로운 심판이 나타나게 되는 진노의 날"이며 "하나님께서 각 사람에게

그 행한 대로 보응하시되 참고 선을 행하여 영광과 존귀와 썩지 아니함을 구하는 자에게는 영생으로 하시고 오직 당을 지어 진리를 따르지 아니하고 불의를 따르는 자에게는 진노와 분노로 하실 날"롬2:6~8, 16절이다. 구원의 완성과 심판은 복음의 중요한 내용이다. 복음을 통하여 인간에게 주어지는 소망은 하나님을 믿고 '지금 여기에서' 다른 그리스도인을 사랑하도록 만드는 강력한 힘을 가지고 있다.골1:4,5 그리스도인의 소망은 "새 하늘과 새 땅"계21:1이다. 그것은 또한 예수 그리스도께서 하늘에 있는 자들과 땅에 있는 자들과 땅 아래 있는 자들에 의하여 주로 고백되며빌2:10,11; 엡1:10 우리의 비천한 몸이 그리스도의 영광된 몸의 형체로 변형될 것빌3:21; 롬8:23; 고전15:34~50을 기대하는 것이다. 동시에 그리스도인의 소망은 종말에 완성될 사건들을 현재 인간의 역사 속으로 들어온 종말의 사건들로 투사해 주며 현재의 윤리적 삶에 종말론적 의미를 부여해 준다.

구원은 칭의와 성화, 그리고 영화로 구분할 수 있다. 신약성경에서 구원은 이미 완성된 사건이고엡2:5,8; 롬8:24; 딛3:5, 현재 진행되는 것이며고전1:18; 고후2:15, 미래의 사건롬5:9; 벧전1:5으로 언급된다. 구원이 갖고 있는 과거, 현재, 미래적 시제는 사실상 유기적으로 연결되어 있다. 구원의 세 가지 측면은 구분할 수 있을지는 몰라도 분리되어서는 안 된다. 복음이 선포하는 구원은 인간과 하나님 사이의 화목으로 제한되지 않는다. 이것은 인간 실존의 모든 차원에서 인간의 변화를 포함한다. 즉, 그것은 최초의 하나님의 창조 목적에 따라 인간 전체가 회복되는 것과 관계 있다.

회개와 믿음에 대한 요청

신약성경 전체를 관통하는 하나의 주제는 회개와 믿음에 대한 초청이다. 복음전도는 회개와 믿음에 대한 요청을 반드시 포함하여야 한다. 제임스 패커James Packer가 잘 지적한 대로 "복음화는 선포된 진리에 대한 반응을 보이도록 만들려는 노력을 포함한다. 그것은 회심을 목표로 둔 말씀 전파다. 그것은 단순히 정보를 제공하는 것이 아니라 진리로 초대하는 것이다."131) 그와 같은 초대 없이 복음을 전하는 것은 불완전하며, 효과적으로 복음을 전하려면 회개와 믿음이라는 적극적인 응답을 반드시 요구해야 한다.

공관복음서는 한결같이 세례 요한의 메시지를 "죄 사함을 받게 하는 회개의 세례"에 관한 메시지로 요약하고 있다.막1:4; 눅3:3; 마3:6,11 마태와 마가는, 예수님께서 하나님나라가 선물로 주어지며 종말의 때가 도래하였다는 사실에 비추어 사람들에게 회개를 요청하셨음을 보여준다.막1:15; 마4:17 132) 예수님께서 그의 제자들에게 전파하도록 명령한 메시지는 "그의 이름으로 죄사함을 얻게 하는 회개"눅24:47였다. 오순절에 베드로는 그리스도의 명령에 충실하여 사람들에게 다음과 같이 전파하였다. "회개하여 각각 예수 그리스도의 이름으로 세례를 받고 죄 사함을 받으라"행2:38; 3:19 사도 바울 역시 아테네에 있는 아레오바고에 서서 사람들에게 "알지 못하던 시대에는 하나님이 간과하셨거니와 이제는 어디든지 사람에게 다 명하사 회개하라 하셨으니"행17:31라고 외쳤다. 또한 사도 바울은 "유대인과 헬라인들에게 하나님께 대한 회개와 우리 주 예수 그리스도께 대한 믿음을 증언"행20:21하였다. 사도 바울이 아그립바 왕 앞에서 "먼저 다메섹과 예루살렘에 있는 사람과 유대 온 땅과 이방인에게까지 회개하고 하나님께로 돌아와서 회개에 합당한 일을 하라"행26:20라고 선언한 것을 볼 때, 사도 바울이 전한 메시지의 중요한 내용이 회개였음은 명백하다. 더 나아가 바울이 전파한 회개는 인간의 삶을 급진적으로 재구성하는 것이며 죄에서 벗어나 새로운 삶의 방식을 따를 것을 포함하는 것이었다. 즉, 그것은 구체적인 행위들로 나타나는 회개였다.

회개는 믿음과 불가분리의 관계에 있다. 종종 "회개에 대한 요청은 유대인에게 향한 것이며 옛시대 즉 행위를 통한 구원이 적용되던 시대에 필요한 것"이지 새시대의 이방인에게 요청되는 것은 믿음뿐이라는 주장이 있어 왔지만, 이것은 근거 없는 주장이다. 그와 같은 주장을 뒷받침하고자 그들은 이방인의 사도인 바울이 그의 서신서에서 '회개'라는 단어를 거의 사용하지 않았다는 사실을 근거로 들고 있다. 여기에서는 이 주장에 대한 충분한 논의를 할 수 없지만, 몇 가지 설명만으로 충분할 것이다.

1. 신약성경이 구원역사의 지속적 통일성을 가르치고 있다는 사실에 비추어 볼 때, 구원사를 옛시대와 새시대로 구분할 수는 없다. 믿음은 아브라함 시대에 이미 하나님과 인간의 관계를 결정짓는 기본 원리였음을 알 수 있다.롬4장; 갈3장 사실상 아브라함은 모든 믿는 자들이 조상이다.롬4:11,16

2. 위에서 살펴본 대로, 회개는 예수님께서 그의 제자들에게 온 민족에게 전파하라고 명령하신 메시지의 중요한 내용이며, 기독교가 전파된 역사를 기록한 누가의 기록을 볼 때, 사도바울을 포함한 사도들은 이 위임명령에 충실했음을 알 수 있다.

3. 신약성경 전체는 죄에서의 분리와 진리에 순종함이 구원의 필수적 요소임을 가르치고 있다. 세상 근심과는 대조적으로 "하나님의 뜻대로 하

는 근심은 후회할 것이 없는 구원에 이르게 하는 회개를 이루는 것이다"고 후7:10 레온 모리스Leon Morris가 말한 대로 "회개하는 죄인은 자신의 죄에 대하여 뉘우칠 뿐만 아니라 하나님의 은혜로 말미암아 그 죄에 대하여 무엇인가를 하게 된다. 즉, 그는 죄와의 관계를 확실하게 끊는다."133) 구체적 회개가 없는 곳에는 진정한 믿음이 존재하지 않기 때문에 구원은 있을 수 없다. 그리스도의 주되심에 대한 지적 동의만으로는 하나님나라의 축복들을 누리기에는 충분하지 않다. 예수님께서는 "나더러 주여 주여 하는 자마다 천국에 다 들어갈 것이 아니요 다만 하늘에 계신 내 아버지의 뜻대로 행하는 자라야 들어가리라"마7:21고 말씀하셨다.

4. 회개와 믿음의 진실함은 그 열매인 선한 행실로 나타나게 된다. 그러나 구원은 하나님의 은혜로 말미암는다는 사실에는 의문의 여지가 없다. 하나님의 간섭 없이는 복음은 가려진 채로 남아 있게 되고, 옛사람에 의해서는 도저히 이해될 수 없는 것이다.고전2:14; 고후4:3 성경은 회개하도록 명령하지만행17:30, 그것은 동시에 하나님께서 허락하실 때에만 가능하다.행11:18 인간을 회개로 인도하는 것은 하나님의 선하심이다.롬2:14 하나님의 은혜가 아니면 인간은 스스로 새로운 삶의 방식을 따르고자 죄와 결별할 수 없다. 인간으로 하여금 회개와 믿음으로 반응을 보이도록 만들어 주는 것은 그리스도 안에서 주어지는 하나님의 선물이다. 복음은 "모든 믿는 자에게 구원을 주시는 하나님의 능력"롬1:16이다. 그러나 믿는 능력을 만들어 내는 것도 복음 자체다.

복음은 하나님의 선물이기 때문에 우리로 하여금 하나님을 믿고 순종할 것을 요구한다. 포사이스P.T.Forsyth가 말한 대로 "하나님께서 우리를 속량하신 것은 우리로 하여금 하나님을 섬기게 하기 위함이다. 하나님께서 우리를 위하시고, 도우시며, 구원하시며, 축복하신 것은 우리가 하나님을 위하고 성령의 임재 안에서 하나님을 예배하며 웅장한 하나님의 구원 계획 안에서 영원히 그에게 복종하도록 하기 위함이다. 우리가 먼저 하나님을 영화롭게 하면 우리는 영원히 하나님의 축복을 누릴 것이다."[134]

제5장 · 복음과 문화의 관계

복음을 생활화하지 않고
말로만 선포하는 전도는 거짓 회심자를 생산할 뿐이며,
이와 같은 현상은 그들이 예수 그리스도를 부정하기 때문이라기보다는
복음이 잘못 전달되었기 때문에 나타난 결과다.

복음은 하나님께서 인간의 영역으로 들어오셨다는 복된 소식이다. 하나님께서는, 예수 그리스도가 이 세상에서 이루어놓으신 사역을 통하여 인간 역사 안으로 들어오셨다. 하나님께서는 다양한 방법으로 자신을 계시해 오셨지만, 이 종말론적 시점에서 특정한 시간과 특정한 장소에서 자신의 아들의 삶과 사역을 통하여 자신을 이 땅에 계시하셨다. 이러한 의미에서 우리는 하나님께서 예수 그리스도 안에서 자신을 문화 속에 뿌리 내리셨다고 말할 수 있을 것이다.

예수 그리스도의 성육신은 하나님께서 자기 자신을 계시하시고 자신의 구원사역을 이루시고자 어떤 방법을 사용하셨는지 분명하게 보여준다. 하나님께서는 멀리 하늘에서 복음의 메시지를 외치시는 분이 아니다. 하나님께서는 인간이 인간들 사이에 존재하는 것처럼 이 땅에 오셨다. 하나님

의 계시의 정점은 임마누엘이다. 이 임마누엘이 예수님 자신이다. 임마누엘은 인간들이 사는 이 세상에 자신을 계시하시려는 하나님의 의도를 보여 준다. 이처럼 복음은 어느 특정한 시기에 특정한 인물에 의하여 이 땅에 들어왔기 때문에 구체적인 문화를 배경으로 주어진 메시지라 할 수 있다.

복음과 그 배경이 되는 문화적 상황 사이의 관계를 고찰하려면, 매우 다양한 주제들을 연구해야 한다. 즉, 성경에 계시된 복음을 해석하는 성경해석학에서부터 세계의 다양한 문화적 배경 속에서 성육신의 문제를 고찰하는 보편신학에 이르기까지 다양한 주제들을 연구해야 한다. 그러나 본 장에서는 이와 같은 모든 문제에 답변을 제공하려는 것이 아니다. 단지 제3세계에서 이 문제에 대한 신학적 반성이 필요하며 또 그와 같은 반성이 복음을 충분히 이해하는 데 중요하다는 사실을 강조하고자 하는 것뿐이다. 그러므로 여기서는 다음과 같은 문제만을 다루려고 한다. 해석학의 문제로서 한 문화권에서 다른 문화권으로 복음을 전달할 때 야기되는 해석학적 문제와 그 중요성, 서구 선교 역사의 결과인 제3세계에서의 신학적 상황, 교회가 자신이 속한 독특한 문화권 안으로 복음을 수용하여 문화적인 장벽을 극복하고 하나님의 다양한 지혜를 반영하는 복음주의 신학을 만들어내는 관점에서 복음이 어떻게 문화 속에 뿌리 내리는지에 대한 문제를 논할 것이다.

이와 같은 세 가지 문제점을 살펴보기에 앞서 밝혀야 할 것은, 이 문제를 고찰하려는 의도가 서구 선교협회가 행하는 복음전파의 노력을 무시하거나 그들의 노력을 통해 제3세계가 받은 여러 가지 유익을 부정하려는 것이 아니라는 사실이다. 필자는 서구 기독교로부터 복음을 전수받은 사람의 입장에서 이 문제를 접근하려고 한다. 앞으로의 고찰에서 선교사역의 약점들을 언급할 수도 있는데, 그것은 각 문화권에서 복음이 뿌리를 내리는 데 방해 되는 요인들을 이해하고 우리의 입장에서 나름대로 기여할 바가 있을 것이라고 믿기 때문에 그렇게 한 것이다. 즉, 이러한 우리의 노력이 인종이나 국적에 상관없이 모든 그리스도인으로 하여금 "다 하나님의 아들을 믿는 것과 아는 일에 하나가 되어 온전한 사람을 이루어 그리스도의 장성한 분량이 충만한 데까지 이르는 데"엡4:13 도움이 될 것으로 믿기 때문이다. 필자의 목적은 이와 같은 연구들을 통하여 전세계에 있는 교회의 삶과 사역에 중요한 영향을 미치는 문제들에 대하여 다소나마 이해를 돕고자 하는 것이다.

복음과 문화

말씀이 인간이 되셨다. 인간은 문화적 존재이기 때문에 그 말씀이 결국 문화 속에 들어온 것이다. 이와 같은 방법으로 하나님께서는 자기 자신을 인간들의 손이 닿는 영역으로 들어오신 것이다. 그 결과, 문화에 대하여 언급하지 않고 복음을 이해하거나 복음을 전달한다는 것은 불가능하게 되었다.

복음의 해석

대부분의 그리스도인은 흔히 해석학의 도움 없이도 성경을 읽고 잘 이해할 수 있다고 가정한다. 그들은 성경이 단지 한 인간에 의하여 쓰였거나 자신들과 매우 유사한 역사적 환경 속에서 쓰인 것처럼 착각하면서 성경을 읽고 있다. 그들은 성경에 계시된 말씀을 직접적으로 이해할 수 있다고 믿고, 그 말씀이 쓰인 역사적 배경이나 문맥을 고려하지 않으려고 한다. 성경을 읽는 데 있어서, 이와 같이 단순한 접근방법을 고집하는 것 외에도, 성경해석의 역사를 완전히 무시하고 기록된 말씀을 마치 자기가 최초로 이해한 사람인 양 착각하는 수도 있다.

이와 같은 태도로 성경을 보는 사람은 성경의 언어가 자신의 언어로 직접 번역될 수 있는 교리적 언어로 구성되어 있다고 생각한다. 그들은 번역된 성경만 있으면 역사적 배경에 대한 연구 없이도 그가 읽고 있는 말씀의 의미를 쉽게 파악할 수 있으며, 더 나아가 성경 전체의 메시지를 체계화할 수 있다고 생각하는데, 그들에게 있어서 그와 같은 체계화는 기독교의 모든 메시지와 같다고 생각한다. 또한 그들에 의하면 지식이란 근본적으로 이성적인 것이며, 그것은 성경말씀에 의하여 하나님의 마음이 인간의 마음으로 직접 전달되는 것이라고 가정한다. 그들에게 있어서 실재는, 언어로 표현된 개념들을 매개로 하여 파악될 뿐이다. 그와 같은 곳에서 신학이 할 수 있는 작업은 하나님, 인간 및 하나님과 인간 사이에 관한 성경적 진술들을 체계화하는 논리적 작업에 지나지 않게 된다.

우리가 성경을 단순히 읽는 차원을 넘어서서 좀 더 깊이 읽으려고 할 때, 가장 먼저 부딪치는 문제가 해석학의 문제다. 성경의 중심 주제가 역사 안에서의 하나님의 행동, 즉 예수 그리스도의 삶과 사역 안에서 성취된 하나님의 구원사역이라고 한다면, 성경의 메시지는 그것이 최초로 전달된 역사적 맥락을 고려하지 않고는 이해할 수 없다. 해석학에 관한 가장 기초적인 책들조차도 성경의 메시지를 이해하는 데는 성경이 쓰인 역사적 배경을 이해하는 것이 중요함을 지적하고 있다. 신학의 재료는 추상적인 개념들이 아니라 역사적인 사건들에 관하여 주어진 메시지다. 역사적 사건들에 관한 기록과 해석은 성경 저자들이 살았던 히브리 문화와 그리스·로마 문화에 의하여 영향을 받아 쓰였다. 신학에 있어서 최초의 작업은 주석이다. 주석 작업에는 성경 저자와 지금 성경을 읽는 사람 사이를 역사적 연구방법을 통하여 연결 짓는 작업이 요구된다. 이와 같은 작업의 기본전제는 하나님의 말씀은 그 말씀이 최초로 주어진 문화와 언어적 상황을 떠나서 이해될 수 없다는 것이다.

그러나 해석학은 성경 본문이 쓰인 역사적 배경에 비추어 분석하는 차원의 문제만은 아니다. 해석은 순전히 과학적 과정이며, 해석의 성공 여부는 주석적 방법론을 정확하게 사용하였는가에 의해 결정된다고 생각하는 사람들의 견해는 기본적으로 잘못된 것이다. 우리가 하나님의 말씀을 이해하는 데 영향을 미치는 요소로는 적어도 다음의 세 가지가 있다. 즉, 하나님을 향한 해석자의 태도, 그가 속한 교회의 전통, 해석자 자신의 문화적 배경이 그것이다.

1. 하나님을 향한 해석자 자신의 태도는 그가 하나님의 말씀을 이해하는 데 결정적 영향을 미친다. 성경의 계시는 역사적 사건들과 그 사건들에 대한 성경 저자들의 해석을 담고 있기 때문에 성경의 계시를 연구하려면 역사를 탐구하는 것이 필수적이다. 그러나 성경의 계시는 인간들로 하여금 그들의 지혜와 하나님의 은혜를 확신함으로 말미암아 하나님과 개인적 교제의 관계로 들어가게 하는 목적을 갖고 있다. 따라서 해석자 자신이 계시의 말씀이 전달된 최초의 역사적 맥락을 정확하게 아는 것만으로는 충분하지 않다. 그가 그 계시를 이해하려면 성경저자들의 관점, 즉 하나님과 교제관계에 있는 사람들의 관점을 해석자 자신이 자신의 관점으로 받아들이지 않으면 안 된다. 폴 미니어Paul Minear가 지적한대로, 만일 성경 저자가 처해 있었던 구체적인 생활환경이 있다면, 해석자가 충분히 고려하지 않으면 안 되는, 성경 저자가 믿게 된 신앙 배경도 존재한다.135) 종교적 지식은 그 속성상 역사적, 형이상학적, 윤리적 및 개인적 측면을 갖고 있다. "종교적 지식은 개인의 주관적이며 감정적 측면뿐만 아니라 객관적으로 사실인 인식적 요소들도 포함한다."136) 하나님께서 인간을 알고 계신다는 사실을 인정하지 않는다면 하나님에 대한 지식을 갖는 것은 불가능하다.

2. 해석자가 하나님의 말씀을 이해하는 데 있어 자신이 속한 교회의 전통에서 자유로워지는 것은 대단히 어려운 일이다. 만일, 하나님께서 자신을 계시하신 목적이 한 권의 책을 저술하는 것이 아니라 그 말씀을 선포해야 하는 사람들을 창조하는 일이라고 한다면, 우리는 성경 해석의 역사를 무시해서는 안 될 것이다. 왜냐하면, 성경 해석의 역사는 하나님의 백성, 즉 교회가 여러 세기를 거쳐 내려오면서 계시의 말씀을 이해해 온 방법의 역사이기 때문이다. 그러나 너무나 자주 교회의 전통이 '오직 성경만으로' 라는 원리를 고백하는 사람들에게조차 성경자체의 메시지를 듣지 못하도록 해석학적으로 통제하는 역할을 수행해왔다는 사실을 지적하지 않으면 안 될 것이다. 이러한 원인으로 말미암아 그리스도인이 다양한 교파로 나누어지게 되었다.[137]

3. 해석자는 말씀을 이해하는 데 있어 그가 속한 문화에 영향을 받는다. 해석자는 진공상태에 사는 것이 아니라 구체적인 역사적 상황 속에 살고 있다. 즉, 그는 언어뿐만 아니라 사고와 행동양식, 학문하는 방법, 감정적 반응, 가치관, 관심사 및 목표들을 형성하게 만든 어느 특정한 문화 속에서 살고 있다. 하나님의 말씀은 해석자 자신의 문화를 매개로 그에게 전달되며, 그렇지 않을 때에는 그가 복음을 접할 수 있는 방법이 없다. 하나님에 대한 지식은 그 말씀이 성육신될 때, 즉 해석자의 구체적 상황으로 번역되어질 때만 존재할 수 있다. 제임스 스마트James D.Smart는 이점에 대해서 다음과 같이 말한다.

"해석이란 어느 것이 성경 본문을 더 타당하게 해석한 것인지를 파악하기 위해서 성경 본문과 많은 주석책을 갖다 놓고 살피는 것에서 시작하는 것이 아니다. 해석은 우리가 다른 의식적 작업을 하기 이전에 말씀 자체를 읽는

데서 시작한다. 우리는 말씀을 매우 복잡한 상황 속에서 듣게 되는데, 그 상황은 우리가 살고 있는 현재의 역사적 실존 전체다. 우리는 말씀을 현재 우리가 처한 위치에서 듣게 되며, 우리를 향한 말씀의 의미는 말씀 자체에 의해서 뿐만 아니라 우리가 그 말씀을 받아들이는 구체적 환경에 의해서도 결정된다. 어떤 사람도 깊이 있는 학문을 통해서 혹은 영감의 능력을 통해서 성경의 내용을 직접적으로 깨달을 수는 없다. 성경 본문에 대한 모든 이해나 본문의 의미에 관한 모든 진술은 해석일 뿐이다. 또한, 그 해석이 본문의 내용을 아무리 적절하게 설명한다 할지라도 그것이 본문 자체와 동일시되어서는 결코 안 된다."138)

자신의 신학을 하나님의 말씀과 동일시하려는 사람은, 성경을 해석하는 데 있어서 주관적 요소가 개입할 수밖에 없다는 점을 인정하기 힘들 것이다. 합리주의적으로 사고하는 사람들은, 복음을 개인의 신앙적 요인과는 상관없이 과학적이며 객관적인 방법을 통하여 직접적으로 도달할 수 있는 진리의 체계로 생각할 것이다. 그러나 절대적 객관성에 도달하기란 사실상 불가능하다. 모든 해석에는 해석자 자신의 주관, 즉 불완전한 인간이 개입하기 마련이다. 따라서 모든 해석들은 그것들이 계시된 말씀에 가까운 것인지의 여부를 측량하는 척도에 의하여 재검토되어야 한다. 이것이 과학적 훈련으로서 해석학의 역할이다. 그러나 우리는 계시된 복음과 그 복음에 대한 모든 해석 사이에는 거리가 있다는 사실을 잊어서는 안 된다. 모든 해석은 해석자에 따라 약간씩 다르게 나타나기 마련이며, 따라서 어느 정도는 해석자 자신이 속해 있는 문화적 환경을 반영하게 된다.139) 요약하면, 성경을 주석함으로써 얻는 하나님에 대한 지식은 참되지만, 완전한 것은 아니다. 따라서 그 어떠한 신학도 절대적일 수 없다. 하나님은 우리가 하나님이라고 생각하는 그 어떠한 해석도 초월하여 계시는 분이시다.

하나님의 말씀에 대한 이해는 항상 그 말씀을 해석하는 사람이 처한 문화의 영향을 받기 때문에 어느 문화권에서 나온 신학이든 간에 어느 정도는 복음을 축소시키는 위험 요소를 갖는다. 어떠한 문화도 하나님의 목적을 완전하게 이루지 못하며, 모든 문화는 복음을 이해하는 데 장애가 되는 요소들을 갖고 있다. 이러한 이유 때문에 복음은 그 어느 문화 속으로도 완전하게 성육신할 수 없다. 복음은 항상 모든 문화를 초월한다. 즉, 복음은 그 복음에 의하여 깊은 영향을 받은 문화들조차도 초월한다. 여기에서 이 문제에 관하여 자세히 논할 수는 없으나, 한 가지 예를 드는 것으로 충분할 것이다. 즉 서구문화를 특징짓는 개인주의는 서구사회 대다수의 그리스도인으로 하여금 복음의 사회적 차원을 보지 못하도록 만들고 있다는 것이 그것이다.

만일 해석자가 성경을 해석할 때, 복음과 부합하지 않는 문화의 가치나 전제를 허용하면, 그 결과로 나타나는 것은 혼합주의다. 모든 혼합주의는 복음을 그 문화의 지배적 가치에 적합하도록 조정함으로써 나타나는데, 그와 같은 조정은 대개 복음을 현실적인 것으로 만들려는 욕망에 기인한다. 2세기의 영지주의자는 기독교신앙을 헬라철학의 영향과 조화시키려고 노력하였다. 그 이후 신학의 역사는 그와 유사한 노력들로 가득 차 있다. 우리 시대에 기독교를 마르크스주의와 조화시키려는 노력은 복음의 사회·정치적 차원을 회복시켰다고 주장하는 혼합주의를 만들어 내었다. 즉 몇몇 형태의 해방신학이 바로 그것이다. 그와 같은 해방신학들이 혁명적 열기로 가득 찬 남미로부터 나온다는 사실은 신학이 역사적 상황을 반영한다는 사실을 웅변적으로 증명한다.

다른 한편, 모든 문화에는 복음을 이해하는 데 도움이 되는 요소들이 있음은 사실이다. 이것은 신학의 중심 주제들이 문화로부터 주어진다는 의미가 아니다. 필자의 주장은 모든 문화마다 다른 문화에 속한 사람들 눈에는 잘 보이지 않거나 아니면 감추어져 있는 복음의 내용들이 있으며, 그것이 그 문화권 사람들 눈에는 잘 보일 수 있다는 것이다. 이와 같은 관점에서 볼 때 문화 간의 의사전달을 어렵게 만드는 문화적 차이는 오히려 하나님의 지혜의 다양한 측면을 이해하는 데 귀중한 자산이 될 수 있다. 그와 같은 문화적 차이는 특정한 문화에 뿌리를 내린 신학이 쉽게 간과할 수 있는 복음 진리의 다양한 측면을 설명하기 위한 채널이 될 수 있다. 유진 루빈Eugene Rubingh이 지적한 대로 아프리카 문화의 특징인 '원시적 시각'은 아프리카 사람으로 하여금 "부분은 전체의 일부이며 왕국은 모든 영역, 모든 순간, 모든 행동을 포함한다"는 사실을 이해하도록 만든다.140)

성경 해석학에 관한 교재들, 특히 서구에서 쓰인 거의 모든 책은 하나님의 말씀에 대한 해석과 해석자의 문화적 맥락 사이의 관계에 대하여 별다른 관점을 제공해 주지 못하고 있다. 서구 신학자들은 우리가 고려 할 유일한 문화는 성경 저자들의 문화뿐이며, 어떤 의미에서는 해석자가 성경 본문을 객관적으로 분석하려고 자신이 처한 역사적 상황에서 빠져나올 수 있다는 인상을 준다. 서구의 해석학 교재들이 일반적으로 가정하는 것처럼 해석학 자체는 서구 인식론의 특징인 주체와 객체를 분리시키는 데카르트식 이분법에 의하여 영향 받았으며 그것이 결국 세속적 기독교를 낳았다고 말할 수 있을 것이다.141) 오늘날 시급하게 요청되는 작업은 성경적 실재에 대한 새로운 인식론의 발견이며, 그와 같은 발견이야말로 복음 안에 계시된 다음과 같은 사실을 밝혀줄 것이다.142)

1. 하나님에 대한 지식은 개인적이면서도 공동체 안에서의 삶과 분리될 수 없다. 이웃과 고립되어 있는 사람은 하나님을 알 수 없다. "사랑하지 아니하는 자는 하나님을 알지 못하나니 이는 하나님은 사랑이심이라"요일4:8

복음은 바벨탑 사건으로 인한 인간들 사이의 장벽을 없애고 "하나님의 아들을 믿는 것과 아는 일에 하나가 됨"엡4:13에 의하여 특징짓는 새로운 인간을 창조하시려는 하나님의 구원계획을 포함한다. 이 새로운 인간은 오순절 때에 모였던 자들로서 "천하 각국에서"행2:2 온 사람들로 구성되었다. 예수 그리스도에 관한 완전한 지식은 어느 특정 문화에 속한 교회의 전유물이 아니다. 그 지식은 그리스도의 교회 전체에 속하는 것이다. 유진 아너Eugene Ahner가 말한 대로 "복음에 대한 우리의 이해는 모든 민족과 개개의 문화에 속한 모든 그리스도인이 그들의 신앙을 표현했을 때 비로소 완전해질 것이다."143)

2. 하나님에 관한 지식은 개인적이며 따라서 그것은 우리가 이 세상에서 육신을 입고 사는 동안에 주어지는 것이다. 복음이 선포하는 하나님은 스스로 인간들의 손이 닿을 수 있는 영역으로 들어오셨으며, 인간의 일상생활에 참여하시려고 인간 역사 안으로 들어오신 하나님이다. 예수 그리스도의 성육신은 신비주의, 금욕주의 혹은 이성을 통하여 하나님께 도달하려는 모든 시도에 대한 부정이다. 우리는 우리 문화 속으로 구체적인 형태를 입고 들어오신 말씀을 통하여 하나님을 알게 된다.

3. 하나님에 대한 지식은 개인적이며 따라서 그것은 우리의 이성뿐만 아니라 감정도 포함한다. 감정 역시 하나님의 형상으로 지음을 받은 인간의 중요한 일부다. 따라서 만일 이성으로부터의 도피에 대한 경고가 타당하다면 열정으로부터의 도피에 대한 경고도 타당하다. 서구 신학은 하나님의 진리를 차갑고 과학적이며 비인격적 분석으로 축소하는 경향이 있다. 서구 신학은 인간이 전심을 다하여 하나님을 사랑해야 한다는 감정적 강조가 결여되어 있다. 그러므로 이성적이지 않은 다른 문화권에서 나온

신학은 서구신학의 잘못을 교정하는 데 도움이 될 수도 있을 것이다.

오늘날 해석자가 복음을 해석하는 데 있어서 그가 속한 문화의 영향을 받을 수밖에 없다는 사실을 인정할 때, 아무리 훌륭한 해석일지라도 그것은 단지 계시된 메시지에 근접한 것일 뿐이라는 사실은 명백하게 된다. 해석자는 자신이 속한 문화의 영향을 벗어버리고 복음을 직접 대면할 수는 없다. 또한, 그는 자신의 역사적 상황에서 탈출하여 성경 저자들의 세계로 뛰어 들어갈 수도 없다. 그럼에도, 복음 안에 계시된 하나님에 대한 지식은 성령의 사역으로 말미암아 우리에게 개인적 지식으로 주어진다. 이 성령의 사역으로 말미암아 복음이 문화 안에서 구체적으로 접목되어진다.

복음의 전파

복음을 해석하는 것뿐만 아니라 복음을 전파하는 것도 아무것도 없는 진공상태에서 이루어지는 것이 아니다. 즉, 그와 같은 노력들은 문화적 맥락 속에서 실현되는 것이다.

대중연설을 하는 사람은 자신이 청중과 똑같은 문화를 공유한다 할지라도 의사전달이 얼마나 어려운가를 잘 알고 있다. 똑같은 말이라도 그것을 듣는 사람이 누구냐에 따라 다르게 전달될 수 있다. 연설을 듣는 사람들은 평소 자신이 이해하는 용어의 정의, 선입관, 개념 그리고 자신의 경험에 비추어 그 연설의 내용을 이해한다. 따라서 의사소통에 그토록 많은 오해가 발생하는 것도 놀라운 일은 아니다.

한 문화와 다른 문화 사이에 의사전달을 하는 때에는 문제가 훨씬 더 복잡하다. 어떤 메시지를 단순히 한 언어에서 다른 언어로 번역하는 데 따르는 어려움도 있지만, 그 메시지를 거의 모든 것이 다른 문화권에 전달하는 어려움이 있다. 예를 들면, 한 문화는 다른 문화와 독특한 사고구조와 행동양식, 독특한 인식과정과 학문하는 방법을 갖고 있는 것이다. 한 문화와 다른 문화 사이에 진정한 의사전달이 있기 위해서는 한 언어권의 용어를 다른 언어권의 용어로 옮겨놓는 것만으로는 충분하지 않다. 유진 니다 Eugene A.Nida가 지적한 대로, 의사전달이 일어나려면 의사전달자가 자신이 전달하려는 메시지와 전체 문화적 상황 사이의 관계를 효율적으로 설정해야 할 필요가 있다.144) 만일 의사전달에 필요한 요소들, 즉 분위기, 기술이나 방법, 의사소통에 참여하는 사람들의 역할 등이 의사전달을 용이하게도 하며 방해하기도 한다면, 의사전달의 내용이 인식론적 접근방법에 의해서 영향을 받거나 구체적 상황 속에서 사용되는 상징들에 의하여 영향 받는 것은 말할 것도 없다. 의사전달자와 수신자가 어떤 개념을 서로 다르게 이해한다면, 전달되는 메시지는 기껏해야 듣는 사람에 의해서 재해석 되거나 듣는 사람들의 사고구조 속으로 분해되고 말 것이다.145)

특별히 타문화권 사람들에게 복음을 전할 때는, 의사전달에 있어 문화가 얼마나 중요한 역할을 하는가를 염두에 두어야 한다. 여기에는 적어도 세 가지 이유가 있다.

1. 복음과 상황의 접목은 복음이 갖는 기본적 요소이기 때문이다. 말씀이 인간이 되셨기에, 복음을 전달하는 유일한 방법은 복음이 인간의 문화 속으로 성육신하는 것이다. 왜냐하면, 인간은 문화적 존재이기 때문이다. 복음전파자가 복음전파의 대상이 되는 문화를 깊이 알지 않으면 아무리 복음을 전파하려 해도 복음은 복음대로 전달할 수 없게 된다. 성경은 하나님께서 인간을 그가 처한 특정한 역사적 상황 속에서 만나시고 대화하시려는 목적을 웅변적으로 증거해 주는 책이다. 이것은 성경에서 인간과 관련하여 사용되는 용어들이 동일하게 하나님과 관련하여 사용한 것을 보아도 알 수 있다. 즉, 하나님께서 에덴동산을 '걸으셨다', 하나님께서 '눈과 손

과 발을 가지고 계신다', 하나님께서 '후회하신다'는 것이 그것이다. 그뿐 아니라 그것은 말씀, 즉 로고스의 행동을 통해서도 나타난다. 말씀이 이스 라엘의 한 지체로 한 특정한 지역에 거하러 오셨다. 그와 같은 사실은 오 순절 베드로가 했던 설교와 아덴의 아레오바고에서 바울이 했던 설교 혹 은 복음서들과 서신서들을 비교 연구해 보면 잘 나타난다. 사도들은 같은 메시지를 전달하더라도 듣는 사람에 따라 강조점을 달리했다. 진정한 복 음 전달은 성경적 방법을 따르는 것이며, 복음을 듣는 사람의 문화 속으로 들어가 그 사람과의 접촉점을 찾으려고 노력하는 것이다.

2. 복음이 단순히 용어를 전달하는 차원을 넘어 복음을 듣는 사람의 일상생 활 속으로 뚫고 들어갈 수 있도록 전달되지 않으면 그 복음은 환상에 지나지 않기 때문이다. 복음은 예수 그리스도를 온 우주와 인간 실존의 주로 선포 한다. 이러한 복음을 선포하면서 복음을 듣는 사람들의 특정한 필요와 문 제들에 대해 언급하지 않는다면 어떻게 그들이 구체적 상황 속에서 그리 스도의 주되심을 체험할 수 있겠는가? 복음을 생활화하는 것은, 예수 그 리스도께서 주님이 되신다는 사실이 추상적 원리나 단순한 교리가 아니라 모든 차원에서 인간의 삶을 결정짓는 요인이며 또한 인간이 형성한 문화 의 가치들을 평가하는 기본 척도라는 사실을 보여주기 위함이다. 복음을 생활화하지 않고서는 그 복음은 피상적이 되거나 아무 의미 없는 메시지 가 될 것이다.146)

3. 복음이 긍정적이든 부정적이든 지적인 반응을 야기하려면 효과적으로 복 음을 전달해야 하기 때문이다. 효과적으로 복음을 전달한다는 것은 메시지와 그 메시지를 듣는 사람들이 갖고 있는 문화 사이의 접촉점을 신중하게 고려하 는 것이다. 복음을 듣는 사람들의 문화적 가치와 사고방식 등을 심각하게

고려하지 않는다면 진정한 복음화란 있을 수 없다. 데이빗 헤셀 그레이브 David Hesselgrave가 말한 대로 "타문화권으로 복음을 전달하는 것은 인간들의 차이점을 모두 집합시켜 놓은 것만큼 복잡한 일이다."147) 이것이 사실이라면 복음을 전달한다는 것은 문자적으로 번역된 교리들만을 반복하는 행위로 축소될 수 없다. 복음화가 단순히 의식적 깨우침을 위한 것이 아니고 복음의 가르침이 지적 동의만을 유도하기 위한 것이 아니라면, 복음의 생활화를 필수 작업으로 생각하지 않으면 안 된다. 만일 복음의 생활화 작업이 선행하지 않는다면, 거짓 회심자를 생산하거나 부정적 반응만을 야기할 뿐인데, 그와 같은 현상은 그들이 예수 그리스도를 부정하기 때문이라기보다는 복음이 잘못 전달되었기 때문에 나타난 결과다.

결론적으로 복음의 생활화 없이는 하나님의 말씀을 진정으로 전달할 수 없다. 복음의 전달은 복잡한 문화적 요인들에 대한 철저한 연구 없이 수행될 수 없다. 이것은 단순히 문자를 번역하는 차원의 문제가 아니라 성령의 도우심을 필요로 하는 해석의 문제다.

제3세계에서의 복음

우리 시대의 가장 놀라운 사건들 중의 하나는 예수 그리스도의 복음이 실제로 이 땅의 모든 나라에 전파되고 있다는 사실이다. 서구에 본부를 둔 선교운동은 기독교 전체 역사 속에서 가장 영광스러운 페이지들을 장식했다. 교회가 오늘날과 같은 전세계적 공동체로 성장하기까지는 이와 같은 서구 선교 운동에 힘입은 바가 크다.

그러나 복음이 지리적으로 널리 전파된 것과 비례하여 그 복음이 인간의 다양한 문화 속으로 뚫고 들어가서 전달되었는지에 관하여는 의문이

제기되어야 할 것이다. 전세계의 그리스도인이 한결같이 복음이야말로 온 우주를 위한 메시지이며, 서구사회 뿐만 아니라 다른 사회에서도 동일하게 적용되는 말씀이라는 사실을 증명해 준다고 말할 수 있을까? 하나님께서는 모든 사람이 신앙과 하나님의 아들을 아는 지식에 하나가 되기를 원하시는데, 이와 같은 하나님의 목적을 반영하는 신학을 세우기 위해 제3세계 교회가 기여할 바는 무엇인가? 필자는 남미의 상황과 관련하여 이 질문들에 대한 답변들을 간략하게 시도해 보고자 한다.

신학 없는 교회

복음의 전달에 관한 국제회의가 남미에서 열린 적이 있다. 이 회의에는 복음선포에 적극적으로 활동하고 있는 수백 명의 기독교 지도자가 모였다. 그들이 토론한 주제들 가운데 하나는 신학과 복음주의 사이의 문제였다. 어떤 사람이 주장하기를, 신학 없는 복음주의는 변질되며 신학 없는 신앙은 이데올로기로 변할 것이라고 말하였다. 그러자 즉시 잘 알려진 한 복음주의자가 일어나서 다음과 같이 반박하였다. "오늘날 가장 시급한 필요가 복음을 전파하는 것이라고 할 때, 신학에 시간과 정력을 낭비하는 것이 무슨 의미가 있습니까?" 그 사람에게는 그것이 문제였다. 그 잊을 수 없는 에피소드는 한 가지 부정할 수 없는 사실을 보여준다. 즉, 남미의 교회는 신학이 부재하는 교회라는 사실이다. 이것은 남미 전체의 교회를 두고 하는 말이지만, 이렇게 생각하지 않는 사람들도 있을 것이다. 결국 어떤 사람들은, 복음이 전파된다는 사실 자체가 신학 작업이 이루어진다는 것이라고 말할 것이다. 물론 이 말은 맞는 말이다. 어떤 의미에서 예수 그리스도 안에 있는 구원의 복된 소식이 전파되는 곳에는 신학이 있게 마련이다. 가장 기초적 단계에서조차도 복음이 전달되는 곳에는 항상 신학이 밑바탕에 놓여 있는 것이다. 즉 복음이 신학적이 아니라면 그것은 복음이 아니라는 말이다. 이러한 의미에서 우리는 "교회 없는 신학은 존재하지만, 신학 없는 교회는 존재할 수 없다"는 주장을 받아들일 수밖에 없다.148) 더 나아가 신학이란, 상아탑 속의 전문 신학자들이 끄적거리는 사변에 불과하다는 가정은 받아들일 수 없다. 사변신학만이 유일한 신학이라고 생각하는 사람들은, 성경에 있는 유일한 신학은 전투의 한복판에서 또한 전투를 위하여 만들어진 신학, 즉 '기능신학' 뿐이라는 사실을 알아야 할 것이다. 성경 저자들 가운데 그 누구도 전문 신학자는 없었다.

필자는 남미 교회는 신학이 없는 교회라고 말했다. 그러나 그것은 교회 활동의 저변에 깔려 있는 신학의 존재를 부정하는 것도 아니며 사변신학의 부재를 슬퍼하는 말도 아니다. 그 말은 신학의 기능, 즉 교회의 삶과 사명을 늘 반성하는 신학의 기능을 보다 깊이 분석해야 한다는 차원에서 그 의미가 이해되어야 할 것이다. 그것은 호세 보니노Jose miguel Bonino가 기록한 대로 "기독교 교회는 라틴아메리카 민중들에게 큰 빚을 지고 있다. 즉 4세기에 걸친 로마 가톨릭 교회나 1세기 역사를 가진 개신교는 남미 민중이 마땅히 기대하였던 창조적 사고를 제대로 보여주지 못했다"는 사실을 시인하는 것이다.149) 이러한 의미에서 필자의 말은 교회가 적어도 한 가지 측면에서 책임을 제대로 이행하지 못했음을 지적하는 것이다. 즉, 그 책임이란 하나님의 계시의 관점에서 그 계시가 지금 여기에서 무슨 의미를 가지는가, 또한 구체적 상황 속에서 그 계시가 교회에 어떠한 지침을 주는가에 대해 심각하게 고민해야 할 책임이다.

좀 더 정확하게 말하면, 남미에 있는 교회는 독자적인 신학적 반성을 게을리하였다고 말할 수 있다. 이 말이 사실이 아니라고 말할 사람이 어디 있겠는가. 기독교 서적들 중 영어로 된 것대부분이 엉터리 번역들이다!과 남미 신학자들이 직접 쓴 서적 수를 비교해 보라. 우리가 듣는 설교 가운데 얼마나 많은 설교들이 구체적 현실에 대한 적용은 고사하고 제대로 소화하지도 못한 교리들을 단순히 반복하는 데 그치고 있는지를 생각해보라. 대부분 교회들이 실제적 고민도 없이 교회를 처음 세운 선교사들의 신학적 색채를 그대로 유지하고 있으며, 또한 신학 연구라는 것이 그들 교회의 교리적 특성들을 역사적으로 추적하여 연구하는 일에 그치고 있는 현상을 보라. 대부분의 신학교와 성경학교에서 가르치는 교수들과 그들의 교과과정들을 살펴보라. 또한 찬송가를 한번 검토해 보라. 교회가 놓여 있는 이와 같은 측면들을 검토해 보면 서구 신학에 대한 '신학적 의존'은 제3세계 국가들의 특징인 경제적 의존 못지않게 실제적이며 심각하다는 사실을 깨닫게 될 것이다.

지난 몇 년 동안, 남미에서 일어난 신학적 운동이 다른 대륙에까지 영향을 미치게 되었음도 사실이다. 구스타보 그띠에레스, 후고 아스만, 후안 루이스 세군도, 호센 미란다이들 모두 로마 가톨릭 신학자들이다 등은 이미 유럽과 북미 대륙의 많은 사람에게 친숙한 이름이 되었다. 그들이 기여한 공헌들을 깎아내리려는 의도는 아니지만, 필자의 입장에서 다음과 같은 사실들은 반드시 짚고 넘어가야 한다고 생각한다. 그들이 저술한 분량은 아직도 매우 적으며, 위에서 묘사한 것과 같은 남미 교회의 상황을 변화시키기에는 너무도 제한된 영향력을 갖고 있다. 비록 많은 개신교회가 복음을 자신의 문화 속에 뿌리내리지 못하기에 그들의 신학을 빌려 쓰고 있지만, 그들의 신학이 로마 가톨릭 교회를 따르는 소수의 영역을 넘어서 광범위한 영향을 미칠지는 대단히 의심스러운 일이다.150)

전통적으로 '기독교적'인 대륙이라고 할 수 있는 라틴아메리카의 교회들이 독자적인 신학을 형성하지 못한 채 신음하고 있다고 할 때, 아시아와 아프리카에 있는 교회들 역시 동일한 현상을 보이고 있음이 놀라운 일은 아니다. 비록 소수의 신학자들이 그들 나름대로의 문화적 맥락 속에서 기독교 신앙을 표현하려고 노력하긴 하지만, 전체적으로 볼 때 제3세계의 교회는 아직도 신학이 없는 교회라는 사실을 인정해야 할 것이다. 윌버트 쉔크Wilbert R. Shenk는 "겉으로 보기에 성공인 것처럼 보이는 몇 가지 현상들이 있지만, 선교운동은 오늘날까지 심각한 차원에서 실패를 거듭하고 있다. 이와 같은 선교운동의 결과로 나타난 교회는 영적으로나 지적으로 뿌리가 없기 때문에 심각하게 고통당하고 있다"고 말한 적이 있는데, 이 말은 결코 과장된 말이 아니다.151)

우리가 복음전파의 사명을 서구에서 만들어진 신학을 수출하는 것으로 이해하는 한, 이와 같은 상황이 변할 것이라는 희망은 없다. 특별히 신학교육과 기독교 저술 분야에서, 제3세계 교회들이 서구 기독교의 교리적 공식들과 미리 조제된 기독교적 해결책들의 끊임없는 유입으로 말미암아 엄청난 피해를 입었다는 사실을 시급히 깨달아야 할 필요가 있다. 이와 같이 서구의 문화적 모델들이 종종 그들의 경제 세력의 지원을 얻어 강요되는 것은 토착 교회들의 성장을 무한정 지연시킬 수밖에 없으며 복음이 독자적인 문화에 뿌리를 내리고 나름대로 신학적 기여를 할 수 있는 가능성을 말살하는 것이다.152) 만일, 복음이 지역문화 속으로 깊이 뿌리내리지 못하는 한, 그 문화 속에 사는 사람들 눈에는 복음이 항상 '외국 종교'에 그치고 말 것이다.

서구 기독교가, 제3세계의 토착 교회 형성이라는 문제로 그들의 선교활동을 반성해 본다면, 그들은 적어도 선교현장에서의 활동은 성경의 가르침에 훨씬 못 미치는 것이었다는 결론을 내리게 될 것이다. 선교사들은 복음을 해석하고 전달하는 데 있어서 문화가 미치는 영향에 대하여는 전혀 고려하지 않은 채, 자신들은 성경 본문의 메시지를 사람들에게 직접 전달하기만 하면 되는 것으로 가정해 왔다. 그와 같은 태도는 너무도 순진한 것으로 현실에 전혀 맞지 않는 것이다.

라틴아메리카와 아시아 및 아프리카에서 복음주의적 신학을 새롭게 형성해야 할 필요가 있다는 주장이 선교사들 사이에서 잘 받아들여지지 않는 이유는 바로 이와 같은 순진한 태도에 있다. 그들은 "현재의 성경신학이 도대체 무엇이 잘못되어 있단 말인가"라고 반문한다. "다양한 신학을 갖고 있을 필요는 없다. 전세계에 한 가지 신학만 있으면 충분하다." 신학에 대한 이와 같은 입장으로 말미암아, 제3세계 교회는 지금까지 서구의 사고방식에 완전히 의존할 수밖에 없었다. 이와 같은 태도를 가진 사람들은 전통이라는 이름으로 자라나는 교회에 선교사들이 물려준 교리들만을 강요해 왔으며 고유한 문화 속에서 깊이 있는 창조적 고민을 할 수 없도록 뿌리를 잘라버렸다. 그 결과, 성경의 가르침들이 헬라철학 및 유럽과 미국의 문화적 유산과 혼합되어 나타난 '문화 기독교'가 무차별 확산 되었다.[153]

제3세계 교회는 그들 나름대로의 필요에 해답을 줄 수 있는 신학을 필요로 한다. 서구 선교사들로부터 전해 받은 복음은 서구문화의 옷을 입고 복음의 능력이 많이 잘려져 나간 힘없는 복음이다. 이것이 제3세계 교회가 안고 있는 가장 큰 비극이며 동시에 가장 큰 도전이다.

이와 같은 상황의 원인들

제3세계의 교회가 이와 같은 현상을 겪는 원인들을 일일이 설명한다는 것은 주제넘은 일이 될 것이다. 따라서 필자는 매우 명백한 것으로 판단되는 두 가지 원인들만을 언급하는 것에 그치려고 한다.

1. **복음주의와 신학과의 분리 때문이다.** 제1차 라틴아메리카 복음주의 총회에서 복음주의 교회의 저명한 대표자였던 마누엘 구티에레즈 마린 Manuel Gutierez Marin 박사와 마르크 보에그너 Mark Boegne 박사가, 총회 선언문에는 신학이 결여되어 있다고 지적한 바 있다. 그 이후 25년이라는 시

간이 흘렀다. 그보다 10년 뒤에 아르헨티나의 복음주의적 작가인 아담 소사Adam Sosa는 '라틴아메리카 복음주의자들의 신학적 입장'을 옹호하면서 자신의 견해를 발표하였다.154) 그는 라틴아메리카 대륙에서 교회가 감당해야 할 가장 중요한 사명은 모든 사람을 복음에 초대하는 것이며, 이 전통이야말로 유럽의 개신교 전통에서와 마찬가지로 우리에게도 요청되는 것이라고 하였다. 그는 말하기를, 우리는 종교개혁의 자녀들이 아니라 18세기의 복음주의 운동과 그 자매 운동들의 후손이라고 하였다. 그 결과로 우리에게 반드시 있어야 하는 것은 복음주의지 신학이나 의식이 아니라는 것이다. 그는 우리 신앙의 뿌리가 그와 같기 때문에 신조보다는 체험에, 선교 사명에 무감각한 역사적 교회보다는 복음전도에 참가하는 것이, 또한 국가교회보다는 흩어진 교회를 강조하는 것이 훨씬 더 정당한 일이라고 설명하였다. 이와 같은 주장은 아시아나 아프리카의 교회들에도 동일하게 적용될 수 있을 것이다.

이런 논의가 있은 후에도, 많은 시간이 흘렀고 또한 삶의 모든 영역에서 엄청난 변화가 일어났다. 제3세계에서 개신교회의 수적 성장은 교회성장을 연구하는 많은 사람들의 관심을 끌어왔다. 그러나 '우리의 전통'에 대한 아담 소사의 주장은 그것이 처음 쓰인 때와 마찬가지로 오늘날도 많은 제3세계 기독교 지도자들의 입장으로 남아 있다. 그들에 따르면 우리는 아직도 '믿음과 복음주의적 열정의 시대'에 살고 있다. 그들은 우리가 앞으로도 오랫동안 이와 같은 시대에 살기를 바라고 있다.

그렇다면 복음주의를 이와 같이 일방적으로 강조하는 것이 하나님의 말씀을 따르는 것이며 제3세계 교회가 처한 상황에 맞는 것인가? 인류 역사상 오늘날과 같이 중요한 시점에서 과거의 교회 부흥론자들의 전통을 붙잡고 있는 것은 교회의 사명을 완수하는 데 가장 큰 장애가 된다고 할 수 있을 것이다. 만일 우리가 전하는 복음이 하나님의 말씀을 깊이 연구하지 못한 것이거나 우리가 처한 구체적 상황 속에서 그 말씀의 의미를 심각하게 고민하지 않았다면, 우리가 전하는 복음에 대해서 의심해 볼 필요가 있다. 다른 지역에서 생산된 교리적 공식들을 단순하게 반복하면서도 기독교 신앙을 진정으로 우리 것으로 만들었다고 주장할 수 있겠는가? 특정한 역사 속에 사는 인간들과 복음은 과연 어떠한 관계가 있는지를 이해하려는 철저한 신학적 반성 없이 진정으로 성경적인, 즉 진정으로 하나님의 구원 계획을 제시해 주는 복음주의가 존재할 수 있겠는가?

2. **복음 사역의 중심을 눈에 보이는 성장에 두었기 때문이다.** 교회가 양적으로 성장하는 것이 중요하다는 사실은 아무도 부인하지 않는다. 그러나 지금까지는 교회나 교회에 출석하는 사람들의 숫자가 증가하는 것을 교회 성장의 궁극적 기준으로 삼아 왔다. 이와 같은 수적 성장을 강조함으로 말미암아 제3세계의 교회에는 엄청난 해독이 미쳤다. 즉, 그것은 복음전파에 있어서 하나님 말씀보다는 자본주의적 체제에 더 가까운 경쟁의식을 만들어 낸 것 외에도 대부분의 선교사들로 하여금 단순화시킨 복음, 즉 신앙의 깊은 영역은 배제시킨 메시지만을 전하도록 만들었다. 또한, 하나님의 말씀이 구체적 상황 속에서 이해되어야 할 필요성을 전혀 인정하지 않는 문화 기독교를 만들어 내었다. 중요한 것은 '믿는 사람들'의 수를 증가시키는 것이며, 믿는 사람들의 수를 늘리려면 복음의 내용 가운데 개인주의에 적합하지 않거나 세상 방식에 맞지 않는 것들은 모두 빼버려야 할 필요가 생기게 되었다. 그리하여 복음전도는 영혼을 얻기 위한 기술적 방법이 되어버렸으며, 이 일을 위해서라면 신학적 반성은 전혀 불필요한 것이 되었다. 단지 이미 짜인 방법론들과 구원이라는 수입된 공식들을 사용하는 것만으로 충분하게 되었다. 더 나아가 양적 성장을 가장 중요한 목표로 삼는다면, 가장 쉽게 회심할 수 있는 사람들을 선교의 일차 대상으로 삼아

야 한다는 선교전략이 필요하게 된다. 깊이 사고하거나 역사적 상황과 관련된 해답들, 즉 신학적 반성을 거쳐서 얻어질 수 있는 해답들을 요구하는 사람들은 1차 선교대상에서 제외 된다. 아마도 제3세계에서 대학생들이나 지성인들에게 복음이 상대적으로 적게 들어간 이유가 이 점에 있을지도 모른다.

신학적 반성의 결핍이 가져온 결과들

앞에서 살펴본 대로 제3세계에도 신학적 전제들이 존재한다는 사실은 부인할 수 없다. 그러나 한편으로 선교현장에서 가장 지배적 신학은 기초적인 수준에서조차 서구 기독교에서 발전된 신학이라는 사실, 즉 저개발 국가 사람들과는 아무런 상관도 없는 개념들의 집합이라는 사실을 부인할 수 없다. 이와 같은 상황이 가져온 결과들을 우리는 세 가지로 살펴볼 수 있다.

1. **제3세계 문화 속에서 복음이 뿌리를 내리지 못했다.** 아프리카에서와 마찬가지로 아시아에서도 기독교는 백인들의 종교다. 반면에 라틴아메리카에서는 기독교가 있어도 그만, 없어도 그만인 문화적 장식품이었다. 호세 보니노José Míguez Bonino가 말한 대로 "로마 가톨릭 교회나 개신교 모두 창조적인 신학적 반성을 가져올 수 있을 정도로 라틴아메리카의 삶의 자리 속으로 뿌리를 깊이 내리지 못했다. 다른 말로 하면, 그 교회들 모두 라틴아메리카 민중 역사의 가장자리에 머물러 있었다는 것이다."155)

물론, 이것은 복음의 메시지가 장소와 상황에 따라 달리 해석되어야 한다는 말은 아니다. 복음은 단번에 영원히 주어진 것이며, 선포되는 메시지는 장소와는 상관없이 계시된 진리를 선포하는 것인 한, 복음에 충실한 것이다. 그러므로 필자는 지역문화와 독특한 역사적 상황에 의거하여 토착 신학을 만들어 내야 한다는 제안을 하는 것도 결코 아니다. 또한, 복음을 문화 속에 뿌리내려야 한다는 이유로 유럽이나 미국의 신학자들이 오랜 세월 동안 연구한 결과들을 무시하고 새로운 신학을 만들려는 것도 아니다. 우리의 신학적 사고에 도움을 준 사람들의 노력을 전적으로 무시한 채, 우리 스스로 새롭게 시작해야 한다고 생각하는 것은 어리석은 일이다. 우리에게 필요한 신학은, 출처가 어디든지 간에 가치 있는 연구 결과들을 최대한 활용하고 그것을 기초로 성경의 계시와 우리 문화의 상관관계, 즉 복음과 사회 속에 교회가 직면한 문제들 사이의 관계를 새롭게 조명해 내는 것이다. 만일 복음이 문화 속에 뿌리를 내리지 못하면, 하나님의 말씀은 성육신되지 않은 말씀으로 남아 있을 수밖에 없으며, 그 메시지는 사람들의 삶 속에 피상적으로 접촉될 뿐이다. 이것이 신학적 반성이 결여된 우리에게 가장 비극적 결과들 중의 하나임은 분명하다. 즉, 복음은 제3세계 사람들의 꿈과 고민, 가치와 풍속에 관하여 이국적 소리를 내거나 아니면 전혀 아무런 소리도 내지 못하고 있는 것이다. 따라서 이것이 아시아나 아프리카를 포함하여 라틴아메리카의 중산층 개신교도들이, 대부분의 사람들이 물질적 궁핍으로 고통을 당함에도, 아무런 문제의식도 없이 그들 나름대로의 삶의 방식에 따라 잘 살아가는 이유이다.156) 또한, 아프리카의 개신교들이 의식적으로 기독교 교리들을 받아들이면서도, 지금까지 지켜오던 전통과 관습은 아무 생각 없이 그대로 따르고 있는 것도 그와 같은 이유 때문이다.

혼합주의를 염려하여 복음을 문화 속에 뿌리내리는 작업에 반대하는 사람들은 다음과 같은 사실을 인식해야 할 것이다. 즉, 주어진 상황 속에서 예수 그리스도의 주되심에 대해 어떠한 형식으로 순종해야 할 것인가에 대한 깊은 반성이 없는 곳에서는, 그리스도인의 행동양식이 복음보다는 그들의 문화에 의하여 결정되기 쉽다는 것이다.157) 복음주의로 나아가는 길을 차단하고자 교리나 기독교적 삶의 외형만을 강조하게 될 때, 혼합주의가 침투하여 세상 가치들을 쉽게 흡수하는 문화 기독교를 만들어 낼 것이다. 문화적 맥락을 충분히 고려하면서 복음을 전달하려고 할 때, 혼합주의의 위험이 반드시 따르게 마련이다. 그러나 그렇다고 해서 우리는 찰스 크래프트Charles Kraft가 말한 대로 "선교사는 자신의 방식대로 깨달은 메시지를 전달하면 된다는 식의 해결책을 선택할 것이 아니라"158) 성령의 인도하심에 따라 역사적 상황 속에서 복음을 새롭게 읽어야 한다. 그러나 크래프트의 주장은 서구 선교운동의 기본적 태도가 되어 왔고, 이러한 접근방법으로는 이교적 요소들이 교회 안에 만연하는 현상을 방지할 수 없었다는 사실을 잊어서는 안 될 것이다. 기독교의 가르침이 교리를 주입하는 것으로 축소되고, 또한 선교사들이 앞에서 설명한 것과 같은 위험들을 인식하지 못하고 있을 때, 타문화 속으로 복음을 전달할 때 야기되는 위험들을 피할 방법은 없다.

2. **교회가 이 시대의 이데올로기들과 싸울 힘을 상실했다.** 교회가 신학적 반성을 통해 자신의 신앙에 영양분을 공급하지 못하면, 교회는 세상이 제시하는 방법들을 평가하기 위한 척도들을 갖지 못하게 될 뿐 아니라 세상의 지배 이데올로기들에 의하여 쉽게 희생된다. 그 결과로 교회는 이 세상에 적응하고 기존 질서의 파수자가 되어버리든가 아니면 이 세상의 이데올로기적 선전에 자신을 내맡기든가 그와 같은 선전의 도구로 전락하게 되는 것이다. 필자는 신학적 기초가 없는 '대중 교회'가 직면한 가장 큰 위험이 바로 이와 같은 문제라고 믿고 있다. 이것이 지금 이 순간에 라틴아메리카 교회가 처한 상황이다. 즉, 이 역사적 시점 속에서 복음이 요구하는 바를 분별해 낼 기준 없이 바람이 부는 대로 이리저리 휩쓸릴 위험에 직면해 있는 것이다. 이것은 특히 칠레나 브라질과 같은 나라엔 절박한 문

제다. 그 나라들에서는, 정치가들이 교인수가 많은 교회를 자신들의 이익을 위하여 이용해 먹을 수 있는 집단으로 보고 있다. 이 세상의 이데올로기들을 평가하기 위한 가치 척도가 없을 때, 교회는 세상에 흡수되어버리고 만다. 예를 들면, 기독교 가정이나 교회 안에서 양육된 젊은이들이 구체적 상황에 직면하여 기독교의 제자도를 적용해 보려고 시도했다고 하자. 이때, 그들은 마르크스주의 친구들이 현실을 보는 입장에 대항하여 한마디 말도 할 수 없는 현상을 종종 보게 된다(필자가 여기에서 마르크스주의에 대하여 언급하는 것은 그것이 대부분의 라틴아메리카 나라들에서 '선교적' 열정을 가진 이데올로기가 되어 있기 때문이다). 우리에게는 우익 이데올로기나 좌익 이데올로기를 신성시하는 함정에 빠지지 않고, 현재 우리의 역사적 상황에 대한 다양한 해석들을 평가할 수 있는 신학적 틀을 만들어 내는 작업이 시급하다.

   3. **제2세대, 또는 제3세대 그리스도인의 부재다.** 이것은 보편적 현상이다. 나는 그와 같은 현상을 라틴아메리카 전역에서 목격하였다. 특히, 이와 같은 현상은 기독교 가정에서 자랐음에도, 복음이나 교회와 아무 상관없이 살아가는 대학생들에게 두드러지게 나타난다. 그 이유는 무엇일까? "그들은 빛보다 어두움을 사랑하여 세상으로 돌아갔다"는 말을 하는 것만으로는 충분하지 않다. 제3세계에서 교회가 놀랍도록 성장한 현상뿐만 아니라 교회를 떠나는 사람들에 대한 연구를 한다면, 그것은 교회의 선교활동에 관한 매우 귀중한 자료가 될 것이다. 그와 같은 연구는 적어도 다음과 같은 두 가지 사실을 보여줄 것이다. 지난 10년 혹은 15년 동안에 교회를 떠난 2세대 및 3세대 그리스도인의 숫자는 최소한 수백 명에 이른다. 그들이 교회를 떠나는 주된 이유는 건전한 신학적 기초가 결여되어 있거나 신앙을 보다 넓은 차원에서 이해하지 못했기 때문이다. 만일 한 젊은이의 성경

지식이 주일학교 수준을 넘지 못한다면, 조만간 그의 신앙 체계는 무너지고 말 것이며 이 시대의 삶이 제기하는 부정적 영향들을 견뎌내지 못할 것이다. 몇몇 나라들에서 젊은 게릴라 지도자들이 기독교 가정 출신이라는 사실은 놀라운 일이 아니다. 교회는 삶의 목표나 역사를 바라보는 적절한 관점을 제시해 주지 못한 반면에, 그들은 그것을 세상에서 발견한 것이다. 그것은 결국 그들이 물려받은 신앙을 파괴하는 세속적 이상이다.

복음을 문화 속에 뿌리내리는 방법

유럽이나 북아메리카에서 형성된 신학은 제3세계 교회의 신학적 요구들을 만족시킬 수 없다. 오늘날의 교회는 전세계적 공동체가 되었기 때문에, 어느 특정한 문화권에 예속되지 않으면서 하나님의 지혜의 다양한 측면을 보여줄 수 있는 보편적 신학을 형성할 때가 왔다. 유럽이나 북아메리카 대륙에서 형성된 신학은 그들 나름대로의 문화적 색깔을 가지고 있기 때문에 다른 전통을 가지고 있는 사람들에게 전하기에는 적합하지 않다는 사실을 인식하고 있다면, 그것에 대하여 무언가를 해야 할 때가 온 것이다. 이제는 어느 한 교회만이 신학적 작업을 해야 한다고 생각해서는 안 된다. 그것은 믿음과 하나님의 아들을 아는 지식에 하나가 되는 노력을 기울이는 전체 교회의 공동작업으로 생각해야 한다.

복음주의적 신학을 위한 지침들

지금 우리에게 필요한 것은 전세계의 그리스도인이 성령의 도우심 아래 성경 말씀으로 깊이 들어가는 것이다. 그 속에서 우리는 이 시대가 안고 있는 문제에 빛을 던져줄 수 있는 메시지를 발견해야 한다. 복음이 단순한 지적 동의가 아니라 삶 속에서 실천되는 것이 되려면, 복음이 우리의 문화적 맥락 안으로 자리 잡고 들어와야 할 필요가 있다. 신학이 해야 할 역할은 구체적 상황 속에서 사람들로 하여금 그리스도에게 순종하도록 만들기 위하여 하나님의 말씀을 해석하고 설명하는 것이다. 다른 말로 하면, 신학은 복음이 문화 속에 뿌리 내리기 위해 사용되는 도구다. 신학이 그 목적을 완수하려면 성경의 계시에 기초하지 않으면 안 된다. 또한 그것은 구체적 삶의 자리에서 그리스도께 순종하도록 하기 위한 방편으로 행해지는 것이어야 한다. 따라서 신학은 다음과 같은 지침들을 반드시 고려해야 할 것이다.

1. **신학의 기초는 하나님의 말씀이다.** 하나님께서는 예수 그리스도 안에서 말씀하셨고 그리스도 안에서 하나님께서 말씀하신 내용이그리스도의 삶과 사역을 포함하여 성경 전체의 중심 주제다. 하나님의 말씀은 문서화되었으며, 그 자체로 성령의 사역을 통하여 우리의 신학적 작업에 절대적으로 중요한 규범으로 작용한다. 신학이 하나님의 말씀과 그 말씀을 통해 역사하시는 성령에 의하여 통제되고 인도되지 않는다면, 성경은 단순한 인간의 지혜, 혹은 인간에 대한 단순한 서술, 즉 인류학이 될 것이다.

하나님의 말씀은 규범적 성격을 가지고 있기 때문에 말씀에 대한 진지한 주석이 필요하다. 그렇다고 해서 이미 유럽이나 북미 신학자들에 의해 축적되어온 기본적 도구들을 활용하지 않고 독자적으로 주석 작업을 해야 한다고 생각하는 것은 어리석은 일이다.

2. **신학의 맥락은 구체적인 역사적 상황이다.** 상아탑 속에서 생산되는 순수신학은 성경 자체보다 전문적인 학문성과 밀접한 관계가 있다. 신학 작업은 기본적으로 지적 훈련이 아니라 진리의 실천과 관련하여 하나님의 뜻을 발견해 내는 것이다. 성경을 연구하는 것은 지식을 축적하기 위함이

아니라 하나님의 뜻을 분별하고 그 뜻에 삶을 헌신하기 위한 것이다. 예수님께서는 "사람이 하나님의 뜻을 행하려 하면 이 교훈이 하나님께로부터 왔는지 내가 스스로 말함인지 알리라"요7:17고 하셨다.

3. **신학함의 목적은 그리스도에게 순종하는 것이다.** 성경이 보여주는 유일한 신학은 기능신학, 즉 하나님께서 자기 백성을 통해 구원 계획을 실현하시려는 목적을 위해 만들어진 신학뿐이라는 사실은 다시 한 번 강조될 필요가 있다. 이러한 이유 때문에 복음주의적 신학은 결코 목회적 관심을 결여해서는 안 된다. 어떤 의미에서 성경은 우리를 세상의 빛과 소금으로 사용하시는 하나님이 자기 자신을 우리에게 계시하고 계시는 일종의 목회적 차원의 설교라 할 수 있다. 이것이 신학이 개인과 개인의 필요들과 관련된 문제들에 초점이 맞추어져서는 안 되며, 복음에 따라 살도록 부르심을 받은 교회가 처해 있는 이 세상과 관련하여 하나님의 뜻을 분별하는 작업을 수행해야 할 것임을 의미한다.

교회와 복음의 상황화

결론적으로 복음을 문화 속에 뿌리를 내리는 일은 인간의 일이 아니라 하나님의 일이다. 복음이 문화 속에서 자리 잡는 것은 하나님의 말씀이 하나님의 백성 가운데 육체적으로 임하실 때에 가능하게 된다. 복음이 단순하게 언어로 전달되는 메시지로 제한되는 것은 하나님의 목적이 아니다. 복음은 하나님의 교회 안에서와 교회를 통하여 인간 역사 안에서 구체적으로 구현되는 메시지가 되어야 한다. 항상 인간의 역사적 상황 속에서 인간에게 자신을 계시하신 하나님은 인간 세계 안에 그리스도의 임재를 가시적으로 나타내기 위한 도구로 교회를 임명하셨다. 복음이 문화 속에 뿌리내리는 작업은 교회가 문화 속에 뿌리를 내리는 것과 별도로 진행될 수 없는 것이다.

만일, 교회가 문화 속에서 그리스도를 계시할 수 있게 되려면 교회 자체가 먼저 그 문화 속에서 그리스도의 죽음의 실제를 체험하여야 한다. 한스 부르키Hans Burki가 말한 대로 "문화 속에 잡혀있는 인간에게 하나님을 만나도록 할 수 있는 복음의 첫 번째 역할은, 인간이 태어날 때부터 그를 휘감고 있는 문화라는 탯줄을 끊고 그를 해방시켜 주는 일이다."159) 실제적 용어로 표현하면, 그것은 사고와 행동양식, 가치관과 습관들을 포함한 삶의 총체가 하나님의 말씀이라는 기준에 의하여 판단되어야 하며, 결국 그리스도만을 높이고 그리스도의 뜻만이 성취되도록 해야 함을 의미하는 것이다. 그리스도와 함께 죽은 우리는 우리 자신의 문화에 대하여도 죽은 자들이다. 그러므로 우리는 우리 자신의 문화가 아닌 다른 문화의 가치들을 들여다 볼 수 있을 뿐만 아니라, 우리에게 영향을 미치는 것들을 보다 선명하게 인식할 수 있게 되었다. 따라서 우리는 복음이 유대인에게나 이방인에게 모두 관련 있으며, 복음의 결과로 문화를 변형시키는 부활하신 그리스도의 영광을 희미하게나마 볼 수 있는 것이다.

문화 속에 자리를 잡은 진정한 교회는, 그리스도와 함께 죽고 부활함을 통하여 그 교회가 속한 문화적 상황 속에서 복음을 구현해 내는 교회다. 그와 같은 교회는 나름대로의 존재방식, 사고방식 및 행동방식을 창출하기 때문에, 교회는 문화의 다양한 패턴을 변화시키며 복음에 근거하여 완성시키는 일을 하게 된다. 교회의 임무는 문화 기독교를 온 세계에 확장하는 것이 아니라 각 문화 속에서 복음이 구체적으로 자리 잡도록 하는 것이다. 따라서 선교사역은 찰스 크래프트가 말한 것처럼 '능력 있고 제대로 된 교회들'을 세우는 방향으로 수행되지 않으면 안 된다.160) 아직도 서구의 모교회에 의존하는 제3세계의 교회들은 자신들의 문화로부터 소외된

'고민 없는 교회'다. 그와 같은 교회들은 기독교 신앙을 다른 문화에서 껍데기만 전달받아 외형만을 따르는 것으로 축소시켜버렸다.

문화 속에 자리 잡은 교회들은 그들이 속한 사회 속에서 초대 교회가 그리스·로마 세계에서 보여주었던 것과 같은 영향력을 행사하는 역동적 교회다. 그러한 교회들은 독자적 문화형식들을 사용하지만, 그것들을 기독교 신앙을 표현하기 위한 도구들로 변화시켜버린다. 복음이 문화 속에 뿌리 내릴 수 있는 것은 오직 제대로 된 능력 있는 교회들을 통해서만 가능하다. 이와 같은 교회들만이 하나님의 지혜의 다양한 측면이 반영되어 나타나는 복음주의적 신학을 만들어 낼 수 있다. 복음을 문화 속에 뿌리내리는 것은 단순히 기존의 신학을 주어진 문화와 결합하는 작업이 아니다. 그것은 또한 지적인 노력만으로 되는 것도 아니며 선교사들의 간섭에 의해서도 이루어질 수 없다. 복음을 문화 속에 뿌리내리는 일은 삶 전체를 역사적 상황 속에서 그리스도의 주권 아래 놓으려고 애쓰는 교회에게 하나님께서 주시는 은혜의 선물일 뿐이다. 그리스도의 성육신은 자연계의 경이를 초월하는 놀라운 하나님의 은혜다.

제6장 · 복음을 어떻게 식별할 것인가?

현대사회에 소속된 그리스도인의 사명은
광고에 길들이도록 만드는 이 사회의 가치관과
경제발전을 위해서라면 어떠한 희생도 감수하도록 하는
가치관과 싸워야 하며, 하나님 없이 하나님나라를 건설하려는
모든 노력의 잘못을 폭로하는 일이다.

적그리스도에 관한 문제는 성경을 해석하는 데 있어서 가장 어려운 문제 중의 하나다. 적그리스도는 누구 혹은 무엇인가? 초대교회 이래로 많은 사람이 적그리스도를 그리스도의 재림에 앞서 등장할 묵시적 존재로 생각해 왔다. 오늘날에도 이러한 해석이 다양한 모습으로 각색되어 유포되며, 서로 자신들의 견해가 옳다고 주장한다. 루터와 종교개혁자들이 주장했던 것처럼, 로마 교황을 적그리스도로 보던 시대는 이미 지나갔거나 지나가고 있다.[161] 오늘날 성경을 문자적으로 해석하는 사람들 가운데는 적그리스도를 아마겟돈 전쟁에서 그리스도에 대항하여 싸울 전세계적 독재자로 보는 사람들이 있는가 하면, 적그리스도란 유대 묵시문학에나 등장하는 신화적 존재로 보는 사람들도 있다.

필자는 신약성경에 언급된 적그리스도에 대한 구절들을 모두 해석할 능력이 없다. 그러므로 필자는 미래적 종말론에 의해 제기된 문제는 당분간 유보하려고 한다. 그것은 그 질문들이 중요하지 않기 때문이 아니라, 그 질문들에 대답할 능력이 필자에게 없다는 사실 외에도 지금 여기에서 다루는 주제의 한계를 넘어서는 문제라고 생각하기 때문이다. 여기서는 그리스도와 적그리스도의 대결로 나타나는 싸움과 관련하여 복음선포의 의미가 무엇인지에 대해서 생각해 보려고 한다. 먼저 필자는 성경 본문에 기초하여 적그리스도에 대한 신약의 가르침을 요약하고자 한다. 다음으로 우리가 처한 상황 속에서 시대의 징조들을 분별하는 작업을 시도할 것이다. 마지막으로 이 시대의 복음화 사역과 관련한 몇 가지 사항들을 고찰해 보려고 한다.

신약성경에 나타난 적그리스도

적그리스도의 기원을 설명하고자 학자들은 종종 신구약 중간기와 1세기의 묵시문학 또는 외경문학을 거론한다. 이 문제는 종교의 기원을 연구하는 사람들에게는 특별한 관심거리가 되겠지만, 여기서는 이 문제를 깊이 분석할 수 없다. 그러나 신약성경에서 언급된 적그리스도와 4에스드라서4 Esdras, 12족장의 복음서Testament of the Twelve Patriarchs, 희년서Book of Jubilees, 이사야 승천서The Assumption of Isaiah 및 시빌린 신탁서Sibylline Oracles 등에 나타나는 신비적 존재들 사이에는 연관성이 있음을 알 수 있다. 이런 점으로 볼 때, 여기서는 단지 신약의 적그리스도는 세상의 종말에 대한 기대와이것은 구약의 예언에 뿌리를 둔 것이다 당시의 역사적 사건들에 대한 부정적 이해가 섞여 발전된 것이라는 사실을 언급하는 것으로 그치려고 한다.

그러나 훨씬 더 분명한 사실은, 우리가 신약성경의 여러 본문들을 조사함으로써 밝혀질 것이지만, 신약의 적그리스도는 다니엘의 예언과 깊은 연관이 있다는 사실이다. 막13장; 살후2:1-12; 계13:1; 요일2:18-29와 4:1-6, 요이 7절 162)

마가복음 13장

'작은 계시록'이라고 불리는 마가복음 13장마24장; 눅21장은 멸망의 '가증한 것' 14절에 대하여 언급한다. 이것은 인류 역사상 유래 없는 엄청난 환난의 시대에 출현하게 될 것으로서, 인류 역사상 가장 끔찍한 우상숭배를 이 땅에 들여오는 사람을 묘사한 것이다. 그 용어는 다니엘 9장 27절과 11장 31절, 그리고 12장 11절에서 직접 인용한 것으로, 그 배경에는 다음과 같은 역사적 사실이 있다. 즉, 자신이 제우스신의 지상 대리자라고 주장한 안티오쿠스 에피파네스에 의하여 예루살렘 성전이 올림피아 신들의 우두머리인 제우스신을 섬기는 장소로 개조되었던 사실이다. 마가복음 13장의 맥락에서 볼 때, 멸망의 가증한 것은 예루살렘 멸망과 관계있는지도 모른다. 왜냐하면, 그때 로마 군대는 유대 민족주의자들이 증오했던, 황제의 독수리가 장식된 기를 흔들며 예루살렘 성전을 포위했기 때문이다.163) 그러나 문법 구조상 멸망의 가증한 것은, 하나님께 속하는 장소를 차지하고 서있는 사람으로 묘사된다.164) 이와 같은 묘사는 데살로니가후서 2장 4절에서 언급하는 적그리스도와 일치하는 것이다. "그는 하나님 성전에 앉아 자기를 보여 하느님이라 하느니라."

마가복음 13장에서 적그리스도의 출현과 관련하여 언급되는 중요한 내용은 "할 수만 있으면 택하신 백성을 미혹하려고"22절; 6절 기사와 이적을 행하는 거짓 선지자들과 거짓 그리스도들에 대한 언급이다. 이와 같은 존재들이 적그리스도에 의하여 얼마나 직접적 영향을 받아 활동하는지에 관하여는 본문이 명백하게 밝히고 있지 않다. 그러나 그들의 활동은 그리스도의 재림에 앞서서 나타나며, 적그리스도의 활동에서 정점을 이루게 되는 하나님에 대한 반역과 우상숭배의 형태로 드러난다는 것은 분명하다.

데살로니가후서 2장 1~12

바울 사도가 설명하는 적그리스도의 모습은 선지자 다니엘의 묵시적 환상에서 온 것이라는 사실을 쉽게 알 수 있다. 아래와 같이 병행되는 구절들을 살펴보자.

데살로니가후서 2장	다니엘
"배도"(3). "불의의 모든 속임으로 멸망하는 자들에게"(10)	"그가 꾀를 베풀어 제 손으로 궤휼(미혹)을 이루고"(8:25). "그가 또 언약을 배반하고 악행하는 자를 궤휼로 타락시킬 것이냐"(11:32). "그를 안다 하는 자들에게는 영광을 더하여"(11:39).
"불법의 사람"(anomias, "율법이 없는")(3절)	"그가 장차 … 때와 법을 고치고자 할 것이며"(7:25)
"저는 대적하는 자라. 범사에 일컫는 하나님이나 숭배함을 받는 자 위에 뛰어나 자존하여 하나님 성전에 앉아 하나님이라 하느니라"(4)	"그 뿔에는 눈도 있고 큰 말하는 입도 있다"(7:20). "그가 장차 말로 지극히 높으신 자를 대적할 것이다"(7:25). "수염소가 스스로 심히 강대하여 가더니"(8:8). "이 왕이 자기 뜻대로 행하며 스스로를 높여 모든 신보다 크다 하여"(11:36).
"멸망의 아들"(3). "주 예수께서 그 입의 기운으로 저를 죽이시고 강림하여 나타나심으로 폐하시리라"(8).	"그가 사람의 손을 말미암지 않고 깨어지리라"(8:25).

데살로니가후서 2장에서 언급된 적그리스도는 그리스도의 재림에 앞서

나타날 종말론적 존재다. 그의 나타남은 그리스도의 나타남의 징표다. 사도 바울은, 그와 같은 일은 아직 일어나지 않았으므로 '주의 날'이 임박하였다거나 이미 임했다는 말에 미혹되지 말라고 권면한다.3절 그러나 "불법의 비밀이 이미 활동하고 있다"7절 이미 적그리스도의 출현을 예고하는 징조들이 많이 나타나고 있다. 즉, 마지막 때가 가까이 왔음은 분명한 사실이다. 성경이 다양한 묘사들을 통하여 보여주는 적그리스도의 모습은 재앙을 불러오는 사람의 모습이다. 그것은 사탄이 화육한 모습이 아니라, 초자연적 기적들을 행할 수 있도록 사탄으로부터 권세를 부여받은 한 인간의 모습이다. 그가 행하는 기사와 이적들은 속이는 것이다. 그것은 그 기사와 이적들이 실재가 아니라는 의미가 아니라, 그것을 행하는 목표가 사람들을 속이기 위한 것이라는 뜻이다.10,11절 따라서 그것들은 예수 그리스도의 권능에서 나타난 기사와 이적들과는 정반대의 기능을 한다. 그리스도께서 행하신 기적들이 복음을 전파하는 것이라면, 적그리스도가 행하신 기적들은 불법을 전파하는 것이라고 말할 수 있다. 적그리스도의 모든 행위는 예수 그리스도의 사역을 흉내 내는 것에 불과하며, 그것을 통하여 "불법의 사람"이 거짓을 퍼뜨리는 것이다. 그러나 적그리스도의 목표는 그 자신이 그리스도를 대신하여 메시아의 자리에 앉는 것이 아니라, 그 자신이 하나님임을 선포하는 것이다.4절 그의 행위는 우리가 상상할 수 있는 가장 무서운 착각을 보여준다. 즉, 자신이 온 우주의 경배를 받아야 마땅하다는 주장이다. 그래서 그는 "소위 말하는 신이나 경배의 대상이 되는 모든 것을 반대하며 그들 위에 군림한다."4절 게할더스 보스Gerhardus Vos가 말한 대로 "적그리스도가 그리스도를 표절하는 것은, 단순하게 말하면, 모든 사람으로 하여금 메시아를 배반하도록 하기 위한 도구에 불과하다. 그 계획 자체가 객관적으로 볼 때 헛될 뿐만 아니라, 모든 그리스도인이 시인하고 열망하는 내용들을 송두리째 뽑아버리는 의도를 깔고 있는 것이다. 이 죄의 화신은 최고로 비종교적이며 반종교적이고 또한 반메시아적인 존재다."165) 따라서 적그리스도는 인간이 하나님을 대항하는 극단적 모습을 보여준다. 그것은 에덴동산에서 시작된 죄의 역사가 그 정점에 도달하였음을 보여주는 것이다.

위에서 언급한 본문들을 살펴보면, 적그리스도가 그리스도께 대항하는 것은 기본적으로 도덕적이며 종교적인 차원에서 되어질 것임을 보여준다. 즉 그는 자기 자신을 하나님이라고 선포하며, 거짓 기사와 이적들을 통하여 자기를 따르는 무리들을 미혹한다. 적그리스도가 출현함으로서 "배도"3절가 일어나며, 사람들이 대규모로 신앙을 버리게 되고, 그들은 다시 멸망할 사람들에 의해서 "거짓"11절을 받아들이게 된다. 불법의 사람이 활동하는 무대는 너무도 넓고 그의 행사는 너무도 절대적이어서, 인간이 그의 영향력에서 벗어날 곳은 아무 곳도 없게 된다. 그가 가진 권세는 전체주의적 권세며, 그의 목표는 온 세상과 모든 인생으로 하여금 하나님나라를 부정하는 정부 아래 굴복시키고 예속시키는 것이다. 그의 목표는 거짓의 토대 위에 세워지는 정치적 질서, 즉 사탄의 제국을 건설하는 것이다.

적그리스도와 관련하여서는 데살로니가후서를 주석하는 것만으로는 해결할 수 없는 의문들이 많이 있다. 예를 들면, 우리는 적그리스도가 어디서 출현할 것인지에 관하여서는 아무것도 말할 수 없다. 사도 바울이 데살로니가 교인들에게 편지하기 전에 이미 적그리스도에 관하여 어느 정도 가르친 적이 있다는 사실은 분명하지만, 그 내용에 대하여는 알 길이 없다. 사도 바울은 "내가 너희와 함께 있을 때에 이 일을 너희에게 말한 것을 기억하지 못하느냐"5절고 묻는다. 그는 또한 "너희는 지금 그로 하여금 그의 때에 나타나게 하려 하여 막는 것이 있는 것을 아나니 불법의 비밀이 이미 활동하였으나 지금은 그것을 막는 자가 있어"6.7절고도 하였다. 우리는 바울이 살던 시대에 누가 혹은 무엇이 적그리스도를 막고 있었는지 알

길이 없다. 우리가 알 수 있는 것은, 바울은 누군가 혹은 무엇인가가 불법의 사람의 출현을 막고 있으며, 잠시 후에 그 막는 활동이 옮겨지게 되며 적그리스도가 출현하게 될 것이고, 그리스도에 의하여 "그 입의 기운으로"8절 멸망받게 될 것이라는 주장을 한다는 것뿐이다. 인류 역사는 하나님께서 "불법의 멸망의 아들"3절과 "진리의 사랑을 받지 아니하여 구원함을 얻지 못함으로 말미암아 멸망하는 자들"10절에게 내리시는 심판과 함께 그 종말을 고하게 될 것이다.

요한일서 2장 18, 22절, 4장 3절, 요한이서 7절

요한 서신의 독자들과는 다른 문제로 씨름하고 있었다. 즉 그들의 교회에는 복음을 공격하는 거짓 교사들이 있었던 것이다. 적그리스도와 관련한 말씀의 초점이 미래에서 현재로, 묵시적 존재에서 거짓 교사로 이동하였다. 그러나 적그리스도를 언급하는 문맥은 여전히 종말론적이다. 왜냐하면, 요한은 최후에 나타날 적그리스도에 앞서 이미 많은 적그리스도들이 일어난 것을 근거로2:18 "이것이 마지막 때"라고 이해하기 때문이다.

요한일서에서 나타나는 적그리스도들은 그리스도의 자리를 대신 차지하려는 사람들도 아니며, 예수님께서 예언하신 거짓 그리스도들도 아니다.막13:22 오히려 그들은 아버지와 아들을 부인하는 그리스도의 적대자들이다.2:22 그들은 사도 요한이 편지를 쓰고 있는 교회에서 나간 교사들이며,2:19 거짓을 퍼뜨리는 자들이다. 즉, 그들은 예수님께서 그리스도이심을 부인하고,2:22 아들을 부인하며,2:23 예수 그리스도께서 육체로 오셨다는 사실을 부인함4:2,3: 요이1:7으로써 거짓을 퍼뜨리는 자들이다. 요한은 예수님께서 영원한 하나님의 아들이심을 부인하는 자는 "거짓말하는 자"2:22 또는 "속이는 자요, 적그리스도"요이1:7라고 말하고 있다. 그리스도께서 성육신하셨다는 진리는 기독교신앙의 핵심 진리이며, 따라서 이것을 부인하는 것은 최고의 거짓말이요, 이 거짓말을 주장하거나 전파하는 자들은 명백하게 적그리스도의 영에 사로잡힌 자들이다.4:3

요한은 거짓 교사들이 교회를 떠나고, 그들이 하나님의 백성이 아님을 증명하고 난 이후에 이 편지를 쓴 것은 분명하다.2:19그러나 사람들이 거짓 가르침에 미혹될 수 있는 위험은 여전히 남아 있었다.2:26 그래서 사도 요한은 그의 독자들에게 다음과 같이 권면한다. 먼저 그들이 처음부터 들은 것, 즉 사도들의 가르침 안에 머물러 있을 것을 권면한다. 요한은 사도들의 가르침 안에 거하는 것은 아버지 안에 거하는 것과 같다고 말하고 있다. 두 번째로는 그들이 받은 기름부음, 즉 성령 안에 거할 것을 충고한다.2:27,28 세 번째로 모든 영을 믿지 말고 예수 그리스도께서 육체로 임하셨다는 고백을 기초로 영들을 시험할 것을 권면한다.4:1~3

바울 사도와 마찬가지로, 요한도 적그리스도의 출현에 앞서 나타날 "불법의 비밀"이 이미 활동하고 있다고 말한다.요14:3; 살후2:7 요한은 적그리스도의 출현은 어느 날 갑자기 이루어질 개별적 사건이 아니라, 악의 세력이 점차 증가함으로 말미암아 결국 하나님에 대한 엄청난 배교가 일어나고 또한 그 모든 권세가 적그리스도라는 가공할 인물에게 부여되기까지의 과정이 그 정점에 이르는 것이라고 말한다. 적그리스도는 그리스도의 부활과 재림 사이의 기간 동안에 인간 역사 전체를 통하여 복음이 만날 수밖에 없는 존재다. 그는 또한 하나님에 대항하는 반역의 최종적 계시이며, 인간의 삶을 그리스도 안에 있는 구속에서 멀어지도록 만드는 세력이다. 또한 적그리스도는, 이 세상이 하나님의 복된 소식 앞에서 그리스도를 부인하도록 한다. 그는 그리스도와는 대칭적 위치에 놓여 있는 존재로 인류 역사상 복음이 순수하게 선포되는 곳에서 복음을 반대해 온 모든 것의 종합이다.

요한계시록 13장

요한계시록 13장은 바다에서 나오는 한 짐승과 땅에서 나오는 짐승을 언급하는데, 이는 신약성경에서 말하는 적그리스도를 완전하게 묘사한 것이다. 다시 한 번 묵시적 색채가 지배적으로 나타나고 있다. 일곱 번째 나팔이 울렸으며 이 나팔은 인류 역사의 마지막 장을 선포하는 것이다.

바다에서 나오는 짐승은 다니엘 7장에 묘사되고 있는데, 다니엘의 환상 가운데에는 바다에서 네 짐승이 올라오고 있다. "무섭고 놀라우며 또 극히 강한"7절 네 번째 짐승은 열 개의 뿔을 가지고 있으며 그 사이에 그보다 작은 뿔이 올라왔다. 요한계시록 13장에 언급된 첫 번째 짐승은 다니엘서에 묘사된 네 짐승들의 특징을 모두 다 가지고 있다. 더군다나 다니엘서와 요한계시록 모두 이 짐승을 바다에서 나오는 것으로 묘사한다.단7:1,7; 계13:1 다음과 같은 병행구절을 살펴보자.

요한계시록 13장	다니엘 7장
"짐승이 큰 말과 참람된 말하는 입을 받았다"(5)	"또 입이 있어 큰 말을 하며"(8,11,20).
"그것은 마흔 두달 일할 권세를 받았다"(5)	"성도는 그의 손에 붙임바 되어 한 때와 두 때와 반 때를 지내리라"(25)
"짐승이 입을 벌려 하나님을 향하여 훼방하되 그의 이름과 그의 장막 곧 하늘에 거하는 자들을 훼방 하더라"(6)	"그가 장차 말로 지극히 높으신 자를 대적할 것이다"(25)
"그것은 성도들과 싸워 이기게 되는 권세를 받았다"(7)	"이 뿔이 성도들로 더불어 싸워 이겼다"(21)

바울은 불법의 사람이 사탄의 활동에 힘입어 출현한 것살후2:9이라고 가르쳤는데, 이것도 용의 권세 아래 활동하는 전체주의적 권세를 묘사한다.

계13:2 그는 사탄과 같은 존재이며 일곱 머리에이것은 절대 권력의 상징이다 참람한 이름을 가지고 있는 자다.1절 이 참람한 이름이 무엇인지는 정확하게 기록되어 있지 않지만, 그 속에는 자신이 하나님이며 따라서 자신이 온 우주의 경배를 받아야 한다는 주장이 담겨 있음이 명백하다.3,4절 그에게 경배하기를 거절하는 자들은 그리스도인뿐이며 그리스도인은 그 괴물에 의하여 무자비한 박해를 받게 된다.7,8절 바다에서 나오는 이 짐승은 예수 그리스도께서 마지막 때와 관련하여 언급하신 "멸망의 가증한 것"의 화신이다.막13:14 그 짐승은 표범과 곰과 사자의 특징들2절을 가지는데, 이는 다니엘이 본 환상 중에 나타나는 네 짐승을 결합한 것이다.단7장 그 네 짐승은 네 개의 제국을 대표하는 것이다.바벨론, 메데파사, 그리스, 로마 이와 같이 네 짐승의 특징들이 결합된 것은, 그 짐승이 어느 특정한 정부를 가리킨다기보다 오히려 하나님께 마땅히 드려야 하는 경배를 찬탈하고 예수 그리스도와 그의 교회에 대항하는 상태를 상징적으로 보여주는 것임이 분명하다.

땅에서 올라오는 짐승은 두 번째 짐승으로서 양의 모습을 하고 있으나 용처럼 말한다.11절 따라서 그것은 하나님의 어린 양을 모방한 것이다. 이 짐승은 첫 번째 짐승으로부터 권세를 받으며, 땅에 거하는 자들로 하여금 그 짐승에게 경배하도록 강요함으로써 첫 번째 짐승을 섬기고 있다.12절 그 짐승은 불법의 사람이 행하는 이적이나 거짓 기사들과 유사한 이적들을 행한다.13절; 살후2:9 첫 번째 짐승에게 경배하는 것을 거절하는 자에게 자행되는 그의 행위는 단호하다. 즉, 그들은 죽임을 당하며,15절 그들의 사회적 지위와 상관없이 모든 경제활동에서 제외된다.16,17절 "거짓 선지자"계19:20; 20:10라고도 불리는 이 두 번째 짐승은 국가의 이익에 복종하는 종교를 상징한다. 이 두 짐승은 시민들의 삶을 절대적으로 통제하며, 종교를 국가의 통치에 복종하도록 만드는 도구로 활용하려고 하는 모든 형태의 정부를 상징하는 것이다.

결론

지금까지 살펴본 적그리스도의 모습이 세부적 부분에 있어서는 다소 모호한 부분도 없지 않으나, 주석에 기초하여 다음과 같은 결론들을 내릴 수 있을 것이다.

1. 적그리스도라는 주제는 1세기 교회 안에서 사도들의 가르침의 한 부분이었다. 살후2:5; 요일2:18

2. 신약성경의 저자들은 적그리스도를 그리스도의 재림에 앞서서 최종적으로 출현할 묵시적 존재로 보았으나, 그의 활동이 미래에만 국한된 것으로는 보지 않았다. 오히려 그들은 적그리스도의 활동이 교회의 삶과 사명에 영향을 미치며, 그 시대의 사건들이나 사람들 속에 진행되고 있다고 보았다. 성경은 적그리스도를 미래의 존재나 과거의 존재로 보지 않는다. 성경의 가르침에 따르면, 현재 우리는 '이미'와 '아직' 사이의 종말론적 긴장 속에 산다. 적그리스도는 종말에 나타나지만 그러나 이미 "이 때가 마지막 때다"요일2:18 적그리스도는 하나님께 대한 최종적 반란을 예고해 주는 많은 적그리스도의 활동들 속에 나타난다. 인류 역사상 자신을 주요 하나님 혹은 구세주라고 부르도록 함으로써 황제 숭배를 강요했던 로마의 황제를 포함하여, 지금까지 인류 역사에 있었던 그 어떤 폭군들도 인류 역사의 마지막 단계에 나타날 적그리스도, 즉 멸망의 가증한 것에는 미치지 못한다. 과거의 그 어떠한 거짓 교사들그리스도의 성육신을 부정한 이단들을 포함하여도 대반역의 주체인 종말론적 거짓선지자의 거짓에 미치지 못한다. 그

러나 불법의 비밀이 이미 활동하고 있으며, 이것은 마지막 날에 있을 복음의 배척을 예시해 주며 모든 전체주의적 정부나 예수 그리스도를 부인하는 모든 종교 안에서 '지금 여기에서' 구체적으로 감지된다.

3. 적그리스도의 궁극적 목표는 하나님께만 속하는 자리를 차지하고 하나님만이 받으실 경배를 자기가 받는 것이다. 적그리스도의 요구는 절대적이어서 모든 사람은 하나님을 섬기든지 적그리스도를 섬기든지 양자택일 하지 않으면 안 된다.

4. 적그리스도는 잘못, 미혹 및 거짓 위에 자신의 왕국을 세운다. 그는 예수 그리스도께서 행하신 이적들과 비슷한 이적들을 행할 수 있으며, 그와 같은 것들을 통하여 진리의 사랑을 받지 못하고 구원받지 못한 사람들을 미혹하는 데 대단한 성공을 거둔다.

5. 적그리스도의 목적은 적그리스도적 정부를 통하여 사람들을 박해하거나 적그리스도적 종교를 동원하여 사람들을 유인함으로써 하나님의 교회를 파괴하는 것이다. 이와 같은 사탄의 활동은 현재 실제로 진행되고 있기 때문에, 우리는 온 인류가 하나님나라의 백성이 될 수 있다고 말할 수는 없다. 천국으로 향하는 진리의 길은, 어둠의 권세들이 끊임없이 도전하고 있는 싸움터의 한복판을 지나서 가게 된다. 따라서 고난을 수반하지 않는 말씀 전파란 있을 수 없다.

6. 적그리스도의 활동은, 모든 권세의 근원이시며 최후 심판을 하실 하나님께서 정하신 한계를 넘어설 수 없다.계20:10 적그리스도는 하나님께서 이루시고자 하는 목적을 결코 좌절시킬 수는 없다. 하나님의 구원사역이

완성되는 날까지 하나님의 교회는 순교의 자리에 이르기까지 그 삶과 선포하는 메시지를 통하여 예수 그리스도의 진리를 사수하도록 부름 받았다. "성도들의 인내와 믿음이 여기 있느니라"계13:10

종말의 징조들

순교자 저스틴Justin Martyr과 이레니우스Irenaeus에서 헬 린지Hal Lindsey와 팀 라헤이Tim La Haye에 이르기까지 적그리스도를 대적한 역사를 통해 우리는 다음과 같은 경고를 듣게 된다. 즉, 이 종말론적 존재에 대한 성경의 가르침을 자신들의 시대에 일어난 사건들과 연결지으려는 그 어떠한 교리적 노력도 위험하다는 것이다. 다른 한편으로, 신약성경의 묵시적 측면을 간과하게 되면 우리는 신약성경의 메시지 가운데 매우 중요한 요소를 잃어버리게 된다. 적그리스도의 존재를 포함하여 신약성경 저자들이 사용한 묵시적 상징들은, 그들이 역사 안에서 행동하시는 하나님과 예수 그리스도 사역의 우주적 차원, 그리고 교회의 말씀 전파 사역이 가지는 초월적 의미이와 같은 사역 없이는 기독교신앙은 치유할 수 없는 손실을 입게 된다 등을 어떻게 이해하는지를 보여준다.166) 따라서 우리는 우리의 역사적 상황 속에서 마지막 때의 징조들이 어떻게 나타나는가를 살펴보려고 할 때 세심한 주의를 기울여야 할 것이다.

1969년에 보고타 복음주의 선언에서 우리는 "복음화의 과정은 구체적인 인간 상황들 속에서 일어나는 것"이라는 사실을 확인했다. 또한 저개발과 불의, 기아, 폭력 및 소망 없음 등으로 고통 받는 라틴아메리카의 현실 속에서 예수 그리스도의 모범을 구체적으로 따라야 할 필요가 있음을 역설하였다. 그 이후로 현실은 훨씬 더 복잡하게 되었으며 우리가 문제점으로 제시했던 상황들은 훨씬 더 악화되었다. 더군다나 지난 10년 동안, 우리 대륙의 인구가 2억에서 3억으로 증가함에 따라, 모든 나라가 어떠한 희생을 치르더라도 경제성장을 이루도록 강요하기에 이르렀다. 이 정부들은 자신들이 현대화를 추진한다고 자부하였다.167) 그들은 성장의 신화(성경적 종말론의 세속화된 형태를 당연한 것으로 여기며, 주로 미국으로 대표되는 경제성장의 모델을 자신들의 사회변화를 위한 모델로 받아들인다. 이 일을 추진하려고 그들은 엘리트 계층의 사람들을 이용하는데, 그들은 현대화에 수반되어 나타나는 합리적 태도, 수단과 목적의 분리, 개인의 삶과 공동체적 삶의 분리 및 사회관계 속에서의 익명성 등을 그 특징으로 갖는다.168) 또한 이러한 정부들은 자신들의 경제정책에 부합하는 현실관을 주입시키고자 대중매체를 이용한다.

이러한 정부가 만들어 내는 사회란 결국 선진사회의 전형적 가치들을 그대로 수용하는 사회다. 즉, 무제한적 생산의 증가, 편안함, 효율성, 성공 등의 가치관이 그것이다. 그러나 지금의 시대는 사회·경제적 차원에서 전세계의 모든 국가가 기본적으로 같은 가치들을 소유하며 같은 목표를 향하여 움직이고 있음을 인정할 수밖에 없다.169) 이런 점에서 볼 때, 오늘날 라틴아메리카에 형성되고 있는 사회는 이데올로기를 초월하여 세계무대에 점차 등장하고 있는 현대 산업사회의 한 모습에 불과하다는 사실이 명백해질 것이다.170) 레이몬 아론Raymond Aron은, "산업사회는 결코 보편적 사회 형태는 아니다. 그러나 그것은 잠재적으로 그와 같이 되고 있다. 왜냐하면, 그것이 오늘날 이미 권력과 번영의 필수조건이 되어버렸기 때문이다"고 말하고 있다.171)

1974년 세계 복음화에 관한 국제회의에서, 필자는 죄에 대한 성경적 개념을 회복하는 것과 인간이 초자연적 질서의 희생물이 되었다는 사실을 인정하는 것이 중요함을 지적한 적이 있다. 이 초자연적 질서는 현대사회 속에서는 물질주의로 나타난다. 즉 "이 시대가 제공하는 모든 것소비상품,

돈, 정치권력, 철학, 과학, 사회계층, 인종, 국가, 섹스, 종교, 전통을 절대시하는 것, 인간으로 하여금 이 세상의 물건들을 소유함으로서 자신을 실현하도록 몰아가는 집단 이기주의, 인간의 존재 의미가 하나님같이 됨, 즉 하나님으로부터 독립함으로써 얻어질 수 있다는 거짓 등이다."172) 로잔언약 제12항에 대해 쓴 글에서도 필자는, 전세계는 소비자 이데올로기에 의해 연결되는 지구촌이 되어간다고 말한 바 있다.173) 오늘날 세계의 모든 나라가 소비 사회가 제시하는 모델을 따라 가능한 모든 수단을 동원하여 선진사회가 되려고 애쓴다. 그리고 그렇게 거대한 노력 안에서 '불법의 비밀' 이 활동하는 것처럼 보인다. 그렇다고 해서 필자가 자연으로 돌아가자는 유토피아적 운동을 지지한다거나 기독교신앙은 농촌사회에 적합한 것이라고 주장하는 것은 결코 아니다. 필자는 단지 인생의 가치가 소유물의 많고 적음에 달린 것처럼 물질 추구에 혈안이 되어 있는 사회가 현대 세계에서 가장 부각되는 사회 모델이 되어버렸다는 사실을 지적하고, 또한 이와 같은 소비 사회의 물질주의 배후에는 적그리스도의 영이 들어 있다는 사실을 강조하고자 하는 것뿐이다. 이와 같은 필자의 주장을 성경 말씀에 대한 주석과 연결하여 몇 가지 언급하고자 한다.

그리스도의 부활과 재림 사이의 기간은 복음에 대한 적대행위, 즉 적그리스도의 출현을 미리 예견하게 해주는 적대행위로 특징짓는다. 그러나 이러한 적대행위는 반드시 박해의 형식으로 전개되는 것은 아니다. 그것은 유혹의 형태로 나타날 수도 있다. 여기에 로잔언약에서 강조하는 다음과 같은 경고의 중요성이 놓여 있다. "성경적 복음을 고수하고자 경계와 분별력이 요청된다. 우리는 우리 자신의 사상과 행동이 세상의 영향에서 벗어나 있지 않다는 사실, 즉 세속주의에 굴복하고 있다는 사실을 인정한다." 오늘날 적그리스도의 정신은, 교회가 주변 사회의 가치관과 규칙들에 근거하여 자신의 사명을 완수하려고 노력한다는 점에서 느낄 수 있다. 이와 같은 현상은 복음 사역 안에서도 발견된다. 예를 들면, 우리의 주요 구세주 되시는 예수 그리스도에 중심을 두어야 하는 복음이 제자도를 빼어버린 메시지로 대치되거나, 많은 사람을 받아들이려고 내용을 변질시키는 것이다. 로잔회의에서 필자가 문화 기독교에 관하여 말한 것은, 바로 이와 같은 위험을 지적하는 것이었다. 인간의 삶은 현대 세속주의의 특징인 합리적 사고에 의하여 엄청난 영향을 받기 때문에 이러한 경고가 더욱 필요하다.174)

사회가 점차 전체주의의 모습으로 변해감에 따라 조지 오웰George Orwell의 소설인 『1984년』이 마치 실현된 것처럼 보이기도 한다. 이 책의 내용에서도 적그리스도의 활동이 눈에 보이는데, 정치·경제적 권한을 한 손에 쥔 국가가 수행하는 역할들을 관찰해 볼 때, 더욱 그러한 생각이 든다. 옥타비오 파즈Octavio Paz는 국가에 대해 언급하면서 이것을 분명하게 말한다. "국가라는 실재는 너무도 거대하여 마치 실재가 아닌 것처럼 보인다. 그것은 도처에 존재하면서도 얼굴을 가지고 있지 않다. 우리는 그것이 무엇인지 혹은 그가 누구인지 알지 못한다. 우리는 국가가 저지르는 파괴 현상들의 거대함을 통하여서만 국가라는 것을 인식하게 된다. 그것은 육체가 없는 실체다. 그것은 존재하지 않으며 단지 지배할 뿐이다. 즉 그것은 비인간이다."175)

오늘날의 물질주의는, 일차원적 현실관과 함께 자신의 가치들을 강요하며, 그리스도 안에 있는 구원을 부정하는 또 다른 구원을 제공한다. 물질주의는 본질적으로 인간이 하나님을 의존하지 않는 상태에서 하나님 같이 될 수 있다는, 거짓이지만 직접적으로 기독교신앙을 부인하는 것이 아니라, 자기 식대로 개인구원 또는 사회구원의 계획을 제시함으로써 자신의 모습을 드러낸다. 물질주의는 그것을 추구하는 사람들의 모든 삶을 지배하는 세속종교가 되어버렸다. 또한, 그것은 자신의 메시지를 전파하고, 경제성장 혹은 혁명이라는 용어로 소망을 팔기 위하여 대중매체를 지속적으로 이용한다. 그것은 현대 기술의 기사와 이적들을 통해 강화되며, 전체주의 정부들이 그것으로 사회 전체를 하나로 묶어버릴 수 있는 수단으로 활용함으로써 더욱 더 견고한 것이 된다. 자끄 엘륄이 말했듯이, "국가는 국가 종교라는 것을 가지기까지는 불안하다. 정치는 종교라는 동맹자를 필요로 한다."176) 현대 국가의 정부는, 그들이 기독교적이든 아니든 상관없이 물질주의가 국가 종교의 역할을 담당한다.

우리는 우리의 역사적 상황 속에서 국가가 하나님의 자리에 올라앉고 가장 기초적 인권조차도 무시한 채 시민들을 노예로 만들어 온 방법을 너무도 분명하게 목격하였다. 국가안보라는 이름으로 자행된 정치적 살인, 고문, 실종, 재판 없는 투옥 및 강제수용소 등은 라틴아메리카에서 활동하는 적그리스도의 징조들이다.177)

제3세계 상황에서의 복음 전파

우리는 앞에서 적그리스도에 대한 신약성경의 가르침과 우리시대에 나타나는 마지막 때의 징조들에 대하여 살펴보았다. 여기에서는 제3세계의 상황 속에서 예수 그리스도를 선포하는 것이 무슨 의미가 있는지 자세하게 살펴보고자 한다. 신약성경에서 가르치는 종말론은 미래에 대한 호기심을 만족시키거나 미래학의 자료를 제공하기 위한 것은 아니다. 신약성경이 종말의 상황에 대하여 가르치는 것은, 우리로 하여금 시대를 분별할 줄 아는 안목을 갖추고, 현재의 역사적 상황 속에서 교회의 삶과 사역을 통해 예수 그리스도를 신실하게 따를 수 있도록 만들기 위한 것이다.

적그리스도의 활동을 인식하면 적그리스도에 의해 미혹되지 않도록 깨어 있는 것이 얼마나 중요한가를 깨닫게 된다. 보고타 선언은 "사회구조들은 교회와 복음을 영접하는 사람들에게 영향을 미치고 있다. 만일 이러한 현실이 무시된다면 복음은 왜곡되고 그리스도인의 삶은 황폐화될 것이다"6단락고 지적한다. 로잔언약은 한걸음 더 나아가 앞에서 우리가 살펴본 것처럼, "우리 자신들도 사상과 행동이 세상의 영향에서 벗어나 있지 않다"는 사실, 즉 세속주의에 굴복할 수 있다는 사실을 경고한다. 로잔언약은 세상과의 타협을 다음과 같은 사실에서 발견한다. "복음에 대한 사람들의 반응이 즉각적으로 나타나도록 만들고자 우리는 말씀전파를 적당히 타협하거나 사람들을 겁주는 수단으로 동원하기도 하였다. 또한 쓸데없이 통계에 집착하거나 통계들을 사용하는 데 있어서조차 정직하지 못했음이 사실이다."12항 세속사회의 가치들을 채용하는 모든 형태의 세속화 배후에는 적그리스도의 영이 활동한다. 반대로 복음은 그리스도를 인생 전체의 주로 선포할 것을 요구한다. 로잔언약이 언급 하는 바와 같이, "복음을 전파하는 데 있어 우리는 제자도라는 대가를 빼버릴 자유를 갖지 않는다."4항

　이와 같이 적그리스도 세력이 조직적으로 하나님의 구원을 방해하는 상황 속에서 복음선포가 수행되어야 한다. 레슬리 뉴비긴Lesslie Newbigin이 말한대로 "인간 역사의 목적과 의미를 가질 수 있는 것은 그리스도 안에서 뿐이기 때문에, 이 세상 권세의 최후의 가장 큰 활동은 인간 역사 전체를 그리스도에게 복종하지 못하도록 조직하는 것, 다시 말해 적그리스도의 통치를 실현하는 것일 수밖에 없다."178)

　만일, 제3세계에서는 적그리스도의 왕국이 상품에 절대적 가치를 두며 경제발전을 위해서라면 어떠한 희생도 치를 준비가 되어 있는 정부의 모습으로 나타난다면, 복음은 예수 그리스도 안에 계시된 구원의 복된 소식과 함께 이 사회 안에 인간적 삶의 실현을 방해하는 모든 것에 대한 정죄도 포함하여야 한다. 오늘날과 같은 상황 속에서 우리의 사명은 종교적 언

어로 종교를 비난하는 것이 아니라, 사람들로 하여금 광고에 길들이도록 만드는 이 사회의 가치관과 태도들에 대항하여 싸우는 일이다. 그것은 공식적으로 인정되는 신화들에 대해 또 다른 세속적 신화들을 가지고 대항하는 것이 아니라, 하나님 없이 하나님나라를 건설하려는 모든 노력은 하나님의 심판을 받는다는 사실을 지적하는 것이다. 예수 그리스도가 이 땅에 오신 이후로 역사의 열쇠는 그리스도의 죽음과 부활 안에서 발견되어야 하며, 복음의 선포는 인간으로 하여금 유일한 선택에 직면하도록 만드는 것이다. 즉, 그리스도인가 아니면 적그리스도인가?

적그리스도의 활동을 인식한다는 것은 기독교의 선교 사명과 관련하여 승리자의 태도를 가질 수 없음을 의미한다. 그리스도께서 이 땅에 오셨을 때, 악의 권세들은 그리스도가 이 땅에 미칠 영향이나 그의 구원사역을 무력화시키려고 온갖 노력을 다 기울였다. 그 싸움의 결과는 영광의 왕께서 십자가에 달리신 것이었다. 그것이 영적 싸움의 끝이 아니었다. 그것은 복음 전파의 사명을 감당해야 할 교회가 인간 역사 속에서 만나야 하는 기준일 뿐이었다. 그 이후로 복음 전파 사역은 불가피하게 고난을 동반할 수밖에 없었다. 이러한 이유로, 베드로 사도는 다음과 같이 권면한다. "사랑하는 자들아 너희를 연단하려고 오는 불 시험을 이상한 일 당하는 것 같이 이상히 여기지 말고 오히려 너희가 그리스도의 고난에 참여하는 것으로 즐거워하라 이는 그의 영광을 나타내실 때에 너희로 즐거워하고 기뻐하게 하려 함이라"벧전4:12,13 로잔언약이 지적하는 바와 같이, 그리스도의 경고에 따라 박해는 피할 수 없다.

십자가에 못 박히신 그리스도를 따르는 자들은, 세상이 복음을 전파하는 일에 적대적 태도를 취하는 데 대하여 전혀 이상하게 생각해서는 안 된다. 최후의 승리는 자신을 희생함으로 세상을 정복하신 그리스도께 속해 있다. 결과적으로 우리는 하늘에 있는 것이나 땅에 있는 모든 것을 그리스도의 권세 아래 두시는 하나님의 구원 목적이 성취될 것을 기다리며 살 수 있다.엡1:10 최종 승리의 날과 시는 아버지 이외에 아무도 모른다.마24:36 그러나 아무 일도 하지 않으면서 살아가는 것이 아니다. 우리는 예수 그리스도에 대한 신실한 믿음을 가지고 복음에 따라 살고 또한 복음을 전파해야 한다.

인간 역사의 마지막이 임박했다는 징조들이 있다. 우리는 악의 세력들이 하나님과 그의 기름부음 받은 자에 대항한 최후의 반발을 위하여 모이고 있다는 느낌을 감출 수 없다. 그러나 그리스도께서 죽음에서 부활하셨기에, 우리는 복음이야말로 미래를 가지고 있는 유일한 소망이라고 믿는다. 예수 그리스도께서는 "내가 진실로 속히 오리라"고 말씀하고 계신다. 우리의 대답은 이것이다. "아멘 주 예수여 오시옵소서!"계22:20

이 세상에 복음을 선포하는 일은
모든 교회가 서로 연합하지 않고는 불가능하다.
그런데 이와 같은 연합은 모든 교회가 동등한 입장에서
서로 관심을 가지고 서로를 도와주며
자신들이 소유한 자원을 서로 나누어가질 때 가능하다.

제2차 세계대전 이후, 기독교가 제3세계에서 급속도로 확장된 현상은 매우 인상적이다. 역사상, 지난 몇 십 년 동안 기독교가 성장한 것처럼 광범위하고도 급속도로 확산된 종교는 없었다. 에밀 부르너Emil Brunner가 지적한 대로, 불이 태우려고 존재하는 것처럼 교회가 복음 전파를 위해 존재하는 것이라면, 더는 '보내는 교회'와 '받는 교회' 사이의 구분은 필요 없게 되었다. 스티븐 닐Stephen Neill이 말한 대로 "다양한 선교활동의 시대는 끝났다. 본래적 의미의 선교의 시대가 시작되었다."179)

교회성장에 관한 통계자료를 살펴보면, 20세기의 마지막 15년 동안 교회의 모습은 대단히 활기가 넘쳤다. 교회의 양적 성장을 말씀 전파 사역의 가장 주된 목표로 여기는 단체들은, 이런 자료들을 선전용으로 종종 사용해 왔다. 그러나 좀 더 균형 잡힌 실상을 파악하려면, 수적 성장이 오히려 교회에 악영향을 끼치고 있는 현실과, 세계의 몇몇 지역에서 나타나고 있는 기독교의 부정적 측면을 함께 다루어야 한다. 이와 같은 관점에서 오늘날 교회가 직면한 가장 큰 도전은 선교의 온전함에 대한 도전이다.

복음전도와 제자도

제2차 세계대전 이후, 교회의 이러한 수적 성장은 특히 정령숭배 사상에 젖어 있는 사람들과 도시의 빈민 계층에서 두드러졌다는 사실을 간과해서는 안 될 것이다. 이런 점에서 세계 도처에서 일어나는 종교부흥 현상을 어떻게 이해할 것인가? 교회의 수적 성장이 그와 같은 현상의 일부에 불과하다는 의심을 어떻게 버릴 수 있겠는가? 서구사회에서 아시아 종교들과 신비 종교들이 번성하는 것과 아프리카의 일부 지역과 말레이시아 및 파키스탄에서 이슬람교의 부흥, 태국, 베트남, 캄보디아, 버마 및 스리랑카에서 불교의 부흥, 인도에서 힌두교의 부흥, 일본에서 신도이즘의 부흥, 브라질의 영혼숭배 및 일본의 국제창가학회Sokka Gakkai International가 세력을 얻어가는 현상들은 민중운동의 출현과 무관하지 않다.

지나치게 낙관적인 몇몇 북미 선교전략가는 민중운동에 편승한 이와 같은 기독교의 성장을 교회성장 이론의 근거로 삼는다. 전세계가 서구 기술문명의 영향 아래 하나로 통합되어 가는 이 시점에서 종교가 광범위하게 급성장하는 현상은, 인간 존재 안에는 현대 기술문명이 채울 수 없는 '형이상학적 공간'이 존재함을 보여준다. 제3세계에서 놀라운 속도로 성장하는 다른 종교운동과 마찬가지로 기독교의 대중운동도 서구문명에 대한 반동현상인 것처럼 보인다.

오늘날 이처럼 놀라운 교회의 성장 현상이 진정한 기독교의 성장이 아닌 다른 종교의 부활현상과 비슷한 것이라고 본다면, 이러한 현상을 교회의 삶과 사명을 향한 하나님의 목적에 비추어 재평가해야만 한다. 양적으로 성장하는 교회가 복음을 있는 그대로 전달하는지 알아보고자 성장의 실체가 무엇인지에 대해서 질문을 던져야 할 필요가 있다. 그때 비로소 우리는, 제3세계 교회의 양적 성장은 긍정적 측면뿐만 아니라 교회에 심각한 도전을 던지는 문제를 안고 있음을 분명하게 알 수 있다. 제3세계 교회의 양적 성장을 통해 우리는 다음의 세 가지를 고려할 수 있다.

첫째로, 높은 성장률을 보이는 대중운동들 가운데 어떤 것은 '세례 받은 이방종교'에 지나지 않을 수도 있다. 16세기의 로마 가톨릭 교회는 대중운동을 통하여 라틴아메리카 대륙 전체를 기독교화하려고 시도하였다. 그와 같은 모험의 결과는 로마 가톨릭에 속한 사람들에 의하여 오늘날 새롭게 평가되고 있다. 자신이 그와 같은 전통에 속해 있다고 밝힌 어느 작가가 말하기를 "실제로 라틴아메리카는 세례는 받았으나 복음화되지 않은 사람들로 채워져 있는 대륙이다"고 하였다.180)

기독교의 대중운동과 관련하여 이와 같은 문제가 오늘날에도 재발할 수 있는 가능성은 매우 높다. 제3세계에 있는 많은 사람에게 기독교는 현대화의 상징이 되어버렸음이 명백하다. 즉, 비기독교적 관점들이나 관습들이 아무런 제재도 받지 않고 기독교와 함께 공존한다는 것이다. 파푸아뉴기니 및 다른 지역에서 발견되는 소위 '화물숭배'cargo cults가 이와 같은 태도를 잘 설명해 준다. 그 지역에서는 하나님을 '더 높은 힘'을 가지신 분으로 여기며, 그분이 백인들을 통해 그들에게 많은 물건을 보냈다고 여긴다. 또한, 그들은 해변에 단을 세워놓고, 하나님께서 그들을 부자로 만들어 줄 것을 기원한다. 아프리카에서는 일부다처주의, 마녀, 부적, 물신숭배 등이 기독교신앙과 공존한다. 라틴아메리카에서도 어떤 지역에서는 기독교를 믿는다고 해서 반드시 영혼 숭배를 버려야 하는 것은 아니라고 여긴다. 따라서 혼합주의는 기독교대중운동에 수반되는 매우 심각한 위협이며, 사람들이 실제로 기독교를 영접한 것인가에 대해 의문을 제기하게 만든다. 아마도 급속한 교회성장과 관련하여 제기되는 가장 시급한 문제는, 삶 전체를 예수 그리스도의 주권 아래 두는 기독교의 제자도를 새롭게 강조하는 것이다.

두 번째로, 지난 몇 십 년 동안, 기독교가 놀라운 확장을 보였음에도, 아직도 많은 지역이 복음화되지 않고 있다는 사실이 지적되어야 할 것이다. 특별히 이슬람 국가들과 중국이 복음화되지 않고 있는데, 중국은 세계에서 인구가 가장 많으면서도 교회가 지하 세포조직을 통한 모임으로 유지되고 있을 뿐이다.181) (1975년 6월에 발효된 중국의 새 헌법은 종교의 자유를 허용하지만, 그것은 "종교를 믿지 않을 수 있는 자유 및 무신교를 전파할 수 있는 자유"로 정의되고 있다) 아시아 대륙에는 20억 이상의 인구가 살고 있지만, 그리스도인의 수는 아직도 1,500만 명을 넘지 못하고 있다. 이 사실은 타니카가 그의 저서 『아시아와 서구 지배』에서, 아시아를 기독교로 개종시키려는 노력은 완전히 실패했다고 주장하는 것을 입증하는 것처럼 보인다. 그러나 아시아가 가장 적게 복음화된 대륙이라 할지라도, 전세계의 그리스도인은 아직도 소수의 무리에 불과하다는 사실에는 변함이 없다.

마지막으로, 우리는 현대 선교운동의 최초 근거지가 되었던 유럽이 새로운 선교 대상 지역이 되었다는 사실을 잊어서는 안 된다. 스티븐 닐은 전세계의 기독교가 처한 상황과 전망을 평가한 글에서 다음과 같이 말한다. "우리가 유럽을 바라볼 때, 매우 심각하게 염려하지 않을 수 없다. 종교와 문화를 종합했던 옛 유럽에서 인간 정신이 고갈되어 가고 있다. 그 결과로 인간들은 종교를 가져야 되는 이유를 찾지 못하며, 더 나아가 오감으로 파악할 수 없는 초월세계에 대해서는 어떠한 관심도 가지지 않게 되었다."182) 따라서 오늘날 복음전도와 제자도는 전세계에 흩어져 있는 교회가 서구문명의 세속적 경향에 대항하여 시급히 재정립해야 할 문제다. 세계의 몇몇 지역에서는 교회가 놀랍도록 성장하였다 할지라도, 그것은 현대 물질주의의 확산과 비교할 때 실로 미미한 것에 지나지 않는다.183) 오늘날 교회에 가장 절박하게 필요한 것은 복음의 능력을 새롭게 신뢰하는 것이다. 즉, 이 세상은 서구 기술문명에 의하여 출현하게 된 소비 사회의 신들에게 지배당하고 있으며, 복음은 이러한 세상에서의 해방을 선포하는 것이다. 예수 그리스도의 복음과 복음의 능력 외에 교회가 인류에게 더 크게 공헌할 일은 없다.

어떤 선교사들은 도시 사역을 무시한 채 정글 속에 사는 작은 부락들에 관심을 기울이기도 한다.184) 데이빗 셰파드David Sheppard가 말한 것처럼, "도시 선교는 현대 선교사역에 있어서 가장 중요한 사역 중에 하나다. 만일 우리가 도시 선교에서 실패하거나 도시와 도시가 미치는 영향들을 무시한다면, 그 밖의 다른 지역에서 본래의 모습대로 전파할 수 있는 복음이란 없다."185) 셰파드의 말은 영국에서뿐만 아니라 아시아, 라틴아메리카, 아프리카 등지에도 해당되는 말이다. '도시 폭발' 현상은 전세계적 현상이며, 따라서 도시 선교는 어디서나 최우선적으로 이루어져야 한다.186) 복음은 삶 전체를 변화시키는 능력을 지니는 것으로서, 어느 지역보다도 도시에서 절박하게 필요하다. 왜냐하면, 모든 인간을 비인간화시킬 수 있는 세력을 갖춘 곳이 바로 도시이기 때문이다. 점차 도시화되는 세계 속에서 도시는 복음전도와 제자도와 관련하여 교회가 오늘날 직면한 도전의 상징이 되었음은 의심의 여지가 없다.

교회간의 동반자 관계 및 연합의 실현

1947년 휘트비에서 열린 국제선교회의 확대회의에서는, 오래된 교회와 젊은 교회 사이의 구분을 없애는 문제와 전세계를 향한 교회의 책임을 확인하는 문제를 논의하였다. 또한, 선교사들은 자국 내에서 목회하는 사람들과 같은 수준의 책임을 가지고 전세계 교회를 위하여 사역하는 사람들임을 강조하였는데, 그것은 선교사역에 대한 견해에 있어 커다란 전환점이 되었다.

오늘날 보이드A. J. Boyd의 다음과 같은 주장에 이의를 제기할 사람은 많지 않을 것이다. 즉 "오래된 교회와 젊은 교회 사이의 관계는 더 이상 후원하는 교회와 후원을 받는 교회, 보내는 교회와 받는 교회의 관계가 아니라, 계약적 의미에서뿐만 아니라 하나님께서 정해 놓으신 관계 속에서 서로 동역자로 생각해야 한다. 그들은 모두 하나님의 뜻에 의하여 하나님의 뜻을 실천하기 위한 목적으로 세워졌기 때문에 하나님을 향한 순종 안에서 동역자다."187) 그러나 사실상 모든 교회가 하나님을 향한 순종 가운데 동역자 관계를 회복하여야 한다는 휘트비 선언은 그것이 처음 발표되었을 때와 마찬가지로 오늘날도 유효하다. 그 내용들 가운데 많은 부분이 실천되지 않고 있다. 2차 세계 대전 후, 북아메리카 개신교 전도단의 수적 성장을 보라. 그들은 거의 북아메리카의 인원, 리더십, 재정을 전적으로 의존한다. 188) 그리고 그들은 세계 곳곳에 '해외 선교'와 '지역 교회'를 끊임없이 분리시켰다. 기독교 선교의 리더십이 서구의 전략가와 전문가의 손에 달려있다고 추측되는 선교 사역의 정책과 패턴이 퍼져있는 것을 보라. 세계 선교를 위한 훈련센터가 대부분 서구에 본부를 두며, 제3세계 연구진의 참여가 전혀 없는 현상은 어떠한가? 종종 서구의 오래 된 교회 혹은 선교본부가 젊은 교회그것이 자립 교회이든 아니든 상관없이와 맺는 일방적 관계를 보라. 이와 같은 상황이 지속하는 한 동역자 관계란 신화에 지나지 않게 된다.

선교 사역의 많은 일들이 여전히 정치·경제적으로 힘을 가진 사람들에 의해 행해지고 있으며, 서구문화와 민중이 더 우수하다는 전제 하에서 전 개되고 있다. 제3세계의 많은 교회와 교회 기관 및 기독교 운동은 여전히 '식민지' 상황 속에서, 즉 외국의 인적 자원에 의존하며, 외국의 간섭을 받는 상태에서 이루어지고 있다. 개발도상국의 교회들은, 실제적으로 독립 교회로 성장하는 방향으로 상당한 진전이 있었음에도, 겉으로는 많은 변화가 있는 것 같지만 경제나 문화의 종속에서 벗어나지 못하고 있다. 어떤 때는 젊은 교회들 가운데 많은 교회가 식민지 사고방식에서 벗어나지 못하고 있다. 아프리카에 사는 어떤 사람이 아프리카의 교회에 대하여 다음과 같은 말을 한 적이 있다. "아프리카 교회는 선교에 대단히 깊은 관심을 가지고 있다. 그러나 선교사를 받아들이고 그들에게 의존하는 차원에서 그렇다." 서구의 선교운동은 동역 관계의 중요성을 인식하는 데 너무나 깨어 있지 못했으며, 그 결과 젊은 교회들 안에 쉽게 변하기 힘든 의존적 태도를 심어놓았다. 제3세계에서 서구 선교사들이 물러간 다음에도 기독교는 일반 대중들에게 여전히 서구의 종교로 인식되며, 일반적으로 기독교의 말씀은 백인들의 사상으로 간주된다.

탈식민지적 상황에서조차 서구 선교협회들이 동역자적 관계설정에 전혀 성의를 보이지 않은 것을 염두에 둘 때, 1973년 1월 방콕에서 열린 WCC총회에서 세계선교 및 복음화 위원회에 의하여 발표된 "활동 중지를 위한 요청"이 만들어진 것은 충분히 이해할 만하다. 그 성명서는 선교본부들로 하여금 당분간 "특정 상황에서의 선교전략의 일환으로" 특정 교회들에 대해 인원과 자금을 보내는 일을 중단하도록 권장하였다. 그 성명서가 나온 이후에 대단히 열띤 논쟁이 벌어졌다. 아프리카 교회협의회는 1973년 5월 루카사에서 열린 회의에서 그 활동 중지 요청안을 받아들였고, 다음과 같이 언급하였다. "만일 그와 같은 활동 중지 요청으로 말미암아 선교단체들이 문을 닫게 된다면, 아프리카 교회가 북반구에 사는 하나님의 백성을 왜곡된 선교관에서 구출해 내는 일에 일조한 셈이 될 것이다."

다른 한편으로, 1974년 로잔에서 열린 세계 복음화 국제대회는 "자국 교회가 자립하여 성장하는 것을 도와주고, 복음화되지 않은 지역들을 위해 선교자원들을 활용하고자 외국 선교사들의 감축이 때로는 필요할 수도 있다"는 점을 인정하였다. 로잔회의에서는 제3세계 연사들이 나와 많은 현안 문제를 제기하였는데, 그 대회가 끝난 이후 가장 전통적 선교 단체들조차 더는 선교에 있어서 세계 교회의 동역자 관계 설정이라는 문제를 회피할 수 없음이 분명해졌다. "새로운 선교시대가 도래하였다"는 견해와 "교회간의 동역자 관계가 점차 성장할 것이며 교회가 가지는 보편적 특성이 더욱 명확하게 나타날 것이다"는 로잔언약의 확신이 서서히 뿌리를 내리고 있다.

서구 식민주의의 종식은 교회로 하여금 교회의 말씀 전파 사역을 진정한 각도에서 이해하도록 만들어 주었다. 이제 더는 제3세계의 민중이 기독교가 서구 정치·경제·문화적 세력과 연계되어 있다는 이유로 기독교를 받아들일 것이라고 가정할 수 없게 되었다. 반대로 많은 사람이 그와 같은 연계가 복음 전파 사역에 오히려 방해가 된다는 것을 발견하고 있다. 결과적으로 기독교의 말씀 전파 사역은 약자의 입장에서 시작하지 않을 수 없게 되었다. 따라서 복음이 서구의 이데올로기로서가 아니라 예수 그리스도를 중심으로 하는 메시지로 제시될 수 있는 새로운 가능성이 만들어진 것이다. 복음 전파 사역이 유럽과 북미교회의 독점에서 벗어남에 따라, 복음 전파 사역은 예수 그리스도께서 전 우주와 모든 민족의 구세주 되신다는 사실을 선포하려는 열정에 의해 추진되는 것으로 인식하게 되었다.

보편적 복음은 보편적 교회를 요구하는데, 그와 같은 교회 안에서는 모든 그리스도인이 그리스도의 몸의 동등한 지체로서 전세계에 복음을 전파하는 일에 효율적으로 동참할 수 있게 된다. 복음 전파 사역에 있어서 동역자 관계를 만드는 것은 실제적 차원에서 편리를 도모하기 위한 것이라기보다는 교회와 인류 전체를 위하여 그리스도 안에서 계시된 하나님의 목적을 따르는 결과로 나타나는 것이다. 만일 그리스도인이 복음 전파 사역에서 동역자로서 협력하지 못한다면, 그들은 그들이 복음 안에서 선포되는 새로운 현실을 구체적으로 보여주는 데 실패하게 된다. 우리는 하나의 세계, 하나의 교회, 하나의 복음을 가지고 있기 때문에 그리스도인의 복음 전파 사역은 동역자 관계에서 이루어질 수밖에 없는 것이다. 예수님께서는 자신을 따르는 자들이 하나가 되게 함으로써 세상으로 하여금 그리스도를 믿도록 기도하셨는데, 이 기도는 초국가적 기독교 공동체가 형성되어 현대 기술문명으로 통합된 세계에 예수 그리스도를 전함으로써 성취되어야 한다. 복음 전파 사역은 교회의 연합 없이는 불가능하며, 그와 같은 교회의 연합은 단순한 구두상의 연합 이상의 문제다. 그것은 기뻐하는 자들과 함께 기뻐하고, 슬퍼하는 자들과 함께 슬퍼할 수 있는 마음과 관계있는 것이다. 그것은 또한 틸리히가 말한 "듣고, 주고, 또한 용서함"과 관련 있는 것이다.

저개발국가의 대다수 그리스도인은 기본적 필요조차 충족시킬 수 없는 상황에 처해있는 데 반해, 특히 서구교회의 그리스도인은 화려한 생활을 즐기고 있다면 어떻게 모든 그리스도인이 복음 전파 사역에서 하나가 될 수 있겠는가? 제3세계의 빈곤은 서구사회 사람들의 삶의 방식에 의문을 던지게 만든다. 결론적으로 말하면, 이에 대한 적절한 해결책은 검소한 삶의 방식을 채택하고 청지기 개념에 기초하여 전세계의 그리스도인이 경제적 관계를 혁명적으로 재구축하는 일이다. 로날드 사이더Ronald Sider가 지적한 대로 "만일 북미나 유럽의 그리스도인 가운데 일부만이라도 성경의 원리에 따라 세계에 흩어져 있는 하나님의 백성과 경제적인 짐을 나눈다면, 이 세상은 엄청난 놀라움에 빠질 것이다."189) 부유한 그리스도인이 '복음적 빈곤', 즉 부유하시나 우리를 위하여 가난하게 되신 우리 주 예수 그리스도의 은혜로 말미암아 주어지는 가난에 대하여 심각하게 생각해야 할 때가 되었다.고후8:9

공동체의 삶은 어느 한 쪽은 항상 주기만 하고 다른 한 쪽은 항상 받기만 하는 것으로 이해되어서는 안 된다. 공동체적 삶은 모든 그리스도인이 자기가 가지고 있는 것을 서로 기꺼이 나누려는 모습으로 이해되어야 하며, 서로 나누는 것이 어떤 사람에게는 유익이 되고 다른 사람에게는 짐이 되는 식이 아니라, 풍성하게 소유한 자들이 그렇지 못한 자들의 필요를 공급함으로써 서로 간에 평균케 하기고후8:12,13 위한 것임을 이해하여야 할 것이다. 가난한 교회와 부자 교회 사이에 서로 주고받는 것은 서로간의 건강과 관계 유지를 위해서는 필수 요소다. 데이빗 아울렛타David Auletta가 말한 것처럼 "모든 교회는 어떠한 측면에서 가난하다. 그들 모두는 복음 전파 사역에 참가하고 있으며, 복음 전파 사역에 책임이 있다. 그들 모두는 서로에 대한 관심을 가져야 하며 서로를 도와야 하며 또한 그들이 갖고 있는 자원을 서로 나누어야 한다. 모든 교회가 주기도 하며 받기도 해야 한다."190)

교회 사이에 복음을 기초로 한 성숙한 관계가 형성되지 않는다면, 서로 주고받는 행위는 있을 수가 없다. 만일, 하나님의 교회가 복음에 기초한 공통의 가치를 공유하지 못할 때, 그것은 조만간 일방적 지원관계 또는 의존관계로 되돌아갈 것이다. 일방적 지원관계를 바꿀 수 있는 방법은 독립적인 교회가 되는 것이 아니라, 상호 의존관계를 설정하는 것이다. 상호의존관계는 그리스도 안에서의 연합과 그리스도의 몸된 지체들이 살아가는 상황에 대한 깊은 이해에서 온다. 만일 그리스도인이 이와 같은 상호 의존 관계를 심각하게 받아들인다면, 그런 자신들이 공통의 생명, 즉 부활 생명을 공유하고 있음을 깨달아야 하며, 더 나아가 다른 문화권에 사는 사람들을 다른 각도로 볼 수 있도록 만들어 주는 대화의 통로들을 창출하여야 할 것이다.

이처럼 교회들 가운데 주고받는 관계를 키워나가기 위해서는 다양한 나라의 그리스도인이 다른 지역의 그리스도인에게 그들 자신의 필요와 고민들을 알려주는 것은 대단히 중요한 의미를 가진다. 서구교회들이 다른 지역의 교회에 대해 알고 있는 지식은, 선교사들의 보고서에 의존하는 경우가 많다. 제3세계 교회들이 서구교회들의 상황에 대해 알게 되는 유일한 출처도 선교사들이다. 이제는 서구교회와 제3세계 교회 사이의 간격을 좁히는 방법을 찾아내야 할 때가 되었다. 이와 같은 목적을 위하여 이미 유용한 실험들이 시도되었으나, 정치·경제·사회·문화적 장벽을 넘어서서 교회 간의 연합의 틀을 만들어 내고 또한 교회 상호간에 받은 은사들을 공유하는 것을 촉진시키기 위하여 더 많은 노력을 기울일 필요가 있다.

이와 같은 목표와 관련하여 서구사회의 젊은이들로 하여금 얼마 동안만이라도 어려움을 겪는 나라에 직접 가서 살도록 하는 것은 대단히 중요하다. 아마도 젊은 세대들에게 현대사회의 불평등과 세계교회의 동역자 관계를 회복해야 하는 긴박성을 일깨우려면, 가장 해택 받지 못한 지역으로 가서 살아보도록 하는 것보다 더 귀중한 방법은 없을 것이다. 북미의 한 철학 교수가, 라틴아메리카에서 목격한 문제에 대해서 그리스도인이 무엇을 할 수 있을까 하는 질문을 던진 젊은이에게 다음과 같이 답변할 수밖에 없었다는 것은 그리 놀라운 일이 아니다.

아마도 젊은이가 할 수 있는 최선의 일은 그곳에 직접 가는 일뿐이다. 가서 그들에게 무엇인가를 가르치는 것이 아니라, 그들과 함께 생활하면서 그들 자신이 무슨 일을 해야 할 것인가를 그들에게 직접 배운 후에 그들이 그 일을 직접 수행할 수 있도록 도와주는 것이다. 그 일은 돈을 벌기 위해서가 아니라, 단지 거처와 물 그리고 약간의 곡식을 위해서 할 일이다. 만일 그 후에도 여력이 있다면, 그들의 고민을 듣고 위로하고 격려하며 세워주고 또한 사랑하는 것이다. 이것을 기초로 참된 평화는 예수 그리스도에게서만 올 수 있음을 고백하는 것이다."191)

20여 년 전, 막스 워렌Max Warren은 "아직은 동역자 관계가 이루어질 만한 시대가 도래하지 않았다"고 하였다.192) 오늘날의 문제는 동역자 관계의 설정이 또 다시 20여 년 동안 하나의 개념으로 남아있을 것인가 아니면 교회가 지금 복음을 위하여 실천에 옮길 것인가 하는 것이다.

성장과 정의의 문제

1974년 UN의 보고에 따르면 전세계에서 4억 6,000만의 인구가 만성적 기아에 허덕이고 있다. UN의 식량 및 농업기구의 추산에 따르면, 기아의 정의를 충분한 단백질을 섭취하지 못하고 그들이 가지고 있는 능력을 마음껏 발휘할 힘이 없는 사람들을 포함하는 것으로 확대시킨다면, 전세계에서 기아에 시달리는 사람의 수는 10억 내지 20억 사이가 될 것이다.

기아 위기는 가난한 국가에서 식량 생산이 1퍼센트 감소하게 된 1971년 이후 훨씬 더 악화되었다. 다른 한편, 1970년대에 부유한 나라들특별히 미국, 캐나다, 유럽의 여러 나라, 소련 및 일본은 전례 없는 수준으로 소비율의 증가를 가져온 '부의 폭발'을 누렸다. 만일 기아 위기가 우리에게 가르쳐 준 사실이 있다면, 그것은 부자 국가의 태도와 가치들이 급진적으로 변화되지 않는 한 기아문제를 해결하는 데 부자 국가의 기여를 기대할 수 없다는 사실이다. 1974년의 침례교 총회에서 상원위원 마크 하트휠드Mark Hatfield가 말할 것처럼, "미국 시민으로서 우리는 더는 우리나라의 잉여생산물이 전세계의 기아 현상을 해결할 수 있다고 가정해서는 안 된다. 우리나라의 잉여생산물만으로는 충분하지 않다. 오히려 기아문제는 부유한 나라가 그들의 양도할 수 없는 소유라고 생각하는 자원들을 함께 나눔으로써만 해결할 수 있는데, 그와 같은 나눔은 부자 국가가 이제까지 한 번도 이의를 제기 한 적 없는 가치의 변화 또는 식사 습관의 변화를 포함하는 것이다."193)

제3세계의 도전은 부유한 국가에 대한 도전이다. 즉, 그들의 가치와 이상, 야망과 기준, 철학과 삶의 방식에 대한 도전이다. 그와 같은 도전은 단순한 자선행위나 원조계획 등을 통해서 해결할 수 없다. 그것은 부의 재분배를 통해서만 얻어질 수 있다. 아시아, 아프리카 및 라틴아메리카는 농업 생산물을 선진국의 산업 생산품과 바꾸는 것을 기본정책으로 삼는데, 이것은 18세기와 19세기 사이에 유럽에 의하여 그들에게 강요된 제도로서, 이제는 스스로 좁힐 수 없는 구조가 되어버렸다. 이와 같은 상황에서 탈출구는 부유한 나라가 경제 성장을 목적 그 자체로 보지 않을 때 가능하다. 또한 경제적 삶은 인간적 연합, 청지기 사상과 책임이라는 맥락 속에서만 의미를 가진다는 사실을 깨닫게 될 때에만 가능하다.

그와 같은 변화는 전세계 교회가 '회개와 자제'의 길을 기꺼이 따르려고 할 때에야 가능하다. 알렉산더 솔제니친Aleksandr Solzhenitsyn이 『회개와 자제』라는 제목으로 쓴 에세이에서 웅변적으로 주장한 것과 같이194) 회개 없이 세계가 살아남을 것인지에 대해서는 의심스럽다. 그가 러시아를 향하여 멸망하지 않고 전세계를 멸망의 상황으로 몰고 가지 않으려면195) 회개해야 한다고 외치는 것은 전세계 어느 다른 나라보다도 미국에 적용되는 말이다. 또한, 현명한 자제를 통하여 스스로 한계를 설정하라는 그의 요구도 마찬가지다. 그는 다음과 같이 말한다. "그와 같은 변화는 서구의 자유경제체제 하에서는 쉽지 않을 것이다. 그것은 우리가 갖고 있는 사상들과 목표들 전부를 무너뜨리고 전면적으로 재건하는 일이다. 우리는 방해받지 않는 성장에서 안정된 경제로 옮겨가지 않으면 안 된다. 즉, 영토 확장 및 성장 속도 등과 관련하여서는 제로 성장을 하고 단지 점점 더 개발되는 기술을 통한 발전만을 추구하는 것이다."196)

진정한 회개는 행동으로 표현되어야 하며, 오늘날 부유한 국가의 교회들에게 요청되는 행동은 외적 성장보다는 내적 성장에 우선권을 두는 것이다. 그와 같은 일이 있을 때만이 비로소 서구교회는 '침략적 원조'라는 함정에 빠지지 않고 저개발국가의 문제들을 창조적으로 해결하는 데 기여할 수 있을 것이다. 제3세계에 필요한 성장은 부유한 서구의 모델을 좇아가는 것이 아니다. 즉, 마치 성장이란 소비 사회를 형성하는 것인 양 강요해서는 안 된다.

오늘날 서구사회가 길들여져 있는 것과 같은 소비 수준에서 전세계 시장 수요를 충족시키려는 것은 어리석은 짓이다. 더 나아가 경제성장에 치중하면서도 인류와 인간 삶의 궁극적 의미에 대해 관심을 기울이지 않는 성장은 참된 성장이라고 말할 수 없다. 기독교의 복음 전파 사역은 전인격의 성장 또는 전민족의 성장에 관심을 갖는다. 따라서 기독교 선교는 새로운 삶의 방식의 창출, 즉 새로운 생산방식과 새로운 소비 형태에 기초를 둔 "영원히 지속될 삶의 방식"을 포함한다.197) 또한, 기독교 선교활동은 인류에 봉사하고 자연을 존중히 여기는 새로운 기술 창출을 포함한다. 어네스토 사바토Ernesto Sabato의 말에 귀를 기울여야 할 때가 도래하였다. "기술과 과학의 인간적 의미를 재발견하고 그것들의 한계를 설정하며, 또한 그것들을 신봉하는 현대적 종교를 마감해야 할 필요가 있을 것이다."198)

오늘날 성장과 관련하여 교회가 직면한 문제는 정의의 토대위에 인간적인 성장을 이루는 것이다. 그것이 빈부의 격차가 심한 상황 속에서 복음 전파 사역이 취해야 하는 태도다. 서구의 부유한 사회 속에서 만들어진 선교의 모델은 이와 같은 불의의 상황들을 눈감아 주고 토착 교회로 하여금 영원한 의존 상태에 머물러 있도록 만들 뿐이다. 따라서 결국 그와 같은 모델들은 진정한 복음 전파 사역에 해로운 것이다. 서구 그리스도인뿐만 아니라 저개발국가들의 그리스도인 모두에게 던져지는 도전은 선지자적 삶의 방식을 중심으로 하는 선교 모델, 즉 온 인류의 주인으로서 예수 그리스도, 교회의 보편성 및 이 세상의 모든 인류의 상호 의존성을 강조하는 선교의 모델들을 창조해 내는 일이다.

제8장 · **그리스도 안에서의 통일**

그리스도인아 되려면
서구신학과 서구의 종교행위와 서구의 기독교 문화를
수용해야 한다는 가르침은 비인간적이며 비윤리적 처사다.
그럼에도, 우리는 서구 선교사들이 전파한
기독교를 부정하면 마치 예수 그리스도를 불신하는
처사인 줄 아는 사람들이 의외로 많다.

신약성경은 하나님의 백성이 하나되었음을 가르치는데 그 하나됨은 외형적 차이들을 모두 초월하는 하나됨이다. 즉, 이 하나됨의 사상은 예수 그리스도께서 이 세상에 오심으로 말미암아 인간과 인간 사이를 가로막고 있던 모든 장벽이 무너졌으며, 교회 안에서 또는 교회를 통하여 새로운 인간이 형성되고 있다는 사상이다. 예수 그리스도 안에 계시된 하나님의 목적은 인류 전체의 하나됨을 포함하며, 그 하나됨은 교회 안에서 가시적으로 나타나는 하나됨이다.

본 장의 첫 번째 부분에서는, 그리스도 안에서 만물을 통일하시는 하나님의 의도를 나타내는 교회의 하나됨에 관한 신약성경의 가르침을 살펴볼 것이며, 두 번째 부분에서는 이러한 하나님의 의도가 사도시대 때에 역사적으로 어떻게 전개되었는지를 살펴볼 것이다. 마지막으로 도날드 맥개브란Donald McGavran의 "균등한 상태로 연합하는 원리"이 원리에 따르면, 인간은 인종과 언어 및 계층의 장벽을 건너뛰지 않고 그리스도인이 되기를 원한다. 199)를 앞부분의 분석에 비추어 평가하려고 한다.

예수 그리스도 안에서 하나됨의 목적

　성경은 인간이 한 개인으로 고립된 것이 아니라 다른 사람과 관계를 맺으면서 살아야 하는 존재임을 가르친다. 그리고 그 가르침의 대부분에는 인간들의 연대라는 심리적 개념으로 물들어 있다. 이것을 휠러 로빈슨H. Wheeler Robinson은 '집단적 인간'이라고 묘사하였다. 마찬가지로 신약성경에서 언급하는 교회는, 예수 그리스도 안에서 창조된 것이며, 아담에 의하여 대표되는 옛사람과 반대되는 것으로 묘사된다. 아담 안에서 하나된 인류는 죄와 죽음 아래 놓여 있으며, 하나님의 심판 아래 있다. 그러나 죄가 넘치는 곳에 은혜는 더욱 풍성하게 주어진다. 그러므로 아담 안에 있는 인류는 하나님께서 죄인들을 의롭다고 하신 그리스도의 세계와 분리하여 생각할 수 없다. 첫 번째 아담을 통하여 인류에게 죽음이 주어졌으나 마지막 아담을 통하여 생명의 빛이 이 세상으로 들어왔다.롬5:12~21 첫 번째 아담을 통하여 죽음의 왕국이 인간 역사 속에 세워지게 됨으로써 인류 전체는 하나님과의 교제를 상실하고 그의 심판 아래 놓인 무의미한 존재로 떨어졌다. 그러나 마지막 아담을 통하여 타락의 결과들이 용서되고 인류를 향하신 하나님의 본래 목적이 성취되는 새로운 인간이 창조되었다.

　에베소서는 예수 그리스도를 통하여 창조된 새사람에 대해 많은 통찰을 제공해 준다. 에베소서는 찬송으로 시작되고 있는데엡1:3~14 그 찬송에서는 교회 안에서 유대인과 이방인의 연합이 언급된다. 교회 안에서의 연합은 그리스도를 머리로 하는 새로운 질서의 창조를 포함하는 하나님의 영원한 목적을 반영하는 것이다. 사도 바울은 하나님께서 온 우주가 그리스도 안에서 요약되도록 예정하셨으며 조화를 이루도록 하셨다고 기록하고 있다. 이러한 조화를 통하여 "모든 부분이 그리스도 안에서 중심을 발견하고 연합의 고리를 발견하게 될 것이다."200) 그와 같은 맥락에서 유대인과 이방인의 연합은엡1:13,14 하나님께서 "때가 찼을 때에"10절 이루어지도록 예정하신 것이 성취된 것으로 이해할 수 있다.

유대인이나 이방인 모두 믿음으로 말미암아 성령의 인치심을 받을 수 있게 되었다. 이전 시대에 아브라함의 언약에 참여하는 표시로서 주어진 할례는 새 질서 안에서는 더는 필요 없게 되었다. 그것은 단순한 외적인 표시일 뿐이며 "손으로 하지 아니한 할례"골2:11에 의하여 대치되었다. 그리스도께서 오심으로 말미암아 "할례나 무할례나 아무것도 아니요 오직 새 창조뿐이다."갈6:15; 5:6 하나님께서는 새사람을 창조하셨는데 그 안에서는 유대인과 이방인의 구분이 무너졌다.엡2:11~22 서로 적대감을 가지고 있던 두 집단을 하나님께서 하나로 만드셨다. 두 원수들이 한 몸 안에서 화해되었다.16절 예수 그리스도께서는 자신의 죽음을 통하여 유대인과 이방인 사이를 가로 막고 있던 벽을 허무셨다. 이제는 유대인이나 이방인이나 하나님 앞에서 동등한 자들로서 도시, 가족 또는 건물로 묘사되는 새로운 교제의 지체들이 되었다.19, 20절 따라서 에베소서 1장에서는, 하나됨이란 전 우주를 향하신 하나님의 뜻으로서, 예수 그리스도의 사역에 기초하여 하나님과 화해되고 서로 간에 화해를 이룬 공동체 안에서 역사적이며 가시적으로 나타나게 되었다고 말한다.

더 나아가 사도 바울은, 에베소서 3장에서 예수 그리스도 안에서 하나됨이라는 하나님의 목적이 자신에게 "계시로" 알려졌다고 주장한다.엡3:3 그는, 지금까지는 희미하게 알려졌으나 이제는 계시되어진 "비밀"을 받은 자다. 즉, 이 비밀은 예수 그리스도 안에서 이방 민족도 하나님의 은혜를 힘입어 "그 백성"과 함께 복음의 축복에 동참하는 자가 되었다는 것이다. 여기서 유대인과 이방인이 하나되는 것이 곧 복음이라고 언급한다. 이것은 교회가 완성되어질 때 나타나야 하는 결과라기보다는, 성경에 기초하여 사도가 선포한 메시지의 핵심이다.8, 9절 더 나아가 유대인과 이방인의 연합은 하늘에서 정사와 권세들에게 가르치기 위하여 펼쳐지는 하나님의 다양한 지혜를 나타내는 것으로 이해된다.10절

그리스도의 구원사역으로 말미암는 이와 같은 하나됨은 추상적인 하나됨이 아니라 그리스도 안에 있는 생명이 결정적 힘을 가지게 되는 새로운 공동체로 나타난다. 새로운 질서의 지체가 되는 것은 "택하신 족속이요 왕 같은 제사장들이요 거룩한 나라요 그의 소유된 백성"벧전2:9인 교회의 지체가 되는 것이다. 교회가 유대인과 이방인으로 구성되었음에도, 유대인과 헬라인은 함께 제3의 집단으로 언급된다.고전10:32 그 교회는 아브라함의 후손으로 언급되며 예수 그리스도를 믿는 믿음에 의해서 구성원이 될 수 있기 때문에 "유대인이나 헬라인이나 종이나 자유인이나 남자나 여자나 다 그리스도 예수 안에서 하나이니라."갈 3:28 그러므로 복음의 축복에 참여하려면 먼저 이방인들은 유대인이, 여자는 남자가, 종들은 자유자가 되어야 한다고 주장할 수는 없을 것이다. 이 구절이 뜻하는 것은 예수 그리스도 안에서 새로운 현실이 도래하였다는 것 이외의 다른 것이 아니다. 이 새로운 현실은 예수 그리스도를 믿는 믿음을 기초로 하여 나타나는 통일이며, 그 새로운 현실의 구성원이 되는 것은 인종이나 사회적 신분 혹은 성별과는 전혀 상관 없는 것이다. 그것은 단순한 '영적' 하나됨이 아니라 유대인과 이방인, 종과 자유자, 남자와 여자 모두가 그리스도 안에서 동등한 지체가 되는 구체적 공동체다. 이것이 본문이 가르치는 내용이다. 도날드 거스리Donald Guthrie가 해석한 대로, "바울은 희망 사항이 아니라 하나

의 사실을 설명하고 있다."201)

골로새서 3장 11절에서도 이와 유사한 내용이 기록되어 있는데, 여기서는 예수 그리스도 안에서 창조된 새사람에게는 옛사람에게 적용되는 그와 같은 구분들은 더는 적용되지 않는다고 말한다. "거기에는 헬라인이나 유대인이나 할례파나 무할례파나 야만인이나 스구디아인이나 종이나 자유인이 차별이 있을 수 없나니 오직 그리스도는 만유시요 만유 안에 계시니라" 유대인이나 이방인이나 믿는 자들은 누구나 "하나님의 이스라엘"갈 6:16에 속하기 때문에 인종은 아무런 의미가 없게 된다. "참된 할례"빌3:3는 내면적으로 유대인인 사람들과 관계있으며, 그것은 마음에 한 것으로서 신령에 있고 의문에 있지 아니한롬2:28, 29 것이기 때문에 종교적 배경도 전혀 문제 되지 않는다. 새사람 안에서는 종이 상전의 "사랑받는 형제"몬16절가 되기 때문에 사회적 신분도 더는 문제되지 않는다. 종들은 사람을 섬기는 자들이 아니라 하나님을 섬기도록 부름 받은 자들이다.골3:22 또한 자유자들은 하늘에 상전을 모시고 있는 자처럼 살아야 한다.골4:11 이와 같이 예수 그리스도 안에서 하나된 사람들에게 있어 중요한 사실은 "그리스도는 만유시며 만유 안에 계신다"는 사실이다. 한 몸으로 세례를 받은 사람들은고전12:13 이 세상에서 사람들을 구분 짓는 것들이 쓸모없게 되어버린 공동체의 동등한 지체들이다. "인간들은 인종이나 언어 혹은 계층의 장벽을 건너뛰지 않고 그리스도인이 되기를 원한다"는 말이 사실일지 모르지만, 이 공동체의 지체들에게 더는 적용되는 말은 아니다. 그리스도의 지체가 되는 것은 그리스도의 주권 아래 새사람 안으로 들어가는 것이다. 우리가 좋아하든 좋아하지 않든, 우리를 하나님과 화해시키는 구속 행위는 우리를 새로운 공동체 안으로 들어가게 하며, 인종, 문화, 사회적 계층 혹은 성별로써가 아니라 예수 그리스도를 믿는 믿음으로써 자신들의 신분을 발견하고 서로 화해하게 하는 것이다. "연합을 이루는 분은 예수 그리스도이시며 연합의 원리는 복음이다."[202]

하나님의 목적은 온 우주를 "그리스도 안에서 통일되게 하는 것"엡1:10이다. 그 목적은 아직 완성되지 않았다. 그러나 이미 종말에 대한 예고로서 예수 그리스도 안에서 새사람이 창조되었다. 또한 그리스도 안에서 새사람으로 들어온 사람들은, 옛사람을 입고 있을 때에 사람들을 나누던 모든 구분이 더는 의미 없어진 하나됨을 이룬다. 따라서 하나님께서 창조하셨던 최초의 하나됨이 회복되며, 그리스도 안에서 하나됨이라는 하나님의 목적이 역사 안에서 가시적으로 나타나게 되는 것이다.

교회의 하나됨과 사도들의 실천

신약성경 전체를 대강 검토해 보면, 앞에서 논의한 교회의 하나됨을 위하여 사도들이 어떻게 실천했는지 그 방법을 알 수 있다. 더 나아가 초대 교회가 이러한 목적에 따라 살려고 노력하는 과정에서 그들이 직면했던 여러 가지 어려움을 알 수 있다. 1세기에 유대인과 이방인, 종과 자유자, 또한 남자와 여자 사이를 구분하고 있던 벽을 허무는 것은 오늘날 흑인과 백인, 부자와 가난한 자, 혹은 남자와 여자를 구분하는 벽을 허무는 것만큼 쉬운 일이 아니었다. 그럼에도, 신약성경의 모든 증거는 사도들이 하나님의 목적이 교회를 통해 구체적 현실로 나타나도록 끊임없이 노력했음을 보여준다.

예수님의 모범

사도들은 모든 차이가 상대화되는 공동체는 어떠한 모습이어야 하는지를 특별히 고민할 필요가 없었다. 왜냐하면, 그들은 예수님께서 이루셨던 공동체를 모델로 삼을 수 있었기 때문이다. 예수님께서는 엄격한 구조를 통해 모든 것을 일치시키는 공동체를 이루시지는 않았다. 그러나 예수님께서는 구성원의 모든 차이를 극복할 수 있는 공동체, 즉 예수님 자신에 대한 헌신에 의하여 하나로 뭉쳐진 공동체를 창조하셨다. 열심당이라 불리는 시몬이눅6:15 세리들마태와 같이 로마 정부를 위하여 세금을 거두어들이는 임무를 띤 개인 사업가과 하나가 되었으며, 신분이 의심스러운 비천한 여인들눅7:36~39이 부유한 여인들과 하나가 되었다.눅8:1~3 여자는 "모든 면에 있어서 남자보다 가치가 적다"는 일반적 사회 통념에도 불구하고 예수님께서는 여자들을 남자들과 동등한 차원에서 영접하셨다.203)

예수님께서는 부활하시기 전에 자신의 사역 범위를 유대인에게로 국한하셨고, 그의 제자들에게도 사역 범위를 똑같이 설정하셨다. 그러나 요하킴 예레미아스가 증명한 대로, 예수님께서는 이방인도 이스라엘에게 주어진 계시에 참여하고 하나님의 백성이 될 것을 미리 예언하셨다.204) 따라서 예수님께서는 그의 제자들에게 온 민족에게 복음을 전할 것을 명령하셨다. 이방인이 하나님의 식탁에 손님으로 초대되고 영접되는 것은 이방인을 향한 말씀 전파 사역을 통해서였다.사25:6~8; 마8:11

예루살렘교회

오순절·맥추절을 지키고자 예루살렘에 올라온 수많은 순례자에게 복음이 선포되었다.행2:1~13 그 복음을 들은 사람들이 얼마나 다양한 민족으로 구성되었는지는 그들의 언어와 땅, 그리고 문화가 얼마나 다양했는지 6~11절를 보면 알 수 있다. 5절에 언급된 "경건한 사람들"이 하나님을 두려워하는 이방인이라기보다는 유대인을 지칭하는 것으로 보아야 한다면, 누가가 우리에게 강조하고자 하는 것은 "하늘 아래 모든 민족"이 그곳에 모였으며, 또한 하나님의 권능의 역사가 그 모든 사람이 태어난 지방의 방언으로 선포되었다는 사실이다. 오순절 사건은 복음이 땅 끝까지 선포되도록 하려고 언어의 장벽조차 기적적으로 무너지게 한 단 하나의 사건이다. 이 속에서 우리는 복음이 전세계로 전파이것은 사도행전 전체가 기록하고 있는 내용이다됨을 예견할 수 있다. 여기에서 강조하는 것은, "로마에서 온 방문자들 곧 유대인들과 유대교로 개종한 사람들"10절을 포함하여 천하 각국으로부터 온 사람들이2:5 함께 그리스도인이 되었다는 사실이다. 따라서 베드로는 오순절 사건성령의 은사을 "땅의 모든 족속이 너를 인하여 복을 얻을 것이니라"창12:3는 복음의 약속이 그 때 현장에 있었던 사람들뿐만 아니라 먼 데 있는 모든 사람과2:39 그들의 자손에게까지 확대된 것으로 이해하였다.

물론, 오순절 사건의 결과로 나타난 기독교 공동체는 주로 유대 그리스도인으로 구성되었다. 아직 이방을 향한 복음 전파 사역이 진행되기 이전이기 때문에 다른 구성원들은 있을 수 없었다. 그러나 그들이 자신들의 신분 확인을 그들의 유대인됨에서 찾은 것이라고 결론내리는 것은 큰 잘못이다. 그들의 하나됨의 기초가 되었던 것은 인종적 동질성이 아니라 오순절 사건이었다. 예루살렘교회가 그 구성원으로 "학문없는 범인들"행4:13과 제사장의 무리들,6:7 그뿐 아니라, 후에 바리새인들15:5; 11:2까지도 포함하였으며 도움을 필요로 하는 가난한 사람들과 부유한 외국 거류 단체의 구성원인 것처럼 보이는 부유한 지주들2:44,25; 4:32~37을 포함하였고,205) 또한 헬라파 유대인, 디아스포라 출신인 헬라어를 말하는 유대인들6:1이하 및 적어도 한 사람의 시리아 안디옥 출신 이방인을5절 포함하고 있었다는 사실은 오순절 성령 강림에 비추어서만 이해할 수 있는 것이었다.

누가의 기록에 따르면, 당시 교회의 기본 단위는 가정교회였음을 알 수 있다. 행2:46; 5:47; 12:12,17; 21:18 그러나 사도행전에는, 피터 와그너Peter Wagner가 주장한 견해, 즉 "예루살렘의 혼합교회는 사실상 각 부족 단위로 나뉘어져 구성되어 있었다"는 견해를206) 뒷받침해 주는 것은 아무것도 없

으며, 교육받은 자들과 교육받지 못한 자들, 부자들과 가난한 자들, 팔레
스타인 유대인과 디아스포라 유대인이 서로 다른 가정교회에 소속되어 있
었다는 사실을 암시해 주는 구절도 발견되지 않는다. 사실상 사도행전의
모든 증거들은 그 반대의 모습을 보여준다. 오순절 사건 이후 성장한 교회
에 관하여 누가가 강조하는 내용들 가운데 하나는, 모든 믿는 사람이 "다
함께"행2:44 있었으며, 그들은 모든 물건을 서로 통용하였으며2:44; 4:32 한
마음과 한 뜻을 가지고 있었다4:32는 것이다. 이런 점으로 보아 예루살렘
교회가 독자적 민족 단위로 조직되어 있었다는 주장은 설득력이 적은 것
이다.

사실상 예루살렘교회에서 발생한 문제는 그 구성원이 서로 다른 민족적
배경을 가지고 있었기 때문에 발생한 문제였다. 즉, 헬라파 유대인이 자신
의 과부들이 매일 구제 대상에서 빠진 것에 대해 히브리파 사람들에게 불
평한 것이다.행6:1 이 기록 이외에 예루살렘교회 안의 분열이라는 문제를
실제적으로 묘사하고 있는 기록은 발견되지 않는다. 현대의 교회 성장학
전문가는, 이 문제를 두 개의 교단, 즉 팔레스타인 유대인과 헬라 유대인
의 교단을 만드는 것으로 해결할지도 모른다. 그리고 이와 같은 해결방법
은 두 그룹 사이의 긴장을 해결하는 실제적 방법이 되었을지도 모른다. 그
러나 사도들의 해결방법은 달랐다. 그들은 공동체에 소속된 사람들을 모
두 불러 놓고 매일 구제를 전담할 일곱 명을 뽑으라고 하였다.행6:2~6 그리
하여 문화적 장벽들이 있어도 교회의 하나됨이 유지되었다.

안디옥교회

스데반의 순교에 이어 예루살렘교회는 엄청난 박해를 받게 되었다. 아
마도 그것은 스데반이 속해 있던 헬라 출신의 믿는 자들을 겨냥한 박해였
을 것이다.행8:1 그러나 이러한 박해로 나타난 결과는, 예루살렘에서 추방

당한 사람들에 의해 베니게와 구브로와 안디옥까지 복음이 전파되었다는 것이다.행11:19 이는 팔레스타인 이외의 지역에 최초로 복음이 대대적으로 전파되기 시작했다는 말이다.

누가의 기록에 의하면, 대부분 박해로 인하여 흩어진 사람들은 "유대인에게만"행11:19 복음을 전하였다. 본문은 그 이유를 전혀 설명하고 있지 않다. 도날드 맥개브란은 주장하기를, 오순절 사건 이후 예루살렘교회는 복음전파를 우선으로 삼고자 정책을 조정하였으며, 그 결과로 말미암아 "한 인종만으로 구성된 교회들"이 수십 혹은 수백 개로 늘어났다고 하였다.207) 그러나 사도행전에는, 사도들이 고의적으로 한 인종만으로 구성된 교회가 형성되도록 권장했거나 유대인이 이방인의 차별을 묵인했다는 주장을 뒷받침하는 기록은 전혀 없다. 이와 같은 주장은, 사도들이 당시 다음과 같은 생각을 하고 있었다고 가정할 때 가능한 것이다. 즉, 사도들은 인종차별을 "이해할 수도 있으며 복음전파를 위하여 도움이 되는 방향으로 이용해야 한다"거나208) 교회가 성장하려면 동일집단 원리를 적용할 필요가 있다는 이론을 가지고 있었다는 것이다. 그러나 이와 같은 주장은 근거 없는 가정일 뿐이다. 우리는 예루살렘교회가 이방인에게 복음을 전파하는 것이 너무도 어려운 도약이었기 때문에 그것은 환상과 명령행8:26 이하 혹은 박해의 위협 하에서행8:1이하, 11:19-20 전개될 수밖에 없었다는 사도행전 자체의 증거들을 주목할 필요가 있다.

유대인 그리스도인이 복음을 유대인에게만 전파한 것이 하나의 전략이었다고 설명한 사람은 아무도 없었다. 그러나 모든 증거를 살펴볼 때, 헬라어를 말하는 유대인조차 복음을 유대인에게만 전한 것은, 그들이 "하나님은 사람의 외모를 취하지 아니하신다"는 사실을 깨닫지 못하고고넬료와 그의 가족 및 친구들이 믿었다는 소식을 들은 유대인 같이 그들이 극복해야할 주저함 고넬료에게 보냄을 받은 베드로와 같이 때문이었음을 알 수 있다. 아마도 당시 유대인에게는 이방인과 접촉하는 것이 낯선 사람들과 반역적인 작당을 하는 행위로 오해될 수도 있었기 때문에, 유대 그리스도인은 물려받은 편견을 버리지 못하고 유대인에게만 복음을 전할 수밖에 없었던 것 같다. 그와 같이 제한된 관점에 기초한 그들의 복음전파 방법이 20세기 복음전도에 똑같이 적용되리라고 누가 생각할 수 있었겠는가?

안디옥에서 이방인에게 복음을 전파한 사람들은 무명의 "구브로와 구레네 몇 사람"행11:20이었다. 그들이 이방인에게 복음을 전파한 이 사건의 중요성은 아무리 강조해도 지나치지 않다. 안디옥은 당시 세계에서 세 번째로 큰 도시였으며, "1세기 로마의 축소판과 같은 도시로서 새로운 신앙이 만날 수밖에 없는 장점들과 문제들 그리고 인간의 관심을 끄는 모든 것을 가지고 있는 도시였다."209) 머지않아 안디옥교회는 이방을 향한 복음 전파 사역의 기지가 되었다.

안디옥에서 처음으로 복음을 영접한 사람들은 예루살렘에서 피신해 온 사람들의 친척이었다는 증거는 없다. 그런 사람들이 있었을지도 모르지만, 이것은 단순한 추측에 불과하며, "안디옥에는 예루살렘에서 피신 온 사람들과 그곳에 살던 그리스도인으로 하여금 헬라사람과 관계를 맺도록 도와주는 사람들이 있었다"210)는 주장을 지지해 주는 증거도 없다. 더군다나 누가는 안디옥에서 이방인에 대한 복음 전파가 회당에 이루어졌다고 말하고 있지도 않다. 그와 같은 일이 있었을 수도 있지만, 만일 20절을 헬레니스타스Hellenistas보다는 헬레나스Hellenas로 읽는 것이 정확하다면, 그것은 헬라문화에 속해있는 이방사람을 의미하는 것이다.

안디옥에서 처음으로 복음을 영접한 사람들은 "이전에 회당과 전혀 접촉이 없었던 이방인들"이었다는 플로이드 필슨Floyd Filson의 주장은 아마 맞는 것 같다.211) 그들에게 전파된 메시지의 핵심은 '예수가 주' 라는 것이 있는데, 당시 성행하던 많은 이방종교와 신비종교도 '다스리는 주' 의 이름으로 구원을 베풀었기 때문에 복음은 그곳 사람들에게 전혀 낯설지 않은 용어들로 전파되었던 것이다. 하나님의 능력은 복음을 전하는 자들과 함께 하셨으며 그 결과 많은 사람이 하나님을 믿었다.

양적 성장을 위하여 예수 그리스도를 믿는 많은 무리가 즉각적으로 동질집단으로 이루어진 가정교회들로 나누어졌다고 가정하지 않는 한,[212) 우리는 교회가 유대인과 이방 그리스도인을 동등하게 포용했다는 것과 이방 그리스도인이 유대교의 관습을 필수적인 것으로 받아들였다는 증거가 없다는 사실을 인정해야 할 것이다. 시간이 지나면서 교회 안에서 유대 의식법을 어떻게 이해하여야 하는가의 문제가 심각한 논란의 대상이 되었다. 그러나 안디옥교회가 시작될 때, 복음 전파자들이 '동질 집단 원리'를 활용하였다는 증거는 없다. 교회 안에 유대 의식법을 지키는 사람과 지키지 않는 사람이 함께 있었는데, 그들이 어떻게 하나될 수 있었겠는가? 여기에 대하여는 아무런 언급도 없다. 우리는 이로 인해 어려운 문제가 발생했을 것으로 상상할 수 있지만, 아돌프 슐라터Adolf Schlatter가 지적한 대로 "초대교회는 어려운 문제들을 결코 회피하지 않았다. 즉, 어려운 문제들을 정면으로 돌파하였다. 따라서 우리는 그와 같은 문제로 말미암아 어떤 어려운 점이 있었는지에 대해 많은 논란을 벌이지 않았고 또한 이 공동체 안에서 집단들 사이의 관계가 어떻게 유지되었는지에 대하여 더는 자료를 가지고 있지 못하다."[213)

안디옥교회에서 얼마나 다양한 배경을 가진 사람들이 함께 연합하여 사역하였는지에 관하여는 사도행전 13장 1절에 나오는 누가의 기록을 보면 알 수 있다. "바나바와 니게르라 하는 시므온과 구레네 사람 루기오와 분봉왕 헤롯의 젖동생 마나엔과 및 사울." 이보다 더 이질적인 집단은 없었을 것이다! 바나바는 구로 출신의 레위인이었다.행4:36 니게르흑인라는 별명이 보여주듯이 시므온은 검은 피부를 가진 유대인 혹은 유대교로 개종한 사람이었으며, 아마도 예수님의 십자가를 대신 지고간 구레네의 시므온과 동일 인물인지도 모른다. 루기오는 아프리카의 구레네 출신으로 이방인로마 이름을 가진 유대인이었으며 아마도 안디옥에 최초로 복음을 전파한 사람들 가운데 한 사람이었을 것이다. 마나엔은 갈릴리의 분봉왕인 헤롯 안티파스의 젖동생으로 그들은 함께 자랐을 것이다. 사울은 바리새인으로 히브리인 중에 히브리인이요 로마 시민으로서 동방 지중해 지역에 살던 소수 특권층에 속한 사람이었다.214) 공통된 체험 이외에 무엇이 그들을 하나로 묶을 수 있었겠는가?

초기의 이방교회들과 할례당

교회에 이방인 개종자가 점점 많아지게 되자 문제가 생겼다. 즉 그들에게 유대인이 될 것을 요구하지 않고도 교회의 구성원으로 받아들일 것인지에 관한 문제가 생긴 것이다. 고넬료와 그의 가족이 하나님의 말씀을 영접하게 된 과정은, 예루살렘의 할례당을 설득하기에 충분했다.행 11:1~18 후에 안디옥교회가 숫적으로 성장했다는 소식을 듣고 예루살렘의 모교회는 이를 환영했으며 새 신자들을 가르치기 위해 가장 뛰어난 지도자들 가운데 한 명을 안디옥교회로 보냈다.행11:22 이하

이방인 선교의 지도자인 바나바와 바울이 안디옥교회의 헌금을 가지고 예루살렘을 방문했을 때,행11:27~30 그들은 야고보예수님의 형제, 베드로 및 요한과 만났으며 그들로부터 "교제의 악수"를 받았다. 바울에 따르면 "우리는 이방인에게로 저희는 할례자에게로 가야 한다"갈2:9는 합의가 이루어졌다. 그 당시 안디옥에서 파송된 대표자들 가운데 디도라는 젊은 헬라 개종자가 끼어 있었다는 사실은, 유대인 그리스도인이 이방인 개종자들에게 할례 받도록 요구하지 않았음을 보여주는 것이다.갈2:1~3

바울과 바나바의 사역으로 말미암아 남부 갈라디아 전역에서 복음이 전

파되어 이방인 개종자 수가 증가하자 이방인이 하나님의 백성으로 참여할 수 있는 근거에 대한 문제가 제기되었다. 복음 전파자들이 선포하는 것처럼 믿음만으로 충분한 조건이 되는가? 복음은 유대인이나 이방인 모두에게 전파되어야 할 것이긴 하지만, 그렇다고 이방인 개종자들이 할례를 받을 필요가 없는 것인가? 그들도 유대인의 의식법이나 음식 규정을 따라야 할 필요가 있지 않은가? 그들도 유대교로 개종한 사람과 마찬가지로 "율법의 멍에를 스스로 져야"할 것이 아닌가? 이와 같은 문제들은 대부분 이전에 바리새인과 연관이 있었던 사람들로 구성되었던 예루살렘교회의 할례당에 의하여 제기되었다. 행15:1,5

갈라디아서 2장 11~14절에서 바울이 언급하는 사실은, 할례당 사람들의 안디옥 방문행15:1과 연관 지어 살펴보아야 한다. 베드로는 그들이 내려오기 이전에는 이방 그리스도인과 함께 자유롭게 식사를 했다. 왜냐하면, 그는 욥바에서 하나님께서 거룩하다 한 것을 '부정한' 것으로 생각해서는 안 된다는 사실을 배웠기 때문이다. 그러나 그들이 내려왔을 때, "저가 할례자들을 두려워하여 떠나 물러갔다"갈2:12 그의 태도는 유대인이 정결하지 않은 음식을 먹는 자리에 함께 하게 되면, "이방 민족들과 반역을 작당하는" 비난을 받는다는 사실에 비추어 이해해야 할 것이다.

바울에 의하면, 베드로에게 이방인 형제들에게서 물러나라고 권유한 자들은 야고보가 보낸 사람들이었다. 바울의 말은, 야고보가 사람을 안디옥교회로 파견한 것은 보수적 경향을 가진 사람들이 야고보로 하여금 할례당의 규례에 역행하는 그와 같은 행동을 자제하도록 요구했기 때문으로 이해된다. 맨슨T.W. Manson은 베드로가 다음과 같은 취지의 메시지를 받았을 것이라고 제안하였는데, 아마도 옳은 주장인 것 같다. 즉, "당신이 이방인과 함께 이방인의 식탁에서 식사를 한다는 소식이 예루살렘에 전해진 것 같다. 이것은 우리 자신이 바리새인과 사두개인에게 심한 비난을 받는 것 외에도 많은 신실한 형제들을 큰 곤경에 빠뜨리는 일이므로 그와 같은 일을 중지할 것을 간곡히 부탁한다. 왜냐하면, 그와 같이 행동은 우리 동료 유대인 사이에 복음 전파 사역을 하는 데 큰 어려움을 가져올 것이기 때문이다."215)

베드로에게 아무리 정당한 이유가 있었다 할지라도, 베드로는 그의 행동으로 말미암아 바울에게 심한 견책을 받았다. 바울에게 있어서는, 그와 같은 행동은 복음의 진리를 왜곡하는 외식행위였다.갈2:13 물론, 베드로 자신은 그리스도인도 반드시 율법을 지켜야 한다고 생각한 보수파 사람들의 견해에 동의하지는 않았다. 그러나 그는 이방인 형제들과 함께 하는 식탁 교제를 포기함으로써 잘못을 범하고 말았다. 그리고 베드로의 그 행위는 자신의 확신에 의한 것이 아니라, 동족에게 배반자로 여겨질까 두려워서 한 일이었다. 비록 베드로 자신은 바울과 함께 "할례나 무할례가 아무 것도 아니로되 오직 새로 지으심을 받는 것만이 중요하니라"갈6:15라고 믿었으나 다른 사람들을 의식하여 자신의 확신과 전혀 맞지 않는 행동을 했던 것이었다. 베드로가 갖고 있는 영향력 때문에 나머지 유대인 그리스도인들과 바나바까지도 베드로와 함께 행동하였으며,갈2:13 따라서 그리스도인 사이의 교제가 무너지고 복음의 진리가 부정되는 결과를 가져왔다. 왜냐하면, 복음은 사람들 사이를 갈라놓는 모든 장벽이 예수 그리스도 안에서 하나된 사람들 사이에는 이미 폐지되어 없어진 것이라고 가르치기 때문이다.갈3:28

베드로의 이러한 행동은 교회가 두 개의 교단으로 나눠질 수 있는 매우 실제적 위험에 직면해 있었음을 보여준다. 즉, 두 개의 교단이란 유대 기독교와 이방 기독교로서, 각자 나름대로의 강조점을 가지고 자신들의 집단을 섬기는 두 부류로 나눠지는 것을 의미한다. 그들이 직면한 상황은 너무도 심각한 것이어서 예루살렘교회의 사도들과 장로들이 안디옥교회에서 파송된 바울과 바나바와 만나 이 문제를 논의하였다. 행15:1 이하 안디옥에서 유대인과 이방인의 문제를 야기한 할례당이 자신들의 견해를 제시했으나 그 회의는 바울과 바나바의 견해를 채택하였다. 그리고 그들은 이 내용을 요약한 편지와 함께 바울과 바나바를 다시 안디옥교회로 파송하였다. 행15:22~29

그 '예루살렘 선언' 은 유대 그리스도인과 이방 그리스도인이 모두 그리스도의 동등한 지체로서 하나됨을 이루어 살도록 기초를 놓았다. 그것은 그리스도인 사이에 인종과 문화, 그리고 사회적 차이 때문에 발생한 문제들을 사도들이 어떻게 대처했는가를 분명하게 보여준다. 첫째로, 이방 개종자들은 하나님의 온전한 백성이 되려고 할례를 받을 필요가 없었다. 예수 그리스도에 대한 믿음만이 구원을 위한 유일한 조건으로 확증되었다. 이 사실은 와그너가 표현한 대로, 기독교는 "동화를 강요하는 모든 형태의 인종주의"를 부정한다는 전형적 모습을 보여준 것이다. 사도들은 분명히 다음과 같은 주장에 동의했을 것이다. 즉, "진정한 그리스도인이 되려면 다른 동질집단의 문화를 받아들여야 한다는 가르침은 어떠한 것일지라도 비인간적 요소이며 비윤리적이다."216)

둘째로, 유대 그리스도인과 이방 그리스도인은 서로 다른 인종으로 구성된 지역교회의 교인들과 정기적으로 모임을 가졌으며, 그와 같이 함으로써 문화적 차이 때문에 생기는 갈등을 미연에 방지하려고 노력하였다. 사도행전이나 서신서들에는, 사도들이 베드로처럼 행동하려 했다는 주장을 뒷받침해 주는 아무런 증거도 발견되지 않는다. 베드로의 태도란 유대인과 이방인이 각자 나름대로 민족적인 교회를 세우고, 그리스도 안에서 그들의 하나됨은 "그리스도 자신이 머리가 되시는 전체 기독교라는 몸 안에서 초교회적 신자간의 관계"에 근거하여 상호 배타적으로 보이는 노력을 기울이는 것이다.217) 사도들은 강압적 일치를 거절하였다. 그러나 그들은 동시에 민족적으로 독립된 교회를 만드는 것도 거절하였다. 사도들은 유대인이나 이방인이나 모든 그리스도인은 함께 식사하고 함께 예배드려야 한다고 생각했다. 그래서 그들은 다양한 인종으로 구성된 교회 안에서 기독교적 교제에 가장 명백하게 방해 되는 요소들을 제거하기 위한 조치들을 취하였던 것이다. 이점에 대해서 브루스F. F. Bruce는 정확하게 다음과 같이 지적한다.

예루살렘 선언은 두 가지 문제를 다루었다. 하나는 '이방 그리스도인이 할례를 받고 모세 율법을 지켜야 하는가?' 하는 것이었고 두 번째 문제는 '만일 유대 그리스도인이 이방 그리스도인과 쉽게 사회적 관계를 맺으려면 이방 그리스도인이 따라야 하는 조건들은 무엇인가?' 하는 것이었다. 두 번째 문제는 첫 번째 문제에 대한 대답이 긍정적이었다면 제기되지 않았을 것이다. 만일 이방 그리스도인도 유대교로 개종한 이방인이 따라야 했던 선례를 따라야 한다는 결론이 내려졌거나 그와 같은 요구가 실제로 행해졌다면, 식사 교제와 같은 문제는 당연한 것으로 여겨졌을 것이다. 그러나 이방 그리스도인은 할례나 유대법의 일반적 요구사항들을 순종하도록 강요되어서는 안 된다고 결정되었기 때문에, 안디옥에서 야기되었던 식사 교제의 문제가 거론되었던 것이다.218)

그들이 도달한 결론은 이방 그리스도인이 유대인에게 특별히 반감을 사는 행동들을 자제하도록 하는 것이었다. 즉, 우상에게 제사 드린 짐승의 살을 먹는 것이나 고기를 피째 먹는 것, 레위기 18장 16~18절에 언급된 것과 같은 음란한 행동들을 삼가는 것 등이었다.219) 예루살렘 공의회가 할례의 문제를 다루고 난 뒤에 식사 교제에 관한 규정을 언급한 것은, 일단 원칙이 세워지고 난 후에 유대인과 이방인이 계속하여 함께 식탁교제를 나누도록 하는 교회의 생활양식을 마련하기 위한 것이었다. 이와 같은 문제들을 매듭지은 규정들은 제국시대에 회당 안에서 하나님을 경외하는 이방인 사이의 기본적 관계를 규정해 왔던 내용과 기본적으로 동일한 것이었을 것이다.220)

알란 티페트Alan R. Tippett는 "복음을 전하는 민족의 문화양식을 복음을 받아들이는 민족에게 강요하는 것을 거부한 예루살렘 선언은, 교회의 기초이며 오늘날 명백하게 서구화를 강요하는 선교사들을 향하여 크게 외치고 있다"221)고 지적한다. 그러나 역사적 상황을 좀 더 자세히 살펴보면, 이 예루살렘 선언은 그리스도인 사이에 문화적 차이로 인한 갈등을 서로 다른 교회와 교단으로 분리함으로써 해결하려는 모든 시도를 향해서도 크게 외치고 있다. 예루살렘 공의회에 의하여 만들어진 모든 규정들은 유대인과 이방 그리스도인의 식탁 교제는 어떠한 어려움에도 지속되어야 한다는 가정 위에 만들어진 것이다. 그리스도 안에서의 하나됨은 "전체 그리스도인의 몸 안에서 초교회적인 믿는 자들의 관계"라는 차원에서 가끔씩 거론되는 그러한 하나됨 이상의 것이다. 그것은 그리스도의 몸을 이루는 지체들의 하나됨이며 지역교회의 공동의 삶 속에서 가시적으로 구현되어 나타나야 하는 것이다.

예루살렘 선언에 의해 대표되는 사역의 원리는 후에 고린도전서 8장 7절 이하와 로마서 14장 13절 이하에 나타나는 바울의 태도와 완전히 일치하는 것이었다. 원칙에 있어서는 전혀 타협이 있을 수 없었으나 이방 그리스도인은 그들의 유대인 형제자매들에게 반감을 일으키는 관행들과 관련하여 그들의 자유를 절제하도록 요청받았다. 적어도 바울에게 있어서 교회 안에서 야기되는 갈등을 해결하는 방법은 강압적 일치나 인종 분리를 통한 일치가 아니라 사랑이었다. 왜냐하면, 사랑만이 "모든 것을 온전한 조화 안에 하나로 묶는 띠"골3:14이기 때문이다.

이방인을 향한 선교

초대교회의 복음 전파 사역과 관련하여 입증된 사실은, 복음이 거의 모든 지역에서 회당들을 통해 유대인과 이방인에게 동시에 전파되었다는 것이다. 사도행전을 살펴보면, 로마제국 전역에 복음이 확산될 때 가족관계가 매우 중요한 역할을 했다는 맥개브란의 주장은[222] 뒷받침할 만한 증거가 없다. 하지만, 유대교 회중에 속한 하나님을 경외하는 자들이, 대부분의 도시에서 복음을 이방세계로 전파하는 일에 가교 역할을 하였음은 의심할 수 없다.[223] 유대교에 매력을 느끼고 있던 이러한 이방인이 기독교의 메시지에 열려 있었다는 사실은 놀라운 일이 아니다. 유대교로 개종한 사람들조차도 하나님을 "당신들의 조상의 하나님이시요"라고 언급할 수밖에 없었다고 할 때, 할례받기를 거절하고 음식법을 따르려고 하지 않았던 "하나님을 경외하는 자들"은 선민의 구성원이 될 자격이 훨씬 더 결여되어 있는 자들로 여겨졌다. 브루스F. F. Bruce에 말에 의하면,

회당에 다니고 성경을 읽고 주석하는 것을 들어왔던 이와 같은 이방인은 이미 살아계신 참 하나님을 예배하는 자들로서 어느 정도 메시아적 소망을 알고 있었다. 그들이 유대교로 완전히 개종하기 전에는 하나님의 축복들을 기업으로 받을 수 없었기 때문에 그들 대부분은 유대교로 개종할 준비가 되어 있었다. 그러나 그들이 예수 그리스도 안에서 메시아적 소망이 실현되었으며, 또한 그리스도 안에서 유대인과 이방인 사이의 구분이 폐지되었고 하나님의 구속의 은총으로 말미암는 축복이 유대인뿐만 아니라 이방인에게도 주어진다는 소식을 들었을 때, 이방인은, 유대인이 본능적으로 싫어하는 이 기쁜 소식을 받아들이지 않을 수 없었다.[224]

바울의 선교를 연구해 보면, 바울이 매번 어느 도시든 그 도시에 도착하

자마자 먼저 회당을 찾아갔으며, 유대교 지도자들과 사이가 나빠지게 되면 새로운 이방 그리스도인과 소수의 개종한 유대인과 함께 교회를 시작하곤 했다는 사실을 알 수 있다. 행13:5; 14:11; 17:1,10,17; 18:4,19; 19:8 그와 같은 선교방법은 신학적 근거를 가진 것이었다. 즉, 복음선포는 먼저 유대인에게 행해져야 했으며, 롬1:16; 2:9,10; 행3:26 이것은 예수님께서도 그렇게 하신 것이었다. 또한 이방인은 이스라엘이 주님께로 돌아온 이후에 하나님나라로 들어갈 수 있었다.225) 그러나 동시에 그것은 이미 유대교에서 교육받은 소수의 핵심적 신자들과 함께 그들이 가진 문화적 장점들을 버리지 않은 채, 거의 모든 지역에서 교회를 세우는 것을 가능케 했다. 그 소수의 핵심적 신자들을 통해, 복음이 완전히 이교적 관점을 가지고 있는 이방인에게 전파되었던 것이다.

유대인과 이방인은 회당에서 복음을 함께 들었으며 그리스도를 믿게 된 자들은 복음의 확장을 위하여 인종 단위로 된 가정교회를 만들도록 가르침을 받았다는 주장은 근거가 없다. 그와 같은 주장은 교회의 하나됨에 관한 사도들의 가르침을 정면으로 부정하는 것이 될 것이다. 그것은 유대인과 이방인이 함께 예배드릴 수 있었던 회당의 문보다도 교회의 문이 훨씬 더 좁음을 의미하는 것이었다. 그와 같은 주장은 너무도 근거 없는 것이어서 심각하게 고려할 가치가 없다.

신약성경의 모든 증거는 그와 반대되는 사실을 보여준다. 즉, 사도들은 예수 그리스도 안에 있는 새사람으로 하나됨을 실천할 수 있는 교회를 세우려고 노력했다는 사실이다. 사도들은 모든 민족을 있는 그대로 받아들이는 복음의 이상이, 단순한 입발림이 되지 않도록 하려면, 지역교회 차원에서 그것을 실천해야 한다는 것을 잘 알고 있었다. 따라서 그들은 믿는 자들 사이에 사회적 신분이나 문화적 배경의 차이 때문에 여러 가지 어려운 문제들이 야기되는 것을 알고 있음에도, 유대인과 이방인, 종과 자유자, 가난한 자들과 부자들이 함께 예배드리고 처음부터 그리스도 안에서 그들의 하나됨의 의미를 배우도록 하는 공동체를 세우려고 노력하였다. 이방세계에 있는 교회에서 기록한 사도들의 행적을 살펴보면, 이것이 사실임을 발견하게 될 것이다. 복잡한 설명을 줄이고자 두 가지 예만 들고자 한다.

고린도교회

바울은 다양한 사람으로 구성된 교회의 구성원에 관하여 논하면서, 다음과 같이 말한다. "몸은 하나인데 많은 지체가 있고 몸의 지체가 많으나 한 몸임과 같이 그리스도도 그러하니라 우리가 유대인이나 헬라인이나 종이나 자유인이나 다 한 성령으로 세례를 받아 한 몸이 되었고 또 다 한 성령을 마시게 하셨느니라"고전12:12~13 다양한 인종과 집단으로 구성된 그리스도인의 하나됨이 어떤 것이었는지는 고린도교회의 상황을 통해 가장 잘 알 수 있다.

사도행전에서 누가의 기록에 따르면, 고린도교회의 시작은 이방 선교의 전형적인 방식을 따르고 있다. 바울은 유대인과 이방인이 함께 복음을 들을 수 있는 회당에서 복음 전파 사역을 시작하였다.행18:4 후에 그는 회당에서 쫓겨났으나, 그 즈음에 고린도교회는 유스도행18:7; 고전1:14와 스데바나와 그의 가족고전1:16; 16:15에 따르면, 그들은 아가야에서 최초로 그리스도를 영접한 사람들이었다 등과 같이 하나님을 두려워하는 이방인과, 회당장 그리스보와 그의 가정 같이행18:8; 고전1:14 유대인을 포함하는 핵심적 그리스도인이 있었다. 유스도의 집은 회당 바로 옆에 있었으며,행18:7 그곳은 바울의 거처인 동시에 고린도교회의 모임 장소가 되었다. 그 중에는 누기오, 야손, 소시바더와 같은 유대인과 에라스도와 구와도 등과 같은 이방인이 있었다.롬16:21,23

고린도전서에는 고린도교회의 구성원에 관한 다른 암시들이 발견되고 있다. 1장 26절은 고린도교회의 구성원들 대부분이 그 사회의 하층계급 출신임을 분명하게 보여준다. 그들은 세상적 기준으로 볼 때, 지혜롭거나 힘이 있거나 문벌이 좋은 자들이 아니었다. 최소한 그들 가운데 몇 명은 종들이었으며 나머지 사람들은 자유자들이었다.고전7:21,22 다른 한편으로, 고린도교회에는 소수의 부유한 사람들도 있었다. 즉, 가이오,그는 아마도 로마 시민이었을 것이다 그리스보,회당장이었음 에라스도롬16:23에 의하면, 고린도시의 재무였다와 글로에고전1:11에 언급된 글로에 집의 사람들은 아마도 그녀의 종들이었을 것이다 등이다.

바울이 "각 사람이 부르심을 받은 그 부르심 그대로 지내라"고전7:20고 권면한 것을, 각 사람은 자신의 인종이나 사회적 계층에 따라 구성된 교회에 소속되어 있으라는 주장으로 해석하는 것은 전혀 맞지 않는 것이다.226) 본문의 전체 요지는고전7:17~24 하나님의 부르심 앞에서는 인종이나 사회적 신분이 아무런 의미가 없다는 것이다. 그들에게 유일하게 중요한 것은 예수 그리스도에 대한 믿음뿐이다. 사도 바울이 여기서 가르치는 내용은, 종들은 종의 신분에 머물러 있어야 하며 노예 해방 증서를 받게 될 기회가 주어질 때에는 자유를 얻으라는 것이 아니다. 오히려 바울은 그리스도인이 되는 것은 그들의 법적 신분에 의해서가 아니라 그들이 하나님에 의하여 부르심을 받았다는 사실에 의하여 결정되는 것임을 말한다. 종의 종이란 신분은 무의미하다. 왜냐하면, 그는 주 안에서 자유함을 입은 자이기 때문이다. 자유자의 자유도 마찬가지로 의미 없는 것인데, 그것은 그가 그리스도의 종이 되었기 때문이다.고전7:22 따라서 바울의 이 말씀은 노예 해방 증서를 받을 것인가, 아니면 거절할 것인가, 또는 자신이 속한 동질집단교회을 떠날 것인가 아니면 머물러 있어야 할 것인가에 대한 충고가 아니라, 사회적 신분이 어떠하든지 간에 모든 그리스도인은 "하나님과 함께 거해야 한다"고전7:24고 권면하는 것이다. 스카트 바치Scott Bartchy의 말에 따르면, "하나님께서 고린도 교인들을 그의 십자가에 달리신 아들과의 코이노니아 안으로 부르셨기 때문에 그들과 하나님의 관계를 결정짓는 것은 이 세상의 그 어떠한 신분도 아니며 그리스도 안에서의 이 교제뿐이다."227) 이와 같은 하나님과의 관계는 역으로 그리스도인 사이의 관계를 설정하는 기초가 되었다.

고린도교회의 구성원들이 다양한 인종과 사회집단과 문화를 가지고 있었다는 것을 사도 바울이 고린도전서 1장 10절 이하에서 언급하는 분열의 문제와 연관 지어 설명하려는 시도는 지나친 것이다. 고린도 교인들이 계속해서 가이오의 집에서 함께 모였으나,롬16:23 그들은 적어도 네 그룹으로 나뉘어 각기 다른 지도자를 추종한 것 같다.고전1:12 우리는 각각의 그룹들이 무슨 주장을 어떻게 하였는지 정확하게 알 길이 없다. 우리가 알 수 있는 내용은 단지 베드로당은 예루살렘 공의회가 제정한 음식 규정을 고집하는 유대인으로 구성되었으며,고전8:1 이하; 10:25 이하 그리스도당은 아마도 유대교의 율법주의에 대항하여 자신들을 경건한 자들로 생각하고 또한 유대교의 부활 교리를 부인하는 이방인으로 구성되었다는 것이다.228) 문제를 더욱 어렵게 만들었던 것은, 공동의 식사이 식사 도중에 모든 신자들이 성찬 예식에 참예하였다가 경제적 지위에 따른 교회의 분열현상을 보여주는 계기가 되었다는 것이다. 이 본문과 관련하여 바레트C. K. Barrett는 "교회의 모든 구성원은 그들이 갖고 있는 자원들을 함께 공유하도록 되어 있었다. 아마도 부자들은 그들이 필요로 하는 이상의 것을 가져와서 다른 사람들과 나누도록 되어 있었다"라고 하였는데 아마도 옳은 설명인 것 같다.229) 그러나 음식을 함께 나누는 대신에 부자들은 자신들이 가져온 음식을 자기네끼리 먹고 술에 취하기조차 하였는데, 가난한 사람들은 굶주린 채로 돌아가기도 했다. 그 결과로 가난한 사람들은 수치스럽게 느꼈고 그 식사 모임

은 형제 사랑의 결핍을 보여주는 장소가 되었다.고전11:20~22

그와 같은 분열현상이 있음에도, 고린도교회의 전체 그리스도인은 계속하여 정기적으로 한 곳에서 모임을 가졌던 것 같다.고전11:17,20; 14:23,26; 롬16:23 고린도교회를 ‘분당이 없는 교회’로 설명한 요한 문크Johannes Munck의 표현은230) 다소의 과장이 있는 것 같기는 하지만, 비록 교회 안에 분열과 다툼의 조짐이 실제로 있었을지라도 서로 갈등을 보이는 다양한 집단을 대표하는 별도의 교회들이 존재하였다는 증거는 찾아볼 수 없음이 사실이다.

우리는 여기에서 다시 한 번 사도들이 인종이나 문화, 그리고 사회적 차이 등 여러 가지 다양한 측면에서 야기되는 분열의 문제를 어떻게 대처하였는지 그 모범을 보고 배워야 할 것이다. 사도들이 이러한 문제를 해결하기 위해 동질집단으로 구성된 여러 교회들이 “교회들 상호간의 활동과 관계”를 증진시킴으로써 해결하려 했다는 암시는 전혀 찾아볼 수 없다.231) 사도 바울이 거듭 반복하여 강조하는 사실은, 모든 그리스도인은 예수 그리스도 안에 들어왔으며 그 결과로 그들의 다양한 배경으로 인한 차이들은 기독교 공동체 안에서는 마치 존재하지도 않는 것처럼 중요하지 않은 요소로 상대화되어야 한다는 점이었다. 사실상 그리스도인의 하나됨에 대한 요청은 고린도서 전체의 중심 메시지다.

로마교회

고린도교회와는 달리 로마교회는 다양한 그룹들로 구성되어진 것처럼 보인다. 그들 가운데 어떤 그룹들은 그들 나름대로의 사회적 배경에 기초하여 형성되었던 것 같다. 브루스의 말에 의하면, “아마도 몇몇 지역 교회들은 유대 그리스도인으로 구성되었으며 나머지 교회들은 이방 그리스도인으로 구성되었던 것 같다. 유대 그리스도인과 이방 그리스도인이 함께 모이는 교회는 거의 없었다."232) 이와 같은 상황 때문에 사도 바울이 로마서 서두에서 "로마에 있는 하나님의 교회에게"라고 하지 않고 "로마에 있어 하나님의 사랑하심을 입은 모든 자들에게"롬1:7라고 적은 것 같다. 그러나 이와 같은 로마의 상황을 더 잘 설명해 주는 것은 로마서 16장에서 적어도 다섯 개의 가정 교회에 대한 언급이다. 즉, 그 교회들은 브리스가와 아굴라,3절 아리스도불로,10절 나깃수,11절 아순그리도14절 및 빌롤로고15절 등의 이름들과 연관이 있는 가정교회들이다.

만일, 로마에 있는 교회의 상황이 앞에서 설명한 것과 같았다면, 그것은 사도들이 동질집단으로 구성된 교회들을 세우려 했다는 주장을 뒷받침해 주는 증거라고 볼 수는 없을 것이다. 만약, 동질집단으로 구성된 교회를 세우려 했다는 결론을 내린다면, 이 편지를 쓰게 된 바울의 주요 동기를 완전히 무시하는 것이 될 것이다. 즉, 폴 미니어Paul S. Minear가 주장한 대로, 바울이 로마서를 쓴 동기는 어떤 특정한 입장을 취하는 그리스도인은 그들과 다른 입장을 취한 그리스도인과 함께 예배를 드리지 않으려고 했던 교회들에서 "믿음의 순종을 가져오기 위함"롬1:5이었다.233) 미니어가 인용하는 증거들은, 사도들이 세운 교회는 대부분 동질집단들이 각기 따로 모여 구성되었으며, 로마교회 안에서의 상황도 사도들의 교회 설립 방침을 반영해 준다는 이론을 뒷받침해 주는 것으로 생각될 수 없다.234)

그와는 반대로, 로마서는 "인종에 따라 구성된 많은 가정교회들이 마침내 함께 예배드리도록, 즉 유대인이 이방인과 함께 하나님을 찬양하고 이방인도 유대인과 함께 하나님을 찬양하게 될 것"을 소망하면서 쓰인 것이다.235) 따라서 미니어는 로마서 전체가 예수 그리스도의 오심을 통하여 모든 인간적 구분들은 무너졌다는 사상을 전개하고 있음을 보여주며, 또한 그리스도인의 믿음은 로마에 있는 다양한 집단들에게 음식과 절기에 관해 서로 다른 견해를 갖고 있다 할지라도 서로가 서로를 영접 할 것을 요구한다고 결론내리고 있다. 미니어는 바울이 로마서 14장 15장에서 다루는 상황은 로마서 전체의 목표라고 보고 있다.236)

로마교회의 문제에 대한 바울의 해결방법은 교회 안의 분열현상에 대한 사도들의 방침과 일치하는 것이었다. 사도 바울이 교회 구성원들 사이의 갈등을 해결하려고, 인종에 바탕을 둔 서로 다른 집단을 형성함으로써 해결하려는 현대적 방법을 받아들였을 것이라는 주장을 뒷받침할 만한 증거는 전혀 없다. 그의 모든 서신서는 그가 그리스도 안에서 하나됨을 복음의 핵심적 측면에서 이해하였으며, 따라서 그리스도인이 "한 마음과 한 입으로 하나님 곧 우리 주 예수 그리스도의 아버지께 영광을 돌리도록"롬15:6 모든 노력을 기울였음을 분명하게 보여준다.

신약성경의 다른 책들도 사도들이 사람들을 분열시키는 모든 장벽을 뛰어넘어 교회의 연합을 꾀했다는 사실을 보여준다. 이방 선교를 통해 세워진 교회들은 대부분 유대인과 이방인, 종들과 자유자들, 부자와 가난한 자들로 구성되었으며, 사도들이 그리스도 안에서는 그들이 갖고 있는 서로 다른 점들은 더는 중요하지 않다고 가르쳤다는 사실은 여러 곳에서 증명하고 있다.엡6:5~9; 골3:22~4:1; 딤전6:17~19; 몬16절; 약1:9~11; 2:1~7; 4:13; 벧전2:18; 요일3:17

모든 장벽을 뛰어넘는 기독교의 형제애로 말미암아, 초대교회가 비그리스도인에게 미친 영향은 실로 엄청난 것이었다. 유대인과 이방인 사이에 끊임없이 존재해 왔던 분리의 벽을 무너뜨린 것은, 분명 1세기 복음이 이룩한 가장 놀라운 성취 가운데 하나였다. 그러나 그에 못지않게 놀라운 사실은 종과 상전 사이의 계급적 차이를 무너뜨린 것이었다. 마이클 그린이 언급한 대로, "기독교의 복음 전파자들이 유대인과 헬라인 사이에 놓여 있던 차이들뿐만 아니라 종들과 자유자들 사이에 놓여 있던 차이들도 그리스도 안에서 확실하게 무너졌다고 선포했을 뿐만 아니라 실제로 그들 자신이 그 가르침대로 살았을 때, 이것은 엄청난 호소력을 가지는 것이었다."237) 브루스의 말에 의하면, "아마도 이것으로 말미암아 복음이 이교 사회에 매우 깊은 인상을 새겨주었을 것이다."238)

동질집단 원리에 대한 평가

우리는 지금까지 교회의 하나됨에 관한 사도들의 가르침과 그들의 실천에 관해 살펴보았다. 지금까지의 논의에 비추어 우리는 도날드 맥개브란과 그를 따르는 사람들이 주장하는 동질집단 원리를 어떻게 평가하여야 할까?

이 문제에 답변하기 전에, 우리는 두 가지 사항을 분명히 해야 할 것이다. 성경적 관점에서 볼 때, 교회의 양적 성장은 기독교 복음 전파 사역에 있어 정당한 관심이라는 사실은 부정할 수 없다.239) 하나님께서 "모든 사람이 구원을 받으며 진리를 아는 데 이르기를 원하신다"딤전2:4고 할 때, 모든 사람이 예수 그리스도게로 나오는 것을 원하지 않는 사람은 하나님의 뜻을 거부하는 사람일 것이다. 모든 사람이 구원받기를 원하는 사람은, 복음을 실제적 용어들로여기에는 인류학 또는 사회학적 통찰들을 활용하는 것을 포함할 수 있다 표현하여 최대한 멀리 전파되도록 하여야 한다. 따라서 우리가 동질집단 원리를 평가하는 것은 교회의 확장에 도움을 줄 수 있는 원리들을 채용할 것인가 말 것인가 하는 문제에 관한 것이 아니다. 둘째로, 교회의 성장은 특정한 사회와 문화적 맥락 속에서 일어나게 되며, 사람들은 일반적으로 한 문화와 다른 문화 사이에 놓여 있는 장애요소들을 뛰어넘으려는 노력을 기울이지 않고 그리스도인이 되려고 한다는 사실은, 더는 증명이 필요 없다는 것이다. 따라서 이와 관련한 문제도 우리의 평가 대상에서 제외된다.

동질집단 원리와 관련하여 우리가 논의하고자 하는 것은, 사람들로 하여금 문화적 장벽을 극복하려고 노력하지 않고도 그리스도인이 되도록 하는 것을 만족해야 하는가, 또는 이와 같은 원리가 사실상 성경적으로나 신학적으로 정당한 것일 뿐만 아니라 복음 전파에 필수적인 것인가 하는 점이다.240) 이 주제에 관한 사도들의 가르침과 그들의 실천에 관한 논의를 기초로 필자는 다음과 같은 결론을 내리려고 한다. 이 결론들은 주석을 통하여 충분히 뒷받침되는 것들이다.

1. 초대교회에서 복음은 유대인이나 이방인, 종이나 자유자, 부자나 가난한 자를 막론하고 치우침 없이 모든 사람에게 전파되었다. 이방인에 대한 복음 전파 사역 기간 동안 종종 유대인과 이방인은 함께 복음을 들었다. 신약성경에는 더 효과적으로 교회를 세우기 위해서는 각각의 동질집단 내에서 복음을 전파하고, 따라서 인종이나 사회적 차이를 인정하면서 적절하게 접근해야 한다는 선교전략을 암시하는 내용이 전혀 없다.

2. 이 세상 사람들 사이에 가로놓인 장벽들을 허무는 것은 복음의 결과일 뿐만 아니라 복음 자체의 핵심적 측면으로 여겨졌다. 따라서 복음 전파 사역은 모든 민족을 새사람 안으로 들어오도록 요청하는 것도 포함하고 있다. 개종은 결코 단순한 종교적 체험이 아니었다. 그것은 모든 사람이 인종이나 사회적 신분 혹은 성별에 근거한 것이 아니라 그리스도 안에서 새로운 신분을 갖게 되는 공동체의 일원이 되는 수단이었다. 사도들의 견해도 "모든 인간적 장벽들이 극복되는 그 지점이 바로 신자가 그리스도와 그의 백성 안으로 연합되는 지점이다"라는 클라우니Clowney의 말과 같은 것이었을 것이다.241)

3. 교회는 성장할 뿐만 아니라, 사회적 장벽들을 초월하여 성장했다. 동질집단이라는 용어가 단지 같은 언어를 사용하는 사람들이라는 의미로 해석되지 않을 때, 신약성경에는 사도들이 하나의 동질집단을 모아 지역 교회를 세운 예는 전혀 없다. 반대로 신약성경은 새사람 안에서 장벽들이 어떻게 폐지되었는가에 관한 많은 예들을 제공한다.

4. 신약성경은 사도들이 '동화를 강요하는 인종주의'를 거절하였으며, 동질집단으로 구성되는 교회를 세운다는 것은 생각조차 하지 않았음을 보여준다. 그래서 교회의 하나됨을, 교회 내의 다양한 집단들 사이의 하나됨으로 설명하지 않았음을 분명하게 보여주고 있다. 각각의 교회는 그 교회를 구성하는 지체들의 인종이나 문화 및 사회적 차이들에 상관없이 하나 된 모습을 보이도록 노력하여야 했으며, 그와 같은 목적에 도달하기 위하여 사도들은 실제적 방안들을 제시하였다. 만일, "진정한 하나됨이 반드시 다양성 안에서의 하나됨"이라면242) 사도들이 강조한 하나됨은 지역교회 지체들 사이의 다양성을 결코 부정하지 않았을 것이다. 지역교회들 사이에 혹은 교회의 개개 지체들 사이의 하나됨은 획일화와 혼동되어서는 안 된다. 이그나시우스Ignatius의 말에 따르면, "예수 그리스도가 계신 곳에서는 하나님의 교회만 존재한다." 따라서 지역교회는 각자 그리스도의 몸으로서의 다양성과 하나됨을 동시에 보여주어야 했다.

5. 그리스도인이 자신들의 고유한 문화를 버리고 다른 문화를 받아들인다는 비난을 받았던 때가 있었으나, 그와 같은 비난을 모면하기 위하여 만들어진 조치들을 사도들이 인정하였다는 증거는 없다. 사도들은, 모든 문화적 장벽을 뛰어넘어 세워진 기독교 공동체를, 사람들의 반응이 좋은 상황에서는 충분히 누릴 수 있는 선택적인 축복이나 생략해도 좋은 부수적

인 것으로 생각한 것이 아니다. 오히려 그들은 기독교 공동체를 그리스도인의 신앙에 핵심적인 것으로 보았다. 그들은 교회의 하나됨을 적당히 타협하려는 그 어떠한 시도도 "핵심적 기독교의 가르침을 어기는 조치들" 가운데 하나로 여겼을 것이다.243)

우리는 때로 "같은 지역 내에서 언어와 문화를 기초로 서로 다른 교회들"이 필요할 수도 있음을 인정해야 한다. 그러나 그것은 그리스도의 온전한 선교를 위한 임시방편들이어야 한다.244) 단순히 교회의 영적 성장을 위하여 동질집단으로 교회를 세우는 것은, "다양성에 대한 두려움" 또는 "다양한 요소들을 모시고 참지 못하며 종속시키고 또한 없애버리려는 맹목적 욕망"을 반영하는 것이다. 피터 와그너Peter Wagner에 따르면 이것은 "이제까지 인정되어 왔던 것보다 훨씬 더 미국 교회 생활에 해를 끼쳐온 것이었다."245) 그와 같은 복음 전파 전략은 성경을 깊이 있게 연구하지 못한 결과였으며, 이와 같은 선교학이 감당한 주요 기능은 현상을 강화하는 것뿐이었다. 이와 같은 선교학이, 소비 사회의 물질주의의 노예가 되었으며 가난한 사람들의 필요에 눈이 멀어버린 미국의 도시 교회에 대하여 무슨 말을 할 수 있을 것인가? 기독교가 인종분리 정책과 손을 맞잡음으로 말미암아 인종주의자들을 편하게 만드는 그와 같은 교회에 관하여 무슨 말을 할 수 있겠는가? 이와 같은 선교학이 부족 간의 혹은 계층 간의 갈등이 있는 상황 속에서 무슨 말을 할 수 있겠는가? 물론 "사람들은 인종이나 언어 및 계급적 장벽들을 건너지 않고 그리스도인이 될 것을 원한다"라고 말할 수 있을 것이다. 그러나 그것이 우리를 "십자가를 통하여 한 몸 안에서 하나님과 화해시키기 위하여"엡2:16 이 땅에 오신 예수 그리스도에 관한 복음과 무슨 상관이 있는가?

오늘날 교회가 필요로 하는 선교학(이것은 전통적으로 우리가 흔히 해

외 선교와 관련하여 이해하는 선교학이 아니라 현대사회 안에서 물질주의
적 문화 배경 속에서 복음을 전파하는 활동을 통칭하여 이르는 것이다: 역
자 주)은 하나님의 백성을 단순히 이 세상의 일부로 인식하는 것이 아니
라, 이 세상의 가치들에 대해서 도전하는 "살아있는 의문부호"로 인식하
는 그와 같은 선교학이다. 초대교회가 사회에 미친 영향에 대해 언급하면
서 존 풀튼John Poulton은 다음과 같이 말하였다. "상전들이 종들을 형제라
고 부를 수 있을 때, 그들을 비인간적 존재들로 대하는 죄악들이 상당히
많은 사람의 마음에 의식되기 시작하였을 때, 무엇인가 일어나야만 했다.
비록 시간은 걸렸지만 노예제도는 폐지되었다. 그 와중에 하나님의 백성
은 살아있는 의문부호였는데, 왜냐하면, 그들은 주어진 사회제도 안에서
전혀 다른 관계들을 형성하면서 살 수 있는 사람들이었기 때문이었다."
246)

복음의 확장과 관련한 사도들의 가르침과 실천에 부합하는 선교학만이,
이와 같은 교회를 세우는 데 지속적으로 기여할 수 있을 것이다. 그 교회
는 하나님의 어린 양에게 한 목소리로 새 노래를 부를, "각 족속과 방언과
백성과 나라로부터" 온 사람들로 구성되는 새사람의 첫 열매들이다. 계5:9

제9장 · 그리스도인의 삶

예수님의 제자가 되는 데는
가난이 매우 필수적인 조건이다.
그러나 이 가난은 하나님 앞에서 공로가 되는 가난이 아니라
부요하신 자로서 우리를 위하여 가난하게 되시고
자신의 가난으로 말미암아 우리를 부요하게 하신
예수 그리스도의 은혜로 말미암은 가난이다.

한 사람이 살아가는 방식에는 그 사람의 인격이 반영되기 마련이다. 그러므로 어떤 사람의 삶의 방식은 그 사람의 인격과 분리될 수 없다. 따라서 삶의 방식에 관해 글을 쓸 때는, 그 사람의 가치관이나 야망 등 그 자신을 드러내 보이지 않을 수 없다. 이것이 사실이라고 한다면, 누구에게나 보편적으로 적용할 수 있는 삶의 방식을 만들 수 없을까 하는 의문이 제기되는 것은 당연한 일이다. 어떤 사람의 삶의 방식을 알게 되면, 우리는 삶의 방식이라는 문제에 관하여 그가 무슨 말을 할 것인지 알 수 있다.

성경에서는 삶의 방식에 관해 어떻게 말하고 있는가? 이 문제는 쉽게 해결될 수 없는 문제다. 예를 들어, 예수님의 가난함이 오늘날 기독교의 제자도와 무슨 상관관계가 있는가? 혹은 가난은 예수님의 사역에서 부수적

인 것에 지나지 않는 것으로 여겨야 하는가? "심령이 가난한 자는 복이 있나니"라는 말씀은 "가난한 자는 복이 있나니"라는 말씀에 비추어 해석되어야 하는가? 아니면 그 반대인가? 예수님께서 가난한 자에게 복된 소식을 전하러 오셨다는 것은 무엇을 의미하는가? 초대교회의 사랑의 공동체는 풍요의 시대에 사는 사람들과 빈곤의 시대에 사는 사람들과의 관계 속에서 어떤 의미를 가지는가? 혹은 그것은 "성령의 시대"에 살았던 사람들이 이상주의에 의하여 고무되었던 흥미 있는 실험에 지나지 않는 것으로 간주되어야 하는가? 삶의 방식과 관련한 이와 같은 질문들뿐만 아니라 다른 많은 질문은, 해석하는 사람에 따라 전혀 다르게 해석될 수 있다. 우리는 그 모든 해석을 다 옳은 것이라고 볼 수 있을까? 우리 자신의 주관을 넣지 않고 성경이 말하는 내용을 밝힐 방법은 없을까?

그리스도인에게는 삶의 방식에 관한 질문을 제기한다는 것이 하나님나라에 관한 질문을 제기하는 것과 동일하다. 그것은 사변적 질문들을 제기하는 것이 아니라, 예수 그리스도 안에서 이미 이 땅에 임한 새시대에 적합한 삶의 방식에 관한 질문을 제기하는 것이다. 이 문제와 관련하여 하나님나라를 볼 수 있는 사람들은 자신들이 영적으로 가난하다는 것을 아는 사람들뿐이다.

이 주제를 다룸에 있어서, 우리가 인식하고 넘어가야 할 몇 가지 사실이 있다. 첫째, 사람들은 복음이 요구하는 삶의 방식을 회피하기 위한 방편으로 복음을 영적으로 해석해버릴 수 있다는 사실이다. 둘째, 사람들은 성경의 가르침을 이해하기만 한다면 성경의 요구에 쉽게 순종할 것이라고 믿는 낙관주의적 입장을 취한다는 사실이다. 셋째, 성경 속에는 좌파 이데올로기에 부합하는 삶의 방식을 지지하는 것처럼 보이는 내용들도 들어 있다는 것이다. 이 글에서 필자가 의도하는 바는, 검소한 삶의 방식이라는 문제에 관하여 성령께서 오늘날 교회에게 말씀하시는 내용을 듣고 또한 다른 사람들이 들을 수 있도록 도와주는 것이다. 첫째로 필자는 기독교의 제자도와 관련하여 예수님의 가난함의 의미를 간략하게 살펴보고자 한다. 그리고 나서 예수님의 가르침과 모범이 초대교회에서 어떻게 실천되었는가를 살펴보고, 마지막으로 부자들에 관한 사도들의 가르침을 살펴보고자 한다.

예수님과 가난

예수님의 가난

복음서에 나타난 예수님의 모습은 전생에 걸쳐 철저하게 가난했던 사람의 모습이다. 그는 보편적 가정이 누리는 안락함이 전혀 없는 장소, 즉 말구유눅1:7에서 태어났다. 요셉과 마리아가 예수님을 성전에 바치면서 드린 제물은, 구약성경에서 가난한 자들을 위하여 규정된 비둘기 두 마리였다. 눅2:23 예수님은 아주 어린 나이에 타국으로 피신했다.마2:14 그는 팔레스타인에서도 개발되지 않은 지역인 갈릴리에서 성장했다.마2:22,23 그는 목수의 가정에서 자랐는데, 이것은 지금도 그렇지만 사람들에게 별로 대접받지 못하는 위치에 있었음을 의미한다.마13:55; 막6:3; 요1:46 그가 성장하여 자신의 사역을 감당하는 동안 그는 자기 소유라고 부를 만한 집도 없었다.눅9:58 몇몇 여자들의 섬김에 의해 그의 필요들이 채워졌을 뿐이다.눅8:2

예수님이 가난했다는 것은 복음서가 한결같이 증거하는 엄연한 역사적 사실이다. 예수님의 가난함이 가지는 의미를 이해하기 위해서, 우리는 이것을 예수님 당시의 유대교에 비추어 보아야 한다. 유대교에서는 대개 가난은 저주며 부유함은 하나님께서 축복하신 증거로 보았다.247) 그러나 동시에 우리는 그것을 마틴 헹겔Martin Hengel이 "가난에 대한 예수님의 자유로운 태도"라고 부른 것과248) 관련하여 이해해야 한다. 예수님의 이러한 태도는 부유한 여인들과의 만남눅 8:2,3; 10:38,39과 부유한 자들이 주최한 연회에 기꺼이 참석하신 것,눅7:36 이하; 11:37; 14:1,12; 막14:3 이하 그리고 "먹기를 탐하고 포도주를 즐기는 사람"눅7:34이라는 비난을 받은 것을 통해 알 수 있다. 물론, 예수님은 엄격한 금욕주의를 권장하신 것은 아니었다. 그렇다고 해서 우리는, 예수님께서 자신을 가난한 사람들과 동일시하심으로써 유대교의 태도를 부정하신 것과 함께 부자들에 대하여 자유로운 태도를 보이셨기 때문에, 하나님나라에 적합한 삶의 방식은 어떠하며, 이 문제와 관련하여 예수님께서 보여주셨던 삶의 방식은 기독교의 제자도와 어떤 관계가 있는지에 대해서 의문을 제기해 볼 수 있다.

이 질문에 대해 대답하기 전에, 우리는 가난한 자들을 향한 예수님의 특별한 관심을 고려하지 않으면 안 된다. 곧 살펴보게 되겠지만, 먼저 지적해야 할 점은 예수님께서 가난하셨고 또한 자기 자신을 죄 없는 자로 여기셨다고 한다면, 그는 가난을 죄의 직접적 결과로 생각하지 않으셨을 것이라는 사실이다. 아마도 예수님께서는 가난이 모든 시대에 그의 제자들에게 바람직한 것으로, 즉 하나의 미덕이나 하나님과 그들의 관계를 좋게 하기 위한 수단으로 생각하셨을지도 모른다. 그러나 그와 같이 가난을 이상적으로 묘사하는 것은 예수님께서 "가난에 대해 자유로운 태도"를 보이신 것에 비추어 볼 때, 설득력이 없는 주장이다. 예수님께서 가난하게 사셨던 동기가 무엇이었든지 간에 그는 가난을 긍정적인 것으로 가르치지는 않았음이 명백하다. 훌리오 데 산타아나Julio de Santa Ana가 주장한 것처럼, 성경 전체에서 가난은 하나의 덕목이 아니라 없애버려야만 하는 악이며, 이 문제와 관련하여 하나님께서는 특별한 관심을 갖고 계신다.249) 성경의 모든 증거는 예수님께서도 그와 같은 태도를 가지고 계셨음을 보여준다.

가난한 자들을 향한 예수님의 관심

우리가 살펴본 대로, 복음서는 예수님께서 물질적으로 가난하셨음을 보여준다. 동시에 그 기록들은 예수님께서 가난한 자들과 궁핍한 자들 및 압제받는 자들에게 특별한 관심을 가지고 계셨음을 보여준다. 사람들이 성전에 대한 의무들과 무거운 세금으로 고통당하는 실상을 예수님께서 못 보셨을 리가 없다. 예수님께서 고쳐주셨던 질병들은 "목자 없는 양과 같이 고생하며 기진하는"마9:36 군중이 겪고 있던 비참한 상태의 한 모습일 뿐이었다.

가난한 자들에 대한 예수님의 태도는 누가복음의 팔복 가운데서도 분명하게 서술된다. "가난한 자는 복이 있나니 하나님나라가 너희 것이다"눅6:20 물질적 가난에 대한 누가의 언급은, 마태복음의 구절에 근거하여 부정될 수 있으며 사실상 지금까지 부정되어 왔다. 마태복음에 따르면, 가난한 자들은 "심령이 가난한 자들"마5:3이었다. 이와 같은 차이에 관하여 다음과 같은 관찰을 할 수 있을 것이다.

첫째, 성경에서의 가난은 단순히 물질적 가난만을 의미하지 않는다. 신약성경에서 '가난' 이라는 용어를 사용하는 배경에는 종종 초기 유대전승이 놓여 있는데, 그 전승에서는 가난이 경건 또는 외로움과 거의 동의어로 나타난다.250) 그러나 누가복음 6장 20절에서 가난한 자들은 부유한 자들과 대비되어 언급되는데, 예수님께서는 부자들이 이미 그들의 위로를 받았으므로, 즉 부유함이 제공하는 편안함을 이미 누렸기 때문에 그들에게 심판을 선언하고 계신다.눅6:24 예수님께서 언급하신 부유한 자들의 부유함을 영적 부유함으로 주장할 사람은 아무도 없을 것이다. 그렇다고 할 때, 가난한 자들의 가난을 영적 가난, 즉 심령의 가난으로 여겨야 할 이유는 어디에 있는가?

둘째, 만일 누가복음 6장 20절에 기록된 팔복의 내용을 영적으로 해석해버리면 마태복음에 기록된 말씀을 해석하기 위한 근거가 없어지게 된다. 심령의 가난이 일차적으로 물질적 가난을 뜻하는 것이 아니라면, 도대체 그것은 무엇을 의미하는 것일까? 만일 복음서에서 '가난'이라는 용어가 사용될 때마다 그것을 심령의 가난을 뜻하는 것으로 해석한다면, 마태복음에 기록된 팔복은 구체적 현실과는 상관이 없는 것이 되어버리고 만다. 심령이 가난한 자들은 물질적으로 가난하기 때문에 자신들의 필요를 인정하고 도움 받을 준비가 되어 있는 자들을 의미한다.

셋째, 팔복은 가난한 사람의 관점에서 선언된 것이며 가난한 사람들에게 주어진 것이었다. 팔복을 영적으로 해석하는 것은 종종 물질적으로 부족하지 않은 사람들, 따라서 가난한 사람들에게 약속되는 축복이 자신들과는 별로 상관이 없는 사람들의 공통적 사고방식을 반영한다. 우리가 기꺼이 문자적으로 해석하는 것은, 그 말씀을 영적으로 해석하기를 원하는 사람에게는 너무나 두려운 말씀이 된다. 그러나 만일 가난을 문자 그대로 해석한다면, 예수님께서 구걸을 해야 할 정도로 가난한 사람들이 복되다고 말씀하신 것을 도대체 어떻게 이해해야 할 것인가? 예수님께서는 하나님나라와 가난한 자 사이에 어떤 연관관계를 보고 계시는가?

라틴아메리카 신학자인 엔리케 두셀Enrique Dussel은, 하나님나라는 이 세상의 지배적 시스템과 정반대이며 가난한 자들은 이 세상 시스템을 지탱하는 사람이 아니기 때문에 그들이야말로 하나님의 백성이며 "하나님나라의 운반자들 또는 적극적 주체들"이라고 하였다. 누가복음 6장 20절에 기록된 팔복의 말씀을 인용하면서 그는 다음과 같이 기록한다.

가난한 자들은 이 세상 시스템의 주체나 자본의 소유자 또는 권력의 소유자가 아니기 때문에 그들은 부정적 요인(압제받는 자들로서)이며 동시에 긍정적으로는 외형상의 긍정 하나님나라를 세우기 위하여 함께 애쓰는 하나님나라의 주체자 및 운반자이다. 압제받는 존재들그래서 죄인들이 아니며 따라서 의로운 자들과 적극적 해방자들민중으로서인 가난한 자들이 하나님나라의 주체다."251)

그러나 만일 물질적으로 가난한 것이 의로움과 동일시된다면, 우리가 가난을 해결하고자 투쟁할 이유가 어디에 있느냐는 의문을 제기할 수 있다. 의가 넘쳐나도록 가난이 만연하게 내버려 두어야 함이 옳지 않은가!

가난한 자들이 복된 것은 그들이 가난하기 때문이거나 가난하기 때문에 의로운 자들이 되었기 때문이 아니라, 하나님나라가 이미 그들의 것이기 때문이다. 하나님께서는 예수 그리스도를 통하여 하나님나라를 그들에게 주셨다. 그러므로 하나님나라는 이미 가난한 자들에게 속해 있다. 왜냐하면, 그리스도께서 그들 가운데 계시며, 가난한 자들 가운데 한 사람으로서 하나님나라의 복을 주고 계시기 때문이다. 예언자들에 의하여 선포된 새 시대는 이미 도래하였고, 또한 가난한 자들 가운데 임해 있다. 그것은 단순히 그들이 가지지 못했기 때문이거나 그들 자신의 공로가 아니라, 그들을 향한 예수님의 관심이 그들의 축복의 원천이다.

신약성경은 예수님께서 가난한 자들에게 특별한 관심을 가지고 계셨음을 여러 곳에서 기록하고 있다. 예수님께서는 사역 초기에 나사렛에서 이사야 61장 1,2절에 기록된 예언의 말씀을 읽고 그 말씀을 성취하실 자가 마침내 이 땅에 왔다고 주장하셨다. 예수님께서 그 말씀을 자신에게 적용하셨다는 사실은 예수님께서 자신의 사역을 새시대의 도래라는 측면으로 이해했음을 명백하게 보여준다. 이 새시대는 '주의 은혜의 날' 이며 가난한 자에게 복음이, 포로된 자에게 놓임이, 눈 먼 자에게 광명이 또한 압제받는 자에게 자유가 선포되는 날이다. 구약의 배경에 비추어 볼 때, 예수님께서는 자신의 사역을 메시아로서 여호와의 은혜의 해, 즉 정의와 사랑에 따라 사회를 재구축하는 희년을 실현하는 사역으로 이해하였음을 보여준다.252) 그는 하나님나라의 축복들을 가져오는 분이며 이와 같은 축복들은 박해와 압제, 가난과 착취 속에 사는 사람들에게 주어지게 될 것이다.

예수님의 사역을 이와 같이 정의한다고 해서, 예수님께서 무엇보다도 물질적 번영이나 육체 또는 경제적 압제에만 관심을 가지고 계셨다는 의미는 아니다. 그것이 의미하는 바는, 예수님께서는 메시아 시대에 정의를 세우는 일과 관련된 구약의 약속들을 성취하는 것을 자신의 사역으로 이해하셨다는 것이다. 그러므로 예수님의 사역에 나타난 가난과 압제의 문제는 영적 상태에 제한시켜서는 안 되는 것이다. 예수님에 의해 이 땅에 임한 하나님나라의 축복들은 인간 실존 전체와 관계있는 것이다. 그래서 그리스도의 행적에 대한 소식을 들은 세례 요한이 사람들을 보내어 "오실 그이가 당신이오니이까 우리가 다른 이를 기다리오리이까"라고 물었을 때, 예수님께서는 "너희가 가서 듣고 본 것을 요한에게 고하되, 소경이 보며 앉은뱅이가 걸으며 문둥이가 깨끗함을 받으며 귀머거리가 들으며 죽은 자가 살아나며 가난한 자에게 복음이 전파된다고 하라"마11:4~5라고 대답하셨다. 예수님께서 소경, 앉은뱅이, 문둥이, 귀머거리 및 죽은 자와 함께 가난한 자를 포함시키신 것은 여기에 언급된 가난이 다른 것들과 마찬가지로 문자 그대로의 상황을 의미한다는 사실을 분명히 해주는 것이다. 예수님의 사역은 모든 사람이 고통에서 해방되는 것도 포함한다. 예수님의 선포는 복된 소식이다. 왜냐하면, 그것은 정의와 사랑으로 특징짓는 새로운 질서의 건설로 말미암아 가난이라는 고통에서 해방될 것을 선포하기 때문이다.

그렇다면 이 말은 가난한 사람들이 자동적으로 하나님나라의 축복에 참여하게 된다는 말인가? 가난한 자들이야말로 "하나님나라의 능동적인 주체들"인가? 이 질문에 대한 대답은 하나님나라의 복된 소식은 철저하게 예수님의 부르심과 연관 지어 이해하여야 한다는 것이다. 가난한 자든 부자든 간에 그들이 가난이나 부와는 상관없이 심령이 가난하고 전적으로 하나님의 은혜에 의존하는 존재들이 아니라면, 그들은 모두 하나님나라와 는 상관 없는 자들이다.

가난한 자들에 대한 예수님의 말씀과 행동은 그가 바로 메시아이심을 보여주는 증표다. 메시아의 신분에 관하여 세례 요한이 갖게 된 의구심을 풀어주고자, 예수님께서는 가난한 자, 병든 자 및 압제받는 자들을 위하여 행동하셨다. 예수님께서 요한에게 하신 대답은 자신의 메시아 사역이 그 와 같은 사람들과 매우 특별한 방법으로 연관되어 있음을 분명하게 보여 준다. 그는 폭력을 동원하여 자신의 통치를 세우는 그러한 메시아가 아니 다. 오히려 그는 가난한 자로 오시고 그들에게 그들의 고통이 끝났음을 선 포하시는 메시아시다. 누가복음의 마리아 찬미에 의하면, 그는 권세 있는 자를 그 지위에서 내려앉게 하시고, 비천한 자를 높이시고, 주리는 자에게 좋은 것으로 배불리시며 부자를 공수로 보내시려고눅1:52,53 이 땅에 오셨 다. 그러나 예수님께서는 하나님나라를 이 땅에 임하게 하고자 가난한 자 들의 편에 서시는 '여호와의 종' 으로서 이 일을 이루셨다.

그렇다면 구원은 가난한 자들에게만 주어지는가? 부자들에게도 희망은 있는가? 한 사람이 소유한 재물의 양을 기준으로 구원이 주어지거나 심판 이 주어지는 것이 아님은 명백하다. 예수님께서 가난한 자들에게 특별한 관심을 가지고 계셨다고 해서, 부자들에게는 전혀 관심이 없었던 것은 절 대로 아니다. 예수님께서는 가난한 자들에게 복음을 선포하러 오셨으나 복음선포의 대상에서 부자들이 제외되는 것은 아니다. 예수님께서 가난한 자들에게 특별한 관심을 갖고 계신다고 선포하셨지만, 그렇다고 해서 사 회의 한 특정 계층에게만 구원을 제한하시는 것은 아니다. 그런데도 복음 이 가난한 자, 즉 문자적으로 가난한 자들에게 선포되었음은 사실이 다.253) 결과적으로 부자들에게 예수님의 선포가 구원의 말씀이 되는 것은, 그들이 부를 자신들의 신분을 확인하는 근거로 삼지 않고 오히려 그들도 가난한 자들의 태도를 취할 때뿐이다. 폴 고티어Paul Gauthier가 말한 대로 "그 선포의 요지는 부자들은 복음 전파 대상에서 제외시키라는 것이 아니라, 그 반대로 때를 얻든지 못 얻든지 그들에게도 복음을 전파해야 한다는 것이다."254)

이 주제를 좀 더 자세하게 논의하려면 예수님께서 가난한 자들, 즉 굶주린 자들과 목마른 자들, 이방인과 벌거벗은 자들 그리고 병든 자들과 갇힌 자들과 함께하신 것이 무슨 의미를 지니는가를 주의 깊게 살펴야 한다. 이 문제는 '집단적 인간'이라는 성경적 개념에 비추어 해석되어야 한다.255) 그렇다 할지라도 그것은 예수님께서 가난한 자들과 궁핍한 자들에게 특별한 관심을 가지셨음을 분명하게 보여준다. 예수님은 그와 같은 자들에게 행한 것이 곧 자기 자신에게 행한 것이라고 말씀하실 정도로 그들과 자신을 동일시하셨다.

또한, 그것은 구원과, 가난한 자들과 궁핍한 자들에게 관심을 보이는 것은 매우 밀접한 연관이 있음을 보여준다. 즉, 구원받은 자들의로운 자 혹은 진실로 심령이 가난한 자은 굶주린 자들을 먹이고 목마른 자에게 마실 것을 주며 이방인을 맞아들이고 벌거벗은 자들을 옷 입히고 병들고 옥에 갇힌 자들을 방문하는 사람들과 동일시된다.

예수님께서 가난한 자들 및 압제받는 자들과 연대하신 점에 대해서는 해석자들마다 조금씩 이해를 달리할 수는 있지만, 예수님께서 자신의 사역을 가난한 자들에게 정의가 시행되는 새로운 시대를 도래시키는 것으로 이해하셨다는 사실은 부인할 수 없을 것이다.

가난과 제자도

예수님은 가난하셨으며 또한 가난한 자들에게 특별한 관심을 보이셨다.

그렇다면 그것은 부자들은 하나님나라에서 자동적으로 제외된다는 의미인가? 가난은 예수님의 제자들에게는 피할 수 없는 조건인가?

누가복음 14장 33절에서는 예수님을 따르려면 반드시 모든 소유를 버려야 하는 것처럼 언급한다. "이와 같이 누구든지 너희 중에 자기의 모든 소유를 버리지 아니하면 능히 내 제자가 되지 못하리라." 이것은 자기의 십자가를 지는 것이나 자기의 가족을 떠나는 것눅14:26,32과 마찬가지로 예수님의 제자가 되기 위하여 지불하여야 하는 대가다. 열 두 제자들은 이와 같은 예수님의 요구를 문자적 의미에서 받아들였다. 즉, 베드로는 예수님께서 천국에 들어가는 데 부가 방해된다는 것에 대하여 말씀하셨을 때 다음과 같이 언급하였다. "보소서 우리가 모든 것을 버리고 주를 좇았나이다"막10:28 예수님께서 그의 제자들을 파송하셨을 때 그들은 아무것도 소유하지 않았다.눅9:3; 10:4; 막6:7 또한, 예수님께서는 제자들에게 "낡아지지 아니하는 주머니"눅12:33를 가지려면 소유를 팔아 구제할 것을 말씀하셨다. 예수님은 또한 젊은 부자 청년에게도 똑같이 요구하셨다. "네게 오히려 한 가지 부족한 것이 있으니 가서 네 있는 것을 다 팔아 가난한 자들을 주라. 그리하면 하늘에서 보화가 네게 있으리라. 그리고 와서 나를 좇으라"막10:21

이상의 구절들을 볼 때, 예수님의 제자가 되는 데는 가난이 매우 필수적 요소라는 결론을 내리지 않을 수 없게 된다. 예수님께서 보이신 입장이 얼마나 급진적인가 하는 것은 "재물이 있는 자는 하나님나라에 들어가기가 심히 어렵도다"라고 하신 말씀에 잘 요약되고 있다. 이 말씀에 뒤이어 우리가 잘 아는 바늘귀 비유가 기록되어 있다. "낙타가 바늘귀로 나가는 것이 부자가 하나님의 나라에 들어가는 것보다 쉬우니라."막10:25 어떤 사본에서는 이 구절에 몇 단어를 삽입하여 부자들이 재물을 반드시 포기하지 않더라도 하나님나라에 들어갈 수 있는 길을 열어놓고 있다. 즉, "재물을 의지하는 자들이 하나님나라에 들어가는 것이 어떻게 어려운지"막 10:24가 그것이다. R. T. 프랑스France는 "재물 자체를, 재물을 의지하는 것으로 대체하는 것은, 부유한 자에 대한 예수님의 엄한 말씀을 편리하게 약화시키는 것과 같고, 따라서 그것은 말씀을 축소해서 읽으려는 것이다"256)라고 언급한다. 이와 같이 몇 단어를 삽입하는 것은 예수님의 말씀을 받아들임에 다소 위안은 되겠지만, 그렇다고 해서 예수님께서 재물의 소유에 관해 말씀하신 본래의 메시지를 약화시켜서는 안 될 것이다. 제자들은 예수님께서 부자가 하나님나라에 들어가는 것이 어렵다고 말씀하셨을 때 "심히 놀랐다." 이 점으로 보아 그들은 예수님의 말씀을 재물을 의지하는 것이 하나님나라의 삶과 조화될 수 없다는 말씀으로 이해하지 않았음을 명백하게 보여주는 것이다. 그들이 놀란 것은 예수님의 말씀이 지금까지 일반적으로 믿어왔던 사실에 정면으로 대치되는 말씀이었기 때문이다. 즉, 사람들은 부와 신앙은 쉽게 결합될 수 있는 것이며, 가난한 자에게 구제하려는 마음만 있다면 부를 소유하는 것에 대해 걱정할 필요가 없다고 믿었다. 예수님께서는 이와 같은 통념을 거절하시고 부야말로 하나님의 말씀이 인간의 마음속에 뿌리를 내리는 데 실제로 장애가 된다고 여기셨으며,마13:22 하나님과 재물을 동시에 섬길 수 없다고 여기셨다.마6:24 또한 안전한 미래를 위해 부를 축적하는 것은 어리석은 짓이라고 경고하셨다.눅12:13~20 그렇다고 할 때 예수님께서는 부자들이 구원받기란 실제로 불가능한 것으로 여기셨다고 보는 것은 놀라운 일이 아니다.

  예수님께서 부자 청년에게 모든 것을 팔아 가난한 자에게 주라고 요구하신 것은 그 부자 청년 한 개인에게만 해당되는 것이 아니라 모든 사람에게 적용되는 것이다. 예수님께서는 자신을 따르려면 모든 것을 포기하라고 명령하신다. 그것은, 복음을 위하여 가난한 자들과 함께 하신 예수님과 같이 되라는 부르심이다. 예수님께서 부자 청년에게 "네게 오히려 한 가지 부족한 것이 있으니 가서 네 있는 것을 다 팔아 가난한 자들에게 주라"고 말씀하신 것이 우리에게는 해당되지 않는다고 생각해서는 안 된다. 또한 모든 것을 버리라는 예수님의 명령은 문자적인 것이 아니라 단지 이 세상 것을 소유하려는 마음을 끊어버리라는 명령으로 해석해서도 안 된다. 예수님 자신이 때때로 문자적 가난을 제자도의 조건으로 명백하게 요구하셨음을 볼 때, 모든 소유를 팔아 다른 사람에게 주라는 그리스도의 명령은 비유적으로 해석할 수 없음을 알 수 있다. 부에 대한 내면적 갈망을 진정으로 끊어버리는 것은 복음을 위하여 자신들이 소유한 모든 것을 문자적으로 포기하려는 의지가 있는 사람들만이 경험할 수 있는 것이다. 우리가 소유한 모든 것을 포기하는 것은 그것이 구체적으로 표현되는 만큼만 진실인 것이다. 그와 같은 소유의 포기가 영적 가난이다. 소유를 포기하는 것이 중요한 의미를 갖는 이유는, 부유하심에도, 우리를 위하여 가난한 자가 되셨으며 또한 그의 가난을 통하여 우리를 부유한 자가 되도록 만드신 그분에 대한 개인적이고 인격적인 헌신과 연관이 있기 때문이다.

초대교회와 가난한 자

초대교회의 구성

신약성경의 많은 부분에서 오순절 이후에 형성된 기독교 공동체의 구성원 대부분이 가난한 사람들이었음을 시사한다. 고린도교회에 보낸 바울의 편지는 고린도 교인들 가운데 단지 소수만이 상류층에 속하는 사람임을 암시해 주고 있다. "형제들아 너희의 부르심을 보라 육체를 따라 지혜 있는 자가 많지 아니하며 능한 자가 많지 아니하며 문벌 좋은 자가 많지 아니하도다"고전1:26 사도행전과 바울 서신들 중에 몇 가지 예외들도 있다. 누가가 그의 복음서와 사도행전을 헌정한 데오빌로 각하, 눅1:3; 행1:1 백부장

고넬료,행10:1 이하 분봉왕 헤롯의 법정의 일원이었던 마나엔,행13:1 구부로의 총독 서기오 바울,행13:7 아레오바고 관원 디오누시오와 다마리라하는 여자,행17:34 골로새서의 빌레몬,몬1:2 성의 재무 에라스도,롬16:23 고린도의 회당장 그리스보행18:8 등은 예외에 속한다. 그러나 대다수의 그리스도인이 비천한 신분 출신이었음은 명백하다. 바울은 이와 같은 상황을 해석하기를, 하나님께서 세상으로 하여금 기이하게 여기도록 만드시기 위한 수단으로 사용하신 것이라고 하였다. "이는 아무 육체라도 하나님 앞에서 자랑하지 못하게 하려 하심이라"고전1:27 이하 예수 그리스도는 십자가에 달리신 메시아이시다. 그리스도의 교회는 연약하고 가난한 자들의 교회다.

초대교회에서의 가난한 자들에 대한 관심

초대교회는 예수님께서 가난한 자들에게 관심을 보이신 모습을 본받았다. 특별히 그들은 기독교 공동체 내에서 그것을 실천하려고 애썼다. 그들은 자신들이야말로 메시아이시며 종이신 예수 그리스도를 본받는 공동체로 생각하였다.

누가는 예수님의 메시지와 삶의 방식이 예루살렘교회에 어떠한 영향을 미쳤는지를 기록하는데, 그와 같은 '사랑의 공동체'행2:40~47; 4:32~37는 인류 역사상 수많은 사람이 관심을 가져온 공동체다. 누가의 기록에 따르면, "믿는 사람이 다 함께 있어 모든 물건을 서로 통용하고 또 재산과 소유를 팔아 각 사람의 필요를 따라 나눠주고",행2:44,45 "믿는 무리가 모든 물건을 서로 통용하고 제 재물을 조금이라도 제 것이라 하는 이가 하나도 없었다"행4:32

이 사랑의 공동체를 우리는 어떻게 이해하여야 할 것인가? 모든 재물을 공동으로 소유하는 것은 오순절 성령 강림으로 나타난 결과 중의 하나다. 그와 같은 상황은 인간의 노력을 통해서가 아니라 모든 믿는 사람을 한 마음 한 뜻으로 묶은 '성령에 충만한 삶'을 통해서 가능하게 되었다.

엣세네 공동체에서도 재물을 함께 소유하였지만, 그것은 철저하게 율법에 의해 강요된 것이었다.257) 그와는 대조적으로 초대교회 공동체의 모든 것은 자발적 의사에 따라 행해졌다. 아나니아와 삽비라는 땅 판 돈의 일부를 감추었기 때문이 아니라 그들이 가져온 돈이 마치 전부인 것처럼 내놓았기 때문에 심판을 받은 것이다. 함께 나누는 것은 강압에 의한 것이 아니었다. 베드로가 분명하게 언급한 대로 아나니아와 삽비라는 땅을 팔 필요가 없었다. 만일 그들이 그것을 팔았다 해도 그들은 그 돈을 마음대로 사용할 수 있었다.행5:4 사유재산을 절대 무시하지 않았다. 예를 들면, 요한 마가의 어머니인 마리아는 자신의 집을 모이는 장소로는 활용하였지만,행12:12 공동체에 바친 것은 아니었다.

재물을 분배하는 기본적 기준은, 각 사람마다 자신의 필요에 따라 받는 것이었으며,행2:45; 4:35 그 결과 공동체 내에서 가난이 제거되었으며 "그 중에 핍절한 사람이 없었다"행4:34 하나님의 백성 가운데 가난한 자가 더는 존재하지 않는 오래된 이상신15:4이 마침내 성취되었다. 성령의 시대가 도래함으로 말미암아 소유로 인한 벽이 무너졌으며 새로운 사회가 탄생하였다. 그 결과 "주께서 구원받는 사람을 날마다 더하게 하였다"행2:47

사도행전이나 그 밖의 서신서들을 살펴보면, 그 어느 곳에서도 예루살렘교회의 사랑의 공동체를 모든 시대의 교회들이 표준으로 삼아야 할 것으로 언급하지는 않는다. 그러나 가난한 자들에 대한 관심이 초대교회 그리스도인에게 있어서는 교회의 삶과 사역의 핵심적 측면이었음이 분명하다. 서기 40년대 글라우디오 황제 치세 동안 발생한 대기근으로 말미암아 예루살렘교회가 심각한 재난에 직면하였을 때, 안디옥교회가 예루살렘교회에 바나바와 사울을 통하여 헌금을 보냈다.행11:29,30 나중에 바울은 "예루살렘 성도 중 가난한 자를 위하여"롬15:26; 갈1:10 이방 교회들로부터 많은 액수의 헌금을 모금한 일이 있다. 고린도후서 8장 9장에서 특별히 강조하는 것 같이 헌금 모금에 관하여 사도 바울이 세심하게 교훈하는 것은, 그가 경제적 짐을 나누어지는 것을 인종이나 국가의 경계를 넘어 그리스도인의 일치를 보여주는 것으로 매우 중요하게 여겼음을 보여준다. 바울은 물질적 헌금을 구체적인 '친교' 코이노이아, 롬15:26로 보았으며, 또한 예수 그리스도 안에 나타난 하나님의 은혜에 대한 구체적 응답의 수단으로 보았다.고후8:8,9 따라서 돈은 사탄의 도구가 아니라 가난한 자들의 필요를 공급하고 하나님께 영광을 돌리는 봉사의 수단으로 바뀌었다.고후9:1 이하

초대교회에서 가난한 자에게 관심을 보이는 것은 그리스도의 제자들이 마땅히 따라야 할 삶의 모습이었다. 그와 같은 관심이 행동으로 옮겨짐에 따라 예수 그리스도에 의하여 도래한 하나님나라의 삶이 가시적으로 나타나게 되었다. 그것은 가난을 이상화하거나 하나님 앞에서 공로를 얻기 위한 열망에 뿌리를 둔 것이 아니라, "부요하신 자로서 우리를 위하여 가난하게 되시고 그의 가난함을 인하여 우리로 부요케 만드시는 우리 주 예수 그리스도의 은혜"고후8:9안에서 이루어진 일이었다.

부에 관한 사도들의 가르침

부에 대한 예수님의 가르침은 복음서뿐만 아니라 서신서들에도 사도들의 가르침 속에 같은 맥락으로 기록되어 있다. 예를 들면, 사도 바울은 하나님나라를 유업으로 받지 못할 사람들 가운데 탐심 있는 자들을 포함시키고 있다.고전6:10; 5:10,11; 롬1:29; 엡5:5 또한 그는 탐심을 우상으로,골3:5 돈을 사랑함을 일만 악의 뿌리딤전6:10로 묘사하고 있다. 야고보는 한걸음 더 나아가 부자들의 부는 가난한 자들과약2:1~7 노동자들을 착취하는 행위뿐 아니라 낭비약5:1~6와 관계있는 것으로 가정하고 있다. 이와 같은 맥락에

서 요한계시록은 사치품의 소비에 몰두하고 복음에 귀를 기울이지 않는 문명의 몰락을 선언한다.제18장

이 모든 경고는 부자가 하나님나라에 들어가는 것이 대단히 어렵다는 예수님의 말씀을 반영해 준다. 이 경고들은 전세계를 소유하려고 하면서도 자신의 생명은 돌보지 않는 부자들의 어리석음과 위험을 우리에게 분명하게 가르쳐 준다. 그러나 복음서들은 부와 기독교의 제자도가 조화될 수 있는 방법을 우리에게 제시해 주고 있다. 즉 물질적 소유에 노예가 되지 않고 내면적으로 자유함을 유지하며 가난한 자들을 향하여 관용을 베푸는 삶의 방식을 갖는 것이다.

재물에 대한 내면적 자유의 문제는 빌립보서 4장 10~13절에 가장 잘 나타나는데, 바울 자신은 빌립보교회로부터 받은 물질적 도움에 관하여 여러 가지를 언급하는 가운데 다음과 같이 적고 있다. "어떠한 형편에든지 나는 자족하기를 배웠노니 나는 비천에 처할 줄도 알고 풍부에 처할 줄도 알아 모든 일 곧 배부름과 배고픔과 풍부와 궁핍에도 처할 줄 아는 일체의 비결을 배웠노라"빌4:11,12 여기에 묘사된 기본적 태도는 어떠한 형편에 처하든지 만족하는 태도, 즉 내면적 자유 혹은 세상적인 것에서의 초연한 태도다. 이 문제에 관하여 몇 가지 더 생각해 보아야 할 것이 있다.

첫째, 세상 재물에서 초연하거나 내면적 자유를 누리는 것은 사도 바울 당시의 헬라 철학에서 매우 소중하게 여겨지던 것이었음을 알아야 한다.258) 크세노폰에 따르면, 소크라테스가 다음과 같은 가르침을 주었다고 기록한다. "아무런 결핍을 느끼지 않는 것은 신적인 상태이며, 가능한 한 적은 수의 결핍을 가지고 있는 것은 신적인 상태에 가깝다는 것이 나의 믿음이다."259) 그러나 그리스도인의 만족함은 하나의 단순한 이상이 아니라 예수님께서 가르치신 대로 자녀들의 필요를 알고 계시는 하늘의 아버지에게 믿음으로 반응하는 것이다.마6:25~34 진정한 만족은 풍부함과 부족함

모두를 하나님의 사랑의 의도로 볼 수 있을 때 가능하게 된다. 따라서 물질에 대하여 걱정하는 것은 불신앙이며, 하나님나라에 대한 관점을 상실했다는 징표다.

둘째, 만족은 욕심과 정면으로 대치되는 가치다. 탐심은 그 한계와 경계를 모른다. 반면에 만족은 인간 상황의 한계와 경계를 분명하게 인정할 때, 비로소 가능하게 된다. "자족하는 마음이 있으면 경건은 큰 이익이 되느니라 우리가 세상에 아무 것도 가지고 온 것이 없으매 또한 아무 것도 가지고 가지 못하리니"딤전6:6,7 예수님의 비유 가운데 등장하는 어리석은 부자에게는 바로 이와 같은 종류의 만족이 없었던 것이다. 만족 대신에 탐심이 자리를 잡게 될 때, 삶 자체가 파멸의 위협에 놓이게 된다.딤전6:9 따라서 우리는 우리의 삶을 재물 사랑에서 자유롭도록 만들고 또한 우리가 소유한 것에 만족하라는 권면을 받는 것이다.히13:5

셋째, 만족은 절제와 매우 밀접한 관계가 있음을 알아야 한다. 절제는 예수 그리스도 안에 나타난 하나님의 은혜로 말미암는 삶의 방식이 구체적으로 드러난 형태들딛1:11 가운데 하나인 동시에 성령의 열매다.갈5:23 바울이 주장한 대로 그것은 그리스도의 부활의 권능을 통하여 가능하게 된다.빌4:13

넷째, 만족은 교회의 지도자들에게 반드시 필요한 자질이라는 사실을 알아야 한다.딤전3:2,3; 딛1:17; 벧전5:2

가난한 자들을 향한 관대함은 만족함이나 내면적 자유와 분리될 수 없다. 우리는 만물이 하나님께 속해 있으며, 그것은 하나님나라와 그의 의와 관련하여서만 소유될 수 있다는 사실을 믿는 정도만큼 자신의 소유를 남에게 줄 수 있게 된다. 따라서 사도 바울은 부유한 자들에게 "마음을 높이지 말고 정함이 없는 재물에 소망을 두지 말고 오직 우리에게 모든 것을 후히 주사 누리게 하시는 하나님께 두며 선을 행하고 선한 사업을 많이 하고 나누어 주기를 좋아하며 너그러운 자가 되게 하라 이것이 장래에 자기를 위하여 좋은 터를 쌓아 참된 생명을 취하는 것이니라"딤전6:17~19라고 권면한다.

이와 같은 권면을 통하여 우리가 알 수 있는 것들은 부유한 그리스도인들은 자기 자신들을 하나님의 청지기로 여겨야 하며, 또한 하나님의 관대하심에 비추어 모든 사람을 향하여, 특별히 가난한 자들에 대한 관심을 가지고 살도록 부름 받았다는 사실을 깨달아야 한다는 것이다. 궁핍한 사람들과 재물을 나누지 않는 부유한 사람은, 예수 그리스도 안에 나타난 하나님의 사랑을 알지 못한다는 요한의 주장에도 같은 가정이 놓여 있다.요일3:16,17 가난한 자들과 연대하는 것은 취사선택의 문제가 아니라 하나님나라의 삶에 동참하는 필수 요소다.

예수님은 가난하셨으며 가난한 자들에게 복된 소식을 선포하러 오셨다. 예수님을 따르는 자들은 그의 사랑에 대한 응답으로 그들의 모든 소유를 포기하고 더 나아가 자신의 생명조차 하나님나라를 위하여 포기하는 자들이다. 가난한 자들과 함께하는 자들은 복이 있다. 왜냐하면, 하나님나라가 그들의 것이기 때문이다.

제10장 · 하나님나라와 교회의 사명

교회의 사명은 말씀을 선포하는 일뿐만 아니라,
성령의 능력 안에서 사랑으로 역사하는 믿음으로
사회를 위해 봉사함으로써
하나님나라를 세상 사람들에게 보여주는 일이다.

하나님나라와 교회 또는 하나님나라와 세상과의 관계는 서로 분리시켜 설명할 수 없다. 왜냐하면, 하나님나라에 관하여 말하는 것은 모든 창조세계를 향한 하나님의 구원 목적과, 그 목적을 실현하고자 교회가 감당해야 하는 역사적 사명에 관하여 말하는 것이기 때문이다. 하나님나라는, 교회의 출발점인 동시에 목표인 종말론적 실재와 관련 있는 것이다. 따라서 교회의 사명은 하나님나라에 비추어 볼 때에만 이해될 수 있다.

하나님나라의 임재

신약성경의 중심 주제는 예수님께서 구약의 예언을 성취하시려고 오셨으며 예수님 자신의 삶과 사역 속에서 하나님나라가 현재적 실재가 되었다는 것이다.

예수님과 사도 시대의 유대 종말론에 있어서 가장 기본적 개념 중의 하나가 두 시대를 구분하는 것이었다. 즉, 두 시대란 랍비문학에서 흔히 발견되는 것으로, 지금 시대와 장차 올 시대를 구분하는 것이다.[260] 이와 같은 유대 종말론의 이원론은 유대 민족이 깊은 회의주의에 빠져 있었음을 반영한다. 즉, 유대 민족이 이방 민족의 통치를 받는 동안 하나님의 음성은 들리지 않았으며, 약속된 메시아 왕국은 도래하지 않았다. 오히려 이스라엘 민족 가운데 신실한 자들이 이방인의 증오와 박해의 희생물이 되었다. 이런 상황 속에서 이스라엘 민족 안에는 현시대를 경멸하고 미래를 지나치게 강조하는 역사관이 나타나게 되었다. 역사는 종말론과 분리되었다. 유대 민족은 여전히 하나님께서 새로운 창조 질서를 세우실 것으로 기대하고 있었으나 그 일은 미래에나 일어날 것으로 여겼다. 현재는 악과 고통이 지배하는 기간으로 멸시되었다.

그와 같은 종말론은 구약 예언자들의 종말론과 정반대의 입장에 서 있다. 왜냐하면, 구약 예언자들의 메시지에서 가장 중요한 내용은 하나님의 약속은 역사 안에서 성취된다는 것이었기 때문이다. 래드George Eldon Ladd가 지적한 대로, "예언자들의 메시지는 특정한 역사적 상황 속에 살던 이스라엘 백성에게 주어진 것이다. 현재와 미래는 종말론적 긴장 속에서 하나로 어우러져 있다."[261]

신약성경 전체에서도 두 시대에 관한 가르침은 전제되고 있으나 그것은 예수 그리스도의 죽음과 부활에 비추어 재해석되고 있다. 신약성경의 기본 전제는 그리스도의 삶과 사역 안에서 하나님께서 자신의 구속 목적을 완성하셨다는 것이다. 하나님의 구속 목적을 완성시키실 분이 이 땅에 나타났으며, 유대 민족이 소망했던 종말론적 역사의 드라마가 시작되었다. 종말이 역사 안으로 침투해 들어온 것이다. 종말이 역사 안으로 들어옴으로 말미암아, 오스카 쿨만Oscar Cullmann이 적절하게 부른 것처럼, '시간의 새로운 구분'이 나타나게 되었다.262) 유대교와는 정반대로 신약의 기독교는 시간의 중심점이 미래에 놓여 있는 것이 아니라 과거에 놓여 있다고 믿는다. 그 시점은 예수 그리스도 안에 도래하였다. 유대 민족이 소망하는 새로운 시대, 즉 장차 올 시대는 이미 역사 안에 시작되었다. '지금 여기에서' 우리는 하나님나라의 축복들을 누릴 수 있는 것이다.

물론, 인간의 시간 선상의 중심점은 과거에 이미 나타났지만, 새시대의 완성은 아직도 미래의 일로 남아 있다. 인간의 역사 안에 구원의 드라마를 시작하신 하나님께서는 지금도 역사하고 계시며 그것이 완성될 때까지 계속 역사하실 것이다. 따라서 하나님나라는 현재 이루어진 실재인 동시에 미래에 성취될 약속이다. 하나님나라는 이미 이 땅에 임하였으며 또한 장차 올 것이다. 따라서 우리는 하나님나라의 도래를 기다리고 있다. 이와 같은 하나님나라의 현재와 미래의 동시적 측면은 신약성경 전체에 깔려 있는 종말론적 긴장의 기초가 되고 있다. 또한 그것은 유대교가 잃어버린 구약의 '선지자적·묵시적' 종말론의 재발견을 의미한다.263)

신약의 종말론에 관한 최근의 연구들은, 예수님의 가르침이 하나님나라의 현재성과 하나님의 구속 목적이 미래에 완성될 것에 대한 기대를 동시에 포함하고 있음을 보여준다. 그러나 예수님의 사역과 그가 선포하신 중심 주제는 하나님나라가 미래의 어느 시점에 도래할 것이라는 희망이 아니다. 오히려 예수님 자신의 삶과 사역 속에서 하나님나라가 이미 큰 권능으로 우리들 가운데 임해 있다는 것이었다. 예수님 자신도 구원의 종말론적 드라마가 완성될 그 날과 그 시는 아무도 모른다고 말씀하셨다. "그 날과 그 때는 아무도 모르나니 하늘에 있는 천사들도, 아들도 모르고 아버지만 아시느니라"막13:32 그러나 동시에 예수님은 자신 안에 이미 마지막 날의 드라마가 시작되었음을 선포하셨다. 하나님나라는 "맹인이 보며 못 걷는 사람이 걸으며 나병환자가 깨끗함을 받으며 못 듣는 자가 들으며 죽은 자가 살아나며 가난한 자에게 복음이 전파되도록"마11:5 만드는 하나님의 역동적 권능과 관계가 있다. 하나님나라는 귀신을 쫓아내는 성령 하나님의 손길과 관계가 있다.마12:28; 눅11:22 하나님나라는 귀신들린 것에서 자유함을 받은 일,눅8:36 소경이 눈을 뜬 일,막10:56 혈루증이 고침 받은 일,막5:34 죽음에서 살아난 일막5:23 등에서 구체적 임재의 모습을 보인다. 이 시대를 주관하는 어두움의 왕국이 공격을 당했으며 강한 자가 무장해제를 당하여 정복되었고 또한 무력하게 되었다.마12:29; 눅11:22 예언자들이 선언한 그 때가 도래하였다. 즉, 기름부음 받은 자가 가난한 자에게 복음을 전파하고, 갇힌 자에게 자유를, 눈먼 자에게 다시 보게 됨을 선포하고, 압제받는 자들을 풀어주며 하나님의 은혜의 때를 선포하는 때이다.눅4:18,19 다른 말로 하면, 예수님께서 역사 속에서 행하신 사역들은 하나님나라와 관련하여서만 이해될 수 있다. '지금 여기에서' 행하신 예수님의 사역은 예수님 자신의 삶과 행동 속에서, 또한 예수님의 복음선포, 정의와 자비의 사역 속에서 하나님나라가 인류 가운데 현재적으로 실재함을 보여주는 것이다.

따라서 하나님나라는 예수님께서 행하신 구체적 증거들을 통하여 가시적으로 나타난 하나님의 역동적 권능이다. 하나님나라는 인류 역사의 흐름 속에 들어온 새로운 실재다. 하나님나라는 인류의 삶을 도덕적으로나 영적으로 뿐만 아니라, 물리적으로나 심리적으로, 물질적으로나 사회적으로 모든 영역에서 영향을 미치고 있다. 종말은 비록 인류 역사의 종점에서 완성될 것이지만, 이 하나님나라는 그리스도의 삶과 사역 속에서 이미 시작되었다. 하나님나라는 사람들 가운데 이미 활동하고 있지만, 믿음을 가진 사람만이 분별할 수 있다.눅17:20,21 하나님의 구속사역이 완성되는 것은 여전히 미래의 일이다. 그러나 종말의 성취는 이미 우리 가운데서 가능하다.

하나님나라가 구체화된 사건들에 비추어 우리는 하나님나라에 대한 예수님의 선포를 가장 잘 이해할 수 있다. "때가 찼고 하나님나라가 가까웠으니 회개하고 복음을 믿으라"막1:15는 예수님의 선포는 단순히 말로만 주어진 메시지가 아니었다. 오히려 그것은 우리 눈에 보이며 우리 귀에 들려지는 어떤 것에 관한 복된 소식이다. 첫째, 그것은 역사적 사실, 즉 실제로 발생한 사건이며 인류 전체의 삶에 영향을 미치는 사건에 관한 소식이다. 둘째, 그것은 인류 역사 전체와 관련 있는 모든 사람의 관심사에 관한 소식이다. 셋째, 그것은 구약 예언의 성취에 관한 소식이다. 예언자들에 의해 선포된 이스라엘 민족의 위대한 여호와의 나라가 현재적 실재가 되었다. 넷째, 그것은 회개와 믿음을 요청하는 소식이다. 다섯째, 그것은 새로운 사회, 즉 개인적으로 부르심 받은 사람들로 구성된 사회가 형성된다는 소식이다.

하나님나라가 이 땅에 임했다는 사실은 예수님의 사역에 관한 기록들 속에서 구체적으로 볼 수 있다. 하나님나라가 현재적 실재가 된 것은 예수 그리스도 안에서 또한 예수 그리스도를 통하여 이루어진 일이다.

하나님나라와 교회

신약성경이 서술하는 교회는 예수 그리스도를 우주의 주로 고백하는 하나님나라의 공동체다. 이 교회를 통하여 하나님나라가 인류 역사 속에 구체적으로 나타나는 것이다.

메시아라는 용어와 메시아적 공동체라는 표현은 서로 연관이 있다. 만일 예수님께서 스스로 주장하셨던 것처럼 자신이 메시아라면, 그가 자신의 뜻을 따르는 공동체를 창설하는 것은 전혀 이상한 일이 아닐 것이다. 신약의 증거들을 대략적으로 분석해보아도, 이것이 예수님께서 행하신 사역의 내용이었음을 알 수 있다.

예수님은 자신의 사역 기간 동안, 남자들과 여자들로 하여금 모든 것을 버리고 자기를 따르도록 부르셨다.마10:34~38; 눅9:57~62; 14:25~33 예수님의 부르심에 응답하는 사람들은 그의 작은 무리가 되고 그들은 하나님나라의 백성이 된다.마26:31; 눅12:32 예수님께서는 하늘에 계신 하나님 앞에서 그들을 인정하실 것이다.마10:32 이하 그들은 예수님의 가족이며, 친형제나 부모보다도 예수님과 더 가까운 자들이다.마12:50

예수님께서 이와 같은 메시아적 공동체를 "내 교회"마16:18라고 언급하신 것은, 예수님께서 이루신 사역의 유일한 목적과 완벽하게 일치하는 것이다. 즉, 예수님의 사역은 이스라엘에게 주셨던 하나님의 언약들이 성취되는 새로운 공동체를 창조하는 것이었다. 본질적으로 예수님 자신의 소유가 되는 '교회'를 세울 것이라는 그의 계시는, 교회와 예수님의 메시아 신분과의 관계를 암시해 준다. 즉, 예수님께서는 제자들이 예수님이 메시아 되신다는 사실을 인정한 후에야 자신의 사역 목적을 선포하신 것이다. 예수님은 하나님나라가 현재적 실재가 되도록 만드는 메시아시다. 교회는 예수님의 왕적 권능의 결과로 존재하게 된 새로운 공동체다. 이러한 사실로 보아, 교회는 하나님나라와 동일시될 수 없음의 명백해진다. 이점에 대해서 래드Ladd가 잘 말해준다.

만일 하나님나라를 역동적으로 이해하는 것이 옳다면, 하나님나라는 결코 교회와 동일시될 수 없는 것이다. … 성경의 표현들 속에서 그 나라는 그 나라의 백성과 동일시되지 않는다. 그 나라의 백성은 하나님의 통치 영역으로 들어가며 그 통치 아래 살고 그 통치에 의해 다스림을 받는 사람들이다. 교회는 하나님나라의 공동체이지만 하나님나라 자체는 결코 아니다. 그 나라는 하나님의 통치다. 교회는 인간들의 사회다."264)

오순절 이후, 하나님나라는 성령의 은사를 통하여 계속적으로 현재적 실재가 되었다. 이것은 다음과 같은 사실로 명백해진다. 즉, 제자들이 "주께서 이스라엘 나라를 회복하심이 이 때니이까"라고 질문했을 때, 예수님께서는 "때와 시기는 아버지께서 자기의 권한에 두셨으니 너희가 알 바 아니요 오직 성령이 너희에게 임하시면 너희가 권능을 받고 예루살렘과 온 유대와 사마리아와 땅 끝까지 이르러 내 증인이 되리라"행1:6~8고 하셨다. 따라서 하나님나라가 성취되는 과정 속에서 성령이 종말의 대행자가 되신다. 예수 그리스도 안에서 역사 안으로 들어온 하나님나라는 성령을 통하여 계속 진행되는 것이다.

교회는 하나님께서 성령을 통해 역사하신 결과다. 그것은 그리스도의 몸이며 예수 그리스도 안에서 시작된 새로운 시대의 삶이 나타나는 영역이다. 그와 같은 새시대의 삶이 모든 신자에게 나타나게 되는 것은 성령의 사역을 통해서다.고후3:6; 갈5:25; 롬8:2,6 마찬가지로 성령은 교회로 하여금 선교사역을 감당하도록 은사를 제공하신다.고전12:4 이하 이것이 의미하는 바는, 교회는 하나의 조직이 아니라 성령의 사역을 통하여 모든 지체가 하나로 연합하는 유기체라는 것이다. '한 몸'은 '한 성령'과 밀접한 연관이 있다.엡4:4

하나님나라와 교회의 관계를 정확하게 이해하려면, 성령과 교회의 관계를 바로 이해해야 한다. 교회의 존재는 성령에 의존한다. 교회의 말과 행동들은 하나님나라가 현재적으로 나타나도록 하는 수단에 불과한 것이다. 그것들은 인간의 행동이나 말로는 완전하게 설명되지 않는다. 하나님나라는 전적으로 미래에 속한 것이 아니다. 하나님나라는 "성령 안에서 하나님의 거하실 처소"엡2:22인 기독교 공동체 안에서 현재적 실재로 나타나는 것이다. 교회는 하나님나라가 아니지만, 하나님나라가 이 땅에 임한 구체적 결과다. 교회는 역사적 실재인 하나님나라의 특징을 가지는데, 그것은 현재를 특징짓는 '아직'이라는 표식이다. 그러나 '지금 여기에서' 교회는 이미 예수님께서 이 땅에 들여오신 하나님나라의 '이미' 안에 동참하고 있다.

성령이 내주하시는 하나님나라의 공동체로서의 교회는 유대인과 이방인을 모두 포함하는 '새로운 사회'로 불린다.고전10:31 교회는 하나님나라와 동일시되어서는 안 되지만, 하나님나라와 분리되어서도 안 된다. '지금 여기에서' 교회는 성령의 능력에 힘입어 하나님나라의 가치들을 보여주어야 한다. 이것은 교회가 이미 승리하는 교회라는 말이 아니라 교회는 "하나님의 이스라엘",갈6:16 즉 예수 그리스도를 주로 고백하고, 또한 그 고백에 따라 살도록 부르심을 받은 하나님의 백성이라는 사실을 인정하는 것이다. 레슬리 뉴비긴Lessile newbigin이 이에 덧붙인 것처럼,

교회는 선포된 메시지의 해석을 가능하게 만들어 주는 하나님나라의 실재를 맛보기 시작한 공동체다. … 그와 같이 살아있는 공동체의 해석 없이는 하나님나라의 메시지는 하나의 이데올로기나 하나의 프로그램에 불과하게 될 것이다. 그것은 복음이 아니다.265)

오순절의 성령 강림으로 말미암아, 복음을 전파하는 능력뿐만 아니라 사도들에 의해 많은 기사와 이적들이 행해졌다. 또한 새로운 공동체가 형성되었는데, 그 공동체는 사도의 가르침을 받아, 서로 교제하며, 떡을 떼며, 기도하기를 전혀 힘쓰며, 모든 물건을 서로 통용하는행2:42~44; 4:32~37 사람들의 공동체였다.

따라서 오순절 사건은 새로운 경제체제를 포함하는 새로운 삶의 방식을 가능케 만드는 능력을 의미한다. 예수 그리스도께서 부여하시는 새시대의 능력은 성령을 통하여 하나님의 백성 가운데 존재하며 하나님나라를 구체

적으로 보여줄 수 있는 징표로 만드신다.

교회의 사명과 선한 일

하나님나라가 예수 그리스도 안에 시작되었기 때문에 교회의 사역은 하나님나라의 임재와 분리하여 이해할 수 없다. 교회의 사명은 예수님의 사역의 연장이다. 교회의 사명은 완전한 형태는 아니더라도 말씀을 선포하는 일뿐만 아니라 사회적 봉사활동을 통하여 하나님나라를 보여주는 것이다. 사도들의 증거는 예수 그리스도께서 주님이라는 사실에 대한 성령의 증거를 계속 전하는 것이었다. 만물을 예수님 아래 두신 하나님께서 "만물을 그의 발 아래에 복종하게 하시고 그를 만물 위에 교회의 머리로 삼으셨느니라 교회는 그의 몸이니 만물 안에서 만물을 충만하게 하시는 이의 충만함이니라"엡1:22,23 하나님나라를 구체적으로 보여주는 공동체로서의 교회는 주 예수 그리스도를 고백하며 선포한다. 교회는 또한 하나님께서 준비하여 주신 선한 일들을 행한다. 하나님께서 예수 그리스도 안에서 교회를 창조하신 목적은 그 일을 위함이다.엡2:10 "사도들의 기록을 통하여 예수님과 사도들은 오늘날도 계속하여 말하고 있다"는 주장은 사실이다.266) 동시에 교회와 교회의 선한 일들을 통하여 하나님나라가 현재적 실재로 역사 안에서 가시화되어 나타난다는 것도 사실이다. 따라서 선한 일들은 교회가 감당해야 하는 부수적 사역이 아니다. 오히려 선한 일들은 하나님나라가 현재 나타나는 데 있어 핵심 요소다. 교회가 선한 일들을 행함으로써 하나님나라가 이미 이 땅에 임하였으며 또한 장차 임할 것임을 세상에 보여주는 것이다.

물론, 이것은 선한 일들, 즉 하나님나라가 구체화된 표시들을 통해 믿지 않는 사람들이 복음을 받아들이게 된다는 의미는 아니다. 예수님께서 행하신 이적들조차 때로는 거부되었다. 예수님의 이적들뿐만 아니라 어떤 사람들은 그의 말씀조차도 받아들이지 않았다. 따라서 우리는 그리스도인의 사명을 다음과 같은 방식으로 해석해서는 안 된다. 즉, 말로 복음을 전파하는 것은 믿지 않는 자들에게 충분한 설득력이 있는 반면에 눈에 보이는 증거들, 즉 선한 일들은 그렇지 못하다고 해석하는 것이다.267) 듣고 보는 것이 언제나 믿음을 낳지는 않는다. 말씀과 행동은 모두 하나님나라를 가리키지만 "성령으로 아니하고는 누구든지 예수님을 주시라 할 수 없다" 고전12:3

하나님나라와 세상

신약성경에 따르면, 온 세상은 예수 그리스도의 주권 아래 놓여 있다. 그리스도인의 소망은, 하나님의 구원 사역이 완성되는 것과 관련 있다. 즉, 하나님께서 예수 그리스도 아래 만물을 복종시키시며 모든 인류를 하나님나라 안에서 죄와 사망에서 해방시키신다.

교회가 주로 고백하는 그리스도는 온 우주의 주님이시다. 교회가 감당해야 할 사명의 근거는 예수 그리스도의 우주적 주권을 인정하는 것에 있다. 그리스도는 왕으로 등극하셨으며 그의 절대 주권은 창조 세계 전체에 미치는 것이다. 따라서 예수님은 온 우주의 왕으로서 그의 제자들로 하여금 모든 민족을 제자 삼으라고 명령하신 것이다.마28:18~20

교회는 예수 그리스도의 우주적 주권을 가시적으로 보여주는 통로다. 즉, 하나님나라를 구체적으로 보여주는 매개체다. 예수님께서 모든 사람의 주가 되신다는 사실은, 그가 모든 남자와 여자들 위에 주권적으로 다스리고 계신다는 사실 뿐만 아니라 현재 그의 이름을 부르는 모든 사람에게 하나님나라의 축복을 주시는 분이심을 의미한다.롬10:12 예수님께서 만물의 머리가 되신다는 사실은 대단히 중요하다. 왜냐하면, 교회가 그리스도의 충만함으로 가득 차도록 하기 위하여 예수님께서 만물의 머리로서 교회를 다스리시기 때문이다.엡1:22 온 우주를 자신의 권세 아래 두신 예수님께서는 그의 백성에게 은사들을 주신다. 그 은사들로 말미암아 예수 그리스도를 믿는 사람들은 그의 인격 안에서 완전하게 실현된 인간의 모델을 모방할 수 있게 된다.엡4:10 이하 하나님의 지혜로서, 옛 창조세계 중에서 처음 난 자였던 그리스도는 동시에 그의 부활로 말미암아 새 창조세계 중에서 처음 난 자이시다.골1:15,18 그는 "모든 정사와 권세의 머리"골2:10이시며, 동시에 "몸인 교회의 머리"골1:18; 엡5:23이시며, 교회는 이 머리로부터 생명을 받는다.골2:19 그리스도의 죽음을 통하여 하나님께서는 만물을 자신과 화해시키기를 원하셨다.골1:20 또한 그리스도의 육체를 통하여 그는 모든 믿는 자를 "거룩하고 흠 없고 책망할 것이 없는"골1:22 자들로 하나님 앞에 세우고자 화목하게 하셨다. 예수님께서 하나님의 우편에 계신다는 사실은, 그가 모든 창조세계를 중재하시는 왕일뿐만 아니라 그의 백성을 위하여 중재 사역을 계속하고 계심을 묘사하는 것이다.히1:3; 10:12; 롬8:24

　신약성경 전체의 가르침을 살펴볼 때, 우리는 다음과 같은 결론을 얻게 된다. 즉, 교회를 제대로 이해하려면, 교회를 예수 그리스도 안에 계시된 하나님의 우주적 목적이라는 맥락 속에서 보아야 한다는 것이다. 하나님의 목적은 "하늘에 있는 것이나 땅에 있는 것이 다 그리스도 안에서 통일되게 하는 것이다"엡1:10 이 공개된 비밀은 이미 교회 안에서 가시적으로 나타난다. 예수 그리스도에 관한 교회의 신앙고백은 "하늘에 있는 자들과 땅 위에 있는 자들과 땅 아래 있는 자들로 모든 무릎을 예수의 이름 아래 꿇게 하시고 모든 입으로 예수 그리스도를 주라 시인하여 하나님 아버지께 영광을 돌리게"빌2:10,11하시는 하나님의 목적이 성취될 것을 예시해 준다. 하나님나라에 관하여 말하는 것은 우주적 복음, 즉 아버지로부터 이

세상의 구주로 보냄을 받으신 아들에 모든 초점을 맞추는 구원의 메시지에 관하여 말하는 것이다. 요일4:14

하나님의 구원 목적이 전 세상을 포함한다는 사실은 모든 남자와 여자들이 자동적으로 하나님나라에 속하여 있음을 의미하는 것은 아니다. 하나님나라는 우리가 들어가야 하는 종말론적 질서이며, 하나님나라에는 특정한 조건들을 만족시키지 못할 때에는 결코 들어갈 수 없는 것이다. 마5:20; 7:21; 18:3; 19:23; 막10:23 이하 결과적으로 하나님나라의 선포는 사람들에게 알려져야 하는 객관적 사실을 선포하는 것으로 그치는 것이 아니라 오히려 믿음을 요구하는 것이다.

그럼에도, 하나님의 우주적 목적에 비추어 볼 때, 세상과 하나님나라와의 관계는 하나님의 섭리라는 차원에서만 이해될 수는 없다. 예수 그리스도께서 이 땅에 오심으로 온 세상은 십자가 아래 놓이게 되었다. 그리스도의 십자가는 심판뿐만 아니라 은혜도 선포한다. 예수 그리스도께서 죽으시고 또한 죽은 자들 가운데서 부활하셨기 때문에, 이 세상은 더는 하나님의 심판 아래 놓여 있는 인류만은 아니게 되었다. 그리스도께서 이루신 의는 우주적 차원을 가지고 있다. 왜냐하면, 한 범죄로 많은 사람이 정죄에 이른 것 같이 의의 한 행동으로 말미암아 많은 사람들이 의롭다 하심을 받아 생명에 이르렀기 때문이다. 롬5:18 복음은 인류 역사 전체에 영향을 미치는 하나의 사건에 대한 선포다.

따라서 하나님께서는 "섭리적으로 다스리고 계시며 또한 그의 창조 안에서 인류 전체의 역사가 그의 목적을 이루는 방향으로 성취되어질 것이다"라고 말하는 것만으로는 충분하지 않다.268) 그것은 마치 예수 그리스도의 사역을 하나님의 구원 목적이 성취되는 방향과 전적으로 무관한 것으로 만드는 것과 같다. 그리스도께서는 주로 등극하셨다. 그는 죄를 포함하는 그의 모든 대적이 그의 무릎 아래 엎드릴 때까지 그의 왕권을 행사하셔야 한다. "만물을 그에게 복종하게 하실 때에는 아들 자신도 그 때에 만물을 자기에게 복종하게 하신 이에게 복종하게 되리니 이는 하나님이 만유의 주로서 만유 안에 계시려 하심이라"고전15:28

구속의 하나님은 동시에 정의와 화해를 요구하시는 온 인류의 창조주요 심판주이시다. 따라서 교회를 향하신 그의 목적도 세상을 향하신 그의 목적과 분리될 수 없다. 교회가 하나님나라의 가시적 징표인 동시에 구원받은 인류의 첫 열매라는 관점에서 볼 때, 교회의 위치를 정확하게 이해하게 된다. 온 세상은 '지금 여기에서' 종말을 기대하는 가운데 교회 안에서 또한 교회를 통하여 그리스도의 주권 아래 복종하게 되며 따라서 새 하늘과 새 땅에 대한 약속을 가지게 된다. 우리는 교회를 전체 인류와 역사를 향하신 하나님의 목적과 구분시켜 이해하려고 해서는 안 된다. 왜냐하면, 교회는 인류와 역사를 향하신 하나님의 목적이라는 틀 안에서만 그 중요성을 가지기 때문이다. 복음의 보편성이란 모든 사람이 하나님나라에 참여하게 될 것이라는 의미가 아니라, 오히려 교회가 모든 사람에게 하나님나라를 선포하게 될 것이라는 뜻이다. 행1:8; 19:8; 28:23 창조세계의 구속은 "하나님의 아들들의 나타나는 것"과 분리될 수 없으며 피조세계의 해방은 "하나님의 자녀들의 영광의 자유"롬8:19,21와 분리될 수 없다. 다른 말로 하면, 신약성경의 관점에서 볼 때 보편사의 의미는 교회의 우주적 의미와 밀접하게 연결되어 있다는 것이다. 교회란, 역사라는 거친 바다에서 구출된 소수의 무리로 구성된 하나의 종파가 아니다. 그것은 만물을 창조하신 하나님의 다양한 지혜의 우주적 현현이며,엡3:9,10 둘째 아담의 형상으로 나타나는 "새사람"의 현현엡2:15; 4:13; 고전15:45이요 새 인간성의 첫 열매가 나타남약1:18이다.

하나님나라를 세상과 연결 지어 말하는 것은 단순히 하나님의 섭리를 확인하는 것뿐만 아니라, 중재자이시며 왕이신 예수 그리스도에 관하여 말하는 것이다. 예수 그리스도의 통치는 그의 이름을 고백하는 사람들의 공동체 안에서, 비록 완성된 모습으로는 아니라 할지라도 가시적으로 나타나게 된다. 하나님께서는 창조세계를 향한 자신의 목적을 이루시고자 행동하고 계신다. 교회는 성령의 능력을 힘입어 그리스도 안에서 주어진 구원을 선포하며 하나님나라의 표식들을 나타내 보여준다. 또한, 주 안에서 행하는 모든 수고가 헛되지 않음을 알고 그리스도의 사역에 전적으로 헌신하는 것이다. 고전15:58

결론

앞부분의 논의에서 우리는 다음과 같은 결론을 얻을 수 있다.

1. **복음전도와 사회적 책임은 다음과 같은 사실에 비추어 비로소 이해할 수 있다. 즉, 예수 그리스도 안에서 하나님나라는 역사 안으로 침투해 들어왔으며, 지금 그 나라는 현재적 실재임과 동시에 미래적 희망이다.** 따라서 하나님나라는 "점진적으로 사회를 개량시키는 것이며 교회의 사명은 지금 여기에서 이 땅을 천국과 같이 개조시키는 것이 아니다." 또한 천국은 "인간의 마음 한 복판에 자리 잡은 영혼과 도덕의 영적 성향들 속에 하나님의 통치가 현재적이고 내면적으로 미치는 것"이 아니다.269) 오히려 그것은 하나님의 구속의 능력이 역사 안에 나타나는 것으로, 가난한 자에게 복음이, 갇힌 자에게 자유가, 눈먼 자에게 다시 보게 됨이, 또한 억눌린 자들에게 해방을 가져오는 것이다.

2. **복음전도와 사회에 대한 책임은 서로 분리되지 않는다.** 복음은 하나님나라에 대한 복된 소식이다. 다른 한편으로 선행은 예수 그리스도 안에서

우리가 새롭게 창조함을 받아 새로운 삶의 목표가 된 하나님나라의 가시적 표현이다. 예수 그리스도와 그의 제자들의 사역 속에서 말과 행위는 전혀 분리되지 않았으며, 우리들 또한 교회의 사역 속에서 말과 행위를 분리해서는 안 된다. 그와 같이 할 때, 예수님의 사역이 이 시대의 끝날까지 지속되는 것이다. 하나님나라는 단순히 하나님께서 이 세상을 지배하신다는 의미가 아니다. 그러므로 우리는 하나님나라가 예수 그리스도에 의하여 실질적 의미로 도래하였다고 볼 수가 없다. 오히려 하나님나라는 창조세계에 대한 하나님의 절대적 왕권이 구체적으로 표현된 것이며, 종말에 대한 기대를 유지한 채, 예수 그리스도의 삶과 사역 안에서 현재적 실재가 된 것이다. 교회를 통하여 선포되는 하나님나라와 그 나라의 가시적 표식들은 종말의 대행자로서의 성령의 능력에 의하여 진행되고 있다. 즉, 교회의 사역은 하나님나라의 현재와 미래적 실재를 보여주는 실체다.

오늘날 인류에게 가장 절박하게 필요한 것은 예수 그리스도를 개인적으로 만나는 일이다. "한 분이신 주께서 모든 사람의 주가 되사 그를 부르는 모든 사람에게 부요하시도다 누구든지 주의 이름을 부르는 자는 구원을 받으리라"롬10:12,13 이와 같은 관점에서 볼 때에만 "교회의 희생적 봉사의 사명들 가운데 복음전도가 제1차적 사역이 된다"로잔언약 6항 또한 복음은 끊임없이 선포되어야 한다. 그러나 복음은 하나님나라에 대한 좋은 소식이며, 그 하나님나라는 인간의 삶 전체를 통치하는 하나님의 통치다. 따라서 인간의 모든 필요는 하나님의 왕 되신 능력이 성령에 의하여 나타나기 위한 발판으로 사용될 수 있다. 그래서 삶의 현장에서 복음전도와 사회적 행동 중 어느 것이 우선되어야 할 것인가는, 전혀 의미 없는 질문이다. 인간이 처한 구체적 상황 속에서 그가 필요로 하는 것들이 우선권을 결정하는 데 지침이 될 뿐이다.

복음전도와 사회에 대한 책임은 둘 다 교회가 감당해야 할 핵심적 사명임을 인정하는 한, 우리는 어느 것이 우선되어야 한다고 말할 필요가 없다. 만일, 그 두 가지 사역이 교회의 핵심적 사역이 아니라고 한다면, 그 둘의 관계를 이해하려고 애쓰는 모든 노력은 부질없는 학문적 유희에 불과할 뿐이다. 그것은 비행기가 날개 하나만으로도 날 수 있다고 믿는 사람에게 오른쪽 날개와 왼쪽 날개의 관계를 이해시키려고 애쓰는 것과 마찬가지로 부질없는 일이다. 또한 양 날개의 관계를 이해할 수 있는 가장 좋은 방법은 앉아서 그 문제에 관해 이론을 제시하는 것보다 실제로 비행기를 날려보려는 것임을 부인할 사람이 어디 있겠는가?

3. **교회는 지금 여기에서 교회의 존재 자체와 교회가 선포하는 메시지들을 통하여 하나님나라를 나타내 보여주도록 부름을 받았다.** 하나님나라는 이미 임하였고 또한 장차 올 것이기 때문에 교회는 역사적 실재임과 동시에 종말론적 실재다. 만일 교회가 하나님나라를 완전하게 제시해 주지 못한다고 할 때, 그것은 하나님나라가 이 세상을 변혁시키는 능력이나 권세가 없기 때문이다 아니라[270] 완성의 시대가 아직 도래하지 않았기 때문이다. 교회 안에서 활동하시는 성령의 능력은 하나님의 권능의 힘을 통해 역사하는 것과 같다. "그의 능력이 그리스도 안에서 역사하사 죽은 자들 가운데서 다시 살리시고 하늘에서 자기의 오른편에 앉히사 모든 통치와 권세와 능력과 주권과 이 세상뿐 아니라 오는 세상에 일컫는 모든 이름 위에 뛰어나게 하신다."엡1:20,21 교회의 사명은 성령의 능력 안에서 말과 행위를 통하여 그 능력을 역사적 현실 속에서 나타내 보여주는 것이다.

4. **예수 그리스도께서는 죽음과 부활로 말미암아 온 우주의 주로 등극하셨다. 따라서 전세계는 그의 주권 아래 놓이게 되었다.** 교회는 전체 인류의 운명을 예견해 준다. 따라서 교회는 예수 그리스도를 주로 고백하며 또한 예수

그리스도를 통하여 하나님을 "온 인류의 창조주요 심판주"로 인정하는 공동체로서 "인류의 모든 사회 안에서 정의와 화해를 실현하고 또한 모든 종류의 압제에서 인간을 해방시키는 일에 대한 교회의 관심을 함께 나누도록"로잔언약 5항 부름을 받았다. 예수 그리스도에 대한 헌신은 우주의 주님이시오 모든 사람이 무릎을 꿇어야 하는 왕이요 또한 인류 역사의 최종 운명이 되시는 예수 그리스도에 대한 헌신이다. 그러나 하나님나라의 최종 완성은 하나님께서 이루시는 일이다. 판넨베르크Wolfhart Pannenberg가 말한 대로 "하나님나라는 인간에 의하여 세워지지 않을 것이다. 그 나라는 하나님에 의해 건설되는 '하나님' 의 나라다. 인간이 자신의 능력에 대한 환상에 젖게 되면, 높아지는 것이 아니라 오히려 낮아질 뿐이다."271)

후 주
endnote

1) "The Lausanne Covenant," *Making Christ known : Historic Mission Documents from the Lausanne Movement*, 1974-1989, ed. John Stott (Carlisle Cumbria: Paternoster Press, 1996).

2) C. René Radilla, "Integral Mission and Its historical Development," *Justice, Mercy and Humility: Integral Mission and the Poor*, ed. Tim Chester (Carlisle, Cumbria: Patenoster Press, 2002), pp. 42-58.을 보라.

3) Ernest Marshall Howse, *Saints in Politics* (London: George Allen & Unwin, 1952).

4) 이 주제에 대한 고전적 작업은 티모시 스미스(Timothy L. Simth)의 *Revivalism and Social Reform: American Protestantism of the Eve of the Civil War* (New York: Abingdon Press, 1957)에 있다. 19세기의 복음전도에 대한 사회적 양심과 관련하여 스미스는 주장하기를, "개신교 미국인의 넓은 범위는 국가에 대한 모든 계층과 각 부분을 대표하고, 루터교, 침례교, 감리교를 포함하고, 장로교와 회중교회주의 만큼 많은 제자가 있다. 그래서 그 시대의 선교적이고 교육적이고 도덕적 운동을 계속했다. 평범한 사람들은 더 우수한 국가가 야만적 행위에 저항하고, 노예가 늘어나는 것을 막고, 문맹집단을 교육하고, 사람들의 마음과 공화국 상황에 하나님의 말씀을 심기 위하여 도덕적 힘이 필요하다는 사실을 예리하게 느꼈다."(p. 252).

5) *The Great Reversal: Evangelism versus Social Concern* (Philadelphia: Lippincott, 1972).

6) CLADE I는 1966년 베를린에서 열린 the World Congress on Evangelism에 뒤이어 계획된 복음전도에 관한 일련의 지역 컨퍼런스 중 하나다. 다른 컨퍼런스는 싱가포르(1968), 미니애폴리스(1969), 오스트레일리아(1971)에서 열렸다.

7) Samuel Escobar, *Evangelio y realidad social: Ensayos desde una perspectiva evangélica* (Lima : Presencia, 1986), pp. 9-39 참조. 에스코바의 연설은 1960년대 동안 국제복음주의 학생회(IFES)의 라틴아메리카 지부에서 일어났던 성찰에 대한

종합적 통합이었다.

8) 주류 사회에서 온 참가자들의 영향력 아래에, The Congress on the World Mission of the Church (Wheaton, Illinois, 1966)는 이미 *Wheaton Declaration (Evangelical Mission Quarterly* 2 [Summer 1966], 231-244)에 비슷한 관심을 표현했다.

9) 다니엘 살리너스(Daniel Salinas)는 *Journal of Latin American Theology: Christian Reflections from the Latino South* 2, 2009에서 다섯 명의 영향력 있는 FTL의 개척자를 소개한다. 그들은 Emilio Antonio Núñez, José Míguez-Bonino, René Padilla, Samuel Escobar, and Orlando Costas이다.

10) 이 회의에 대한 기록은 르네 빠딜라가 편집한 *El Reino de Dios y América latina* (El Paso, Texas: Casa Bautista de Publicaciones, 1975)에 게재되었다.

11) 르네 빠딜라 "복음전도와 세상"(이 책 2장)과 사무엘 에스코바의 "복음전도와 자유, 정의, 성취에 대한 인간의 추구"(*Let the Earth hear His Voice*, ed. j. D. Douglas [Minneapolis : World Wide Publications, 1975], pp. 116-146 and 303-326).

12) 하워드 스나이더, "복음전도에 대한 하나님의 사자인 교회"(*Let the Earth hear His Voice*, ed. j. D. Douglas [Minneapolis : World Wide Publications, 1975], pp. 327-380). 스나이더는 후에 그의 논문을 상세히 설명해서 교회학에 관한 뛰어난 책 *The Community of the King* (Downers Grove: InterVarsity Press, 1977; 2nd rev. ed., 2004, with an additional chapter that deals mainly with Latin American ecclesiology)을 발간했다.

13) 이 문서는 *Let the Earth hear His Voice*, ed. j. D. Douglas (Minneapolis : World Wide Publications, 1975), pp. 1294-1296에 포함되어 있다.

14) Rodger C. Bassham에 의하면, "급진적인 제자도 단체에 의해 만들어진 선언문에 대한 존 스토트의 지지는 그 위원회가 제기한 문제를 수용하도록 자극했다." (*Mission Theology, 1948-1975: Years of Worldwide Creative Tension Ecumenical, Evangelical and Roman Catholic*[Pasadena : William Carey Library, 1979], p. 233).

15) 앞의 책, 1294. 이러한 중요한 문서의 기초 위원회의 회원 가운데는 미국에서 그리스도인의 사회적 책임을 지지하는 것으로 잘 알려진 몇몇 분들로, 존 요더(John H. Yoder), 론 사이더(Ron Sider), 짐 웨일즈(Jim Walis)와 같은 분들이 있었는데, 이들은 1973년 시카코에서 열린 복음전도와 사회적 참여에 관한 추수감사절 워크숍에 참여했다. 이 워크숍은 미국에서 '사회적 행동을 위한 복음주의자의 연대' Evangelicals for Social Action의 출발점이 되었다. 라틴아메리카의 대표는 사무엘 에스코바였다.

16) 로잔언약 전문과 그에 대한 해설과 주석을 보려면, 존 스토트의 *Making Christ Known: Historic Mission Documents from the Lausanne Movement* 1974-1989(Carlisle, Cumbria: Paternoster press, 1996, pp. 3-55.)을 보라.

17) 같은 책, 16.

18) 이들 네 번의 회의의 간단한 요약을 보려면, 앞의 책, pp. xvii-xviii.를 보라.

19) 로날드 사이더(Ronald Sider), ed., *Lifestyle in the Eighties: An Evangelical Commitment to Simple Lifestyle* (Exeter: Paternoster Press, 1982), p. 18. 비슷한 관심이 1979년 마드라스 선언에 표현되었다. 이것은 The All India Conference on Evangelical Social Action에 의해 발행되었고(Chris Sugden, *Radical Discipleship* [London: Marshall, 1981], pp. 184-189을 보라) 제2차 라틴 아메리카 전도대회에 의해 발행된 목회서신 안에 표현되었다(*América latina y la evangelizatión en los años 80* [México: FTL. 1980], p. xix-xx을 보라).

20) 태국선언(Thailand Statement)(존 스토트, 앞의 책, pp.154-164를 보라.) 데이비드 보쉬David J. Bosch에 의하면, "파타야Pattaya는 다소 '포장' 되었다"(In Search of Mission: Reflections on 'Melbourne' and 'Pattaya,'" *Missionalia* 9 [April 1981], p.17)라고 했다. COWE에 대한 예리한 비평을 보려면, Orlando E. Costas의 *Christ outside the Gate: Mission Beyond Christendom*(Maryknoll, N. Y.: Orbis Books), pp. 135-161을 보라.

21) 앤드류 커크(Andrew Kirk)의 *A New World Coming: A Fresh Look at the Gospel for Today* (Basingstoke, UK: Marshall Morgan & Scott 1983). pp. 148-151에 있는 이 문서를 보라.

22) 데이비스 보쉬(David Bosch), *Transforming Mission : Paradigm Shifts in Theology of Mission* (maryknoll, N. Y: Orbis Books, 1991), p. 406.

23) 아서 존스톤(Arthur P. Johnston), "The Kingdom in Relation to the Church and the World," *In World and Deed : Evangelism and Social Responsibility*, ed. Bruce nichols (Exeter, Devon : Paternoster Press, 1985), pp. 109-133.

24) 이것은 복음전도에 대한 존스톤의 정의이다. (앞의 책, p. 110).

25) 앞의 책, p. 128. 하나님나라에 대한 이러한 이해가 복음주의 단체 가운데 얼마나 퍼졌는지는 『NIV 스터디 성경』의 누가복음 17장 21절에 대한 주석을 보면 분명하다. "하나님의 나라는 너희 안에 있느니라. 하나님나라는 물질적이고 외부적(요18:36참조)이라기보다는 영적이고 내면적이란 것을 가리킨다(마23:26)." 비록 '안에' within란 말을 문법적으로 번역하는 것도 가능하지만, 이러한 해석은 두 가지 근거로 폐기되어야 한다. (a) 첫 번째, 만약 예수님이 바리새인들에게 설교한다고 여기는 사람이 있다면, 이 말씀은 말도 안 된다. 어떻게 하나님나라가 바리새인들 가운데 있을 수 있는가? (b) 하나님나라가 "영적이고 내면적인 것"이라는 관점을 지지할만한 증거가 없다. 요아힘 제레미아스(Joachim Jeremias)는 "유대교나 신약성경의 그 어느 곳에도 하나님의 통치가 인간 안에 내재하는 어떤 것이어서 마음속에서 발견되는 것이라고 한 적이 없다. 그런 강신술적 이해는 예수님과 초대교회 전통에서 다 제외되었다."라고 말한다.(*New Testament Theology: The Proclamation of Jesus* [London: SCM Press, 1971], p. 101). 라이트(N. T. Wright)가 다른 문맥에서 "외적인 것은 나쁘고, 내적인 것은 선하다는 것은, 19세기 종교에 대한 낭만주의 사상을 1세기로 되돌리는 것"이라고 불렀는데, NIV주석은 라이트가 말한 범주에 속한다.(*Jesus and the Victory of God*[Minneapolis : Fortress Press, 1996], p. 290).

26) Johnston, p. 111.

27) p. 209 아래를 참조하라.

28) 존 스토트, 앞의 책, p. 182.

29) 앞의 책, p. 183.

30) 앞의 책.

31) 앞의 책.

32) 앞의 책.

33) 예를 들어, 앤드류 커크(Andrew Kirk)의 *A New World Coming*, pp. 90-92를 보라.

34) 앞의 책, p. 420.

35) 이 회의에 대한 기록을 보려면, Pablo Alberto Deiros가 편집한 *Los evangélicos y el poder político en América Latina* (Buenos Aires/Grand Rapids: Nueva Creación, 1986)을 보라.

36) 휘튼'83은 교회의 선교에 대한 국제회의이다. 이 회의에 약 60개의 나라에서 300명 가량이 참석했다. It was attended by 300 participants from about sixty countries. 인간의 필요에 반응하는 교회에 대한 회의The Consultation on The Church in Response to Human Need는 3개의 방향 중의 하나로 약 100명 정도의 참가자가 있었다.

37) 이 회의에 대한 기록은 Vinay Samuel와 Chris Sugden가 발행한 *The Church in Response to Human Need* (Oxford: Regnum, 1987)에 있다.

38) 앞의 책, p. 260.

39) 앞의 책, p. 254.

40) 앞의 책, p. 255.

41) 앞의 책, p. 256.

42) 앞의 책, p. 259.

43) 앞의 책, p. 260.

44) 앞의 책, p. 262.

45) 앞의 책, p. 263.

46) 앞의 책, p. 264.

47) 앞의 책, p. 265.

48) Bosch, 앞의 책, p. 407.

49) 1977-1987년 동안 열린 로잔 회의(존 스토트의 앞의 책, 2장, 3장[pp. 57-113], 5장[pp. 139-152], 7장[pp. 162-210]을 보라)와 1984-1988년 동안 열린 로잔 회의(존 스토트의 앞의 책, 8장, pp. 217-224를 보라) 사이의 통찰에 대한 질적인 깊은 차이점은 그 보고서를 읽으면 쉽게 드러난다.

50) 존 스토트, 앞의 책, pp. 225-248.

51) 앞의 책, p. 236.

52) 특히 선언 8, 9, 16과 그리고 2, 4, 7단락을 보라.

53) *CLADE III: Tercer Congreso Latinoamericano de Evangelización, Quito 1992*

(México City :FTL) is a book of 867 page.

54) "총체적 선교에 대한 미가 선언", *Justice, Mercy and Humility: Integral Mission and the Poor*, ed. Tim Chester (Carlisle, Cumbria: Paternoster Press, 2002), p. 19.

55) 기독교 선교의 이론과 실천 둘 다에 영향을 준 이들 가정과 방법에 대한 아주 훌륭한 해설을 보려면, 데이비드 보쉬(David J. Bosch)의 앞의 책 10장 pp. 349-362을 보라.

56) 1999년에 설립된 미가 네트워크는, 500명 이상의 기독교 구제, 개발과 정의 조직, 교회와 개인의 전세계적 운동으로 성장했다. 여기에는 80개가 넘는 나라에서 330명 이상의 활동 회원과 230명 정도의 준회원이 포함된다. 미가 네트워크의 일차적 목적은 총체적 선교의 실천을 격려하는 것이다. 미가 네트워크라는 이름은 하나님께서 그의 백성에게 원하시는 것, 즉 "오직 정의를 행하며 인자를 사랑하며 겸손하게 네 하나님과 함께 행하는 것"(미6:8)이라고 한 본문에서 따온 것이다.

57) William R. Read, Victor M. Monterroso, and Harmon A. Johnson, *Latin American Church Growth* (Grand Rapids, Michigan: Eerdmans, 1969), p. 385.

58) Virginia Garrard-Burnett and David Stoll, eds., *Rethinking Protestantism in Latin America* (Philadelphia: Temple University Press, 1993), p. 1.

59) David Stoll, *Is latin America Turning Protestant? the Politics of Evangelical Growth* (Berkeley & Los Angeles: University of California Press, 1990), p. 315.

60) 이 문제에 대한 더 자세한 분석을 보려면, 르네 빠딜라, *Global Poverty and Integral Mission* (Oxford: CMS Crowther Centre, 2009)을 보라.

61) "1969년, 세계 인구의 20%에 해당하는 부자들의 수입이 극빈자 20%의 수입보다 30배 이상이었다. 1990년까지 그 차이는 두 배가 되어 20%의 부자들의 수입이 극빈자 20%의 수입보다 60배가 높았다. 이제 그 차이는 83배다."(Bob Goudzwaad, mark Vander Vennen, David van Heemst, *Hope in Troubled Times: A New View for Confronting Global Crises* [Grand Rapids, Michigan : Baker Academy, 2007], p. 20).

62) *Power and Poverty* (InterVarsity Press, 2008).

63) 르네 빠딜라, "세계 생태학과 빈곤", *Creation in Crisis: Christian Perspectives on Sustainability*, ed. Robert S. White (London: SPCK, 2009), pp. 175-191

64) "하늘이 무너지는가?" *Christians, the Care of Creation, and Global Climate Change*, ed. Lindy Scott (Eugene, Oregon: Pickwick Publications, 2008), p.22

65) 존 스토트, 앞의 책, pp. 33-34

66) 이 문서는 Micha Network 웹페이지 www.micahnetwork.org를 통해 이용할 수 있다.

67) 마24:21; 요1:9,10; 17:5,24; 행17:24; 롬1:20; 고전4:9; 8:4; 엡1:4; 빌2:15; 히4:3; 9:26을 보라.

68) 신약성경에서는 기독교의 희망인 종말론적 세상을 지칭할 때는 cosmos를 사용한 적이 없는데, 이는 주목할 만한 사실이다. 종말론적 세상을 지칭하는 용어로는 다른 것이 사용되었다.

69) 마4:8; 요8:23; 12:25; 16:33; 18:30; 고전7:31; 요일3:17; 딤전6:7을 보라.

70) 마5:14; 13:38; 18:7; 고전1:27,28; 3:22; 벧전2:5; 3:6; 히11:7,38을 보라

71) 요한과 바울의 저술에서 cosmos가 이러한 의미로 사용된 본문들이 많이 발견된다. 이 용어가 이러한 의미로 사용된 것은 신약성경에서만 독특하게 나타난다.

72) Vincent Taylor, *Forgiveness and Reconciliation: A Study in New Testament Theology*(London: Macmillan, 1941), p. 273.

73) 이러한 입장은 오스카 쿨만에 의하여 확인된다. 쿨만은 "그리스도의 주권 아래 있는 사람들과 교회 구성원들의 근본적 차이는, 전자는 자신들이 그리스도의 주권에 속해 있음을 모르고 있으나 후자는 그들의 소속을 분명히 알고 있다는 점이다"고 하였다(*The Christology of the New Testament*, trans. Shirley C. Guthrie and Charles A. M. Hall [1955: Philadelphia: Westminster Press, 1963],p. 231).

74) Künneth, *The Theology of the Resurrection*, trans. James W. Leitch(1965; St. Louis: Concordia, 1966), pp. 161-2.

75) "나는 생각한다, 고로 나는 존재한다"는 데카르트의 공리는 인간이 정신만이 아니라 정신과 육체를 가지고 이 세상 안에 살며 행동하는 존재라는 사실을 전혀 고려하지 못한 것이었다. 또한, 현실에 대한 주관적이며 객관적 측면들이 지식과 불가분리의 관계에 있음도 파악하지 못한 것이다. 이러한 공리의 잘못된 관념을 벗어나지 못하는 사람들은 현실을 두 차원으로 분리하는 경향이 있다. 즉, 주관적 상층 차원(감정과 종교 등)과 객관적 하층 차원(사실과 과학 등)이 그것이다. 사실상 이와 같은 이원론적 현실 인식이 과학, 철학 및 신학 분야를 포함한 현대인의 사고 틀 속에 깊숙이 자리 잡고 있다.

76) Blaikie, *Secular Christianity and the God Who Acts*(Grand Rapids: Eerdmans, 1970)를 보라.

77) David O. Moberg, *The Great Reversal: Evangelism versus Social Concern*(Philadelphia: Lippincott, 1972), p. 42를 보라.

78) 자끄 엘륄(Jacques Ellul), *The Technological Society*, trans. John Wilkinson(1945; New York: Random House~Vintage, 1970)을 보라.

79) Skinner, *Beyond Freedom and Dignity*(New York: Knopf, 1971)를 보라.

80) 이 점에 관하여는 Gustavo Gutiérrez, *Thologia de la liberacion*(Lima: Editorial Universitaria, 1973), p. 132를 보라

81) Joachim Jeremias, *The Central Message of the New Testament*(New York: Charles Scribner's Sons, 1965)

82) Peter Taylor Forsyth, *The Church and the Sacraments*(London: Independent Press, 1947), p.18

83) Ed. Note, The reference is to "Evangelism and Man's Search for Freedom, Justice, and Fulfillment," by Samuel Escobar. 이 논문은 *Let the Earth Hear*

His Voice, pp. 307-18.에 있다.

84) 자끄 엘륄, 『머리둘 곳 없던 예수-대도시의 성서적 의미』(대장간 역간, 2012)

85) 19세기 초에는 인구가 100만 명이 되는 도시가 하나도 없었는데, 1945년에는 30개, 1955년에는 60개의 도시가 인구 100만 명이 넘는 도시가 되었다. 몇몇 도시들은 엄청난 속도로 계속 성장하고 있다. 예를 들면, 상 파울로는 1970년대 동안에 매년 50만 명씩 증가하였다. 20세기 말이 되면 멕시코시티의 인구가 3,000만 명을 넘어설 것으로 추정되고 있다.

86) 저개발국가에서조차 도시들에서는 '소비 사회'라는 표현이 적용될 수 있음을 잘 지적해준 것으로는 Juan Luis Segundo, *The Hidden Motives of Pastoral Action : Latin American Reflections*, trans. John Drury(1972; Maryknoll, N. Y.: Orbis Books, 1978)가 있다. 그는 도시사회 안에서 발견되는 '소비 사회'와 산업화가 그 정점에 이른 나라들에서 발견되는 '풍요로운 사회'를 구분하고 있다.

87) 이 주제는 R. H. Tawney in *The Acquisitive Society*(New York: Harcourt, Brace and World, 1948), pp. 8~19, 52~83에서 자세하게 논의되었다.

88) Tawney, pp. 37~39.

89) 자끄 엘륄, *The Technological Society*, trans. John Wilkinson(1954; New York: Vintage Books, 1964), pp. 406-7.

90) "만일 가장 중요한 경제원리가 더 많은 재화를 생산해 내는 것이라면 소비자로 하여금 더욱 더 많은 것을 원하도록, 즉 소비하도록 해야 한다. 산업은 더욱 많은 상품을 소유하려는 소유자들의 자발적 욕망에만 의존할 수 없다. 생산자는 이전 상품들이 훨씬 오랫동안 사용할 수 있음에도, 새 상품을 소유하도록 교묘하게 조작하여 강요한다. 생산품의 모양, 의복, 내구재 및 음식조차도 모양을 바꿈으로써, 사람들로 하여금 실제로 필요한 것보다 더 많이 구매하도록 심리를 자극한다. 산업은 점차 생산을 증가시켜야 할 자체의 필요로 인하여 소비자의 필요나 욕구에 의존하기보다는 상당 부분 광고에 의존한다. 광고란 소비자의 입장에서 자신이 무엇을 필요로 하는지 정확하게 알 권리를 침해하는 가장 심각한 도전이 되고 있다"(에리히 프롬, 『희망의 혁명』, 이극찬 역 〔현대사상사, 1986〕).

91) 현재 전세계 인구의 65%가 기아로 고통 받는다고 추정된다. 기아 지역은 부유한 나라들에 의해 경제적으로 착취 당하는 저개발 국가들이다. 이 문제에 관한 더 자세한 내용으로는, Reginald H. Fuller and Brian K. Rice, *Christianity and the Affluent Society*(Grand Rapids: William B. Eerdmans, 1966). 특히 9장, "Starvation by 1980," pp. 150~166을 보라. 1974년 미국 보수침례교단 총회(Conservative Baptist Association of America Convention)에서 행한 미 상원의원 Mark Hatfield가 한 말은 주목할 만하다. "미국인으로서 우리는 우리가 풍요하게 소비하고 남는 것으로 세계의 기아 문제를 도와줄 수 있을 것이라고 가정해서는 안 됩니다. 우리가 소비하고 남는 것으로는 돕기에 충분하지 않습니다. 오히려 이 세계의 전체 부유한 나라들이 양도할 수 없는 것으로 생각해 왔던 자원들을 서로 공유함으로써만 세계의 기아 문제가 해결될 수 있을 것입니다. 그와 같이 공유하는 데에는 부유한 나라들 안에서는 한 번도 의문이 제기되지 않았던 가치들이나 식사습

관들을 바꾸는 것이 포함됩니다"(Eternity, November 1974, p. 38).

92) 기아 방지를 위해 부유한 나라에 도움을 요청하는 것이 얼마나 어려운지는 국제연
합무역개발회의(United Nations Conference on Trade and Development)의 모
임에 의해 충분히 보여주었다. 그러나 아직 문제를 해결하기 위한 구체적 방안을 만
들어내진 못했다.

93) Castro, *El libro negro del hambre* (Buenos Aires: EUDEBA, 1971), p.88

94) Castro, p.69.

95) 많은 신약 학자가(Berkhof, Caird, Barth 및 Whitely 등) 바울의 마귀론을 다루었
으며, 그것이 사회윤리와 연관이 있음을 언급하고 있다. John H. Yoder, 『예수의
정치학』(IVP 역간)을 보라.

96) *Stoicheia tou cosmou*의 번역으로는 AV의 번역 "세계의 기초(rudiments of the
world)"보다는 RSV의 번역 "우주의 기초적인 영들(The elemental spirits of the
universe)"이 더 좋은 번역이다. 이 점에 관하여 좀 더 알기 원하면, 나의 글 "*La
demonología dé Colosenses,*" *Diálogo teológico* (October 1973), pp.37ff을 보라.

97) George Eldon Ladd, *The Presence of the Future: The Eschatology of Biblical
Realism*(1964:Grand Rapids : William B. Eerdmans, 1974), pp. 118, 119,
149~154를 보라.

98) Reicke, "The Law and This World." *Journal of Biblical Literature 70* (1951) :
259~276.

99) NEB는 "속성상 신이 아닌 존재들"로 번역한다.

100) Barrett, *The First Epistle to the Corinthians*, Black's New Testament
Commentaries(London: Adam and Charles Black, 1971).

101) Hunter, *Interpreting Paul's Gospel*(London : SCM Press, 1955), p. 75, n. 1.

102) Segundo, p.87.

103) Segundo, p.88.

104) 앞서 이 본문에 인용된 글은 다음과 같다. "예를 들어, 비록 교회 성장의 수적이고
영적인 측면 둘 다에 대한 조심스러운 연구가 옳고 가치가 있는데도, 우리는 때때로
그에 대한 연구를 소홀히 한다." 교회 성장에 대한 연구를 소홀히 한다면, "사고와
행동의 세속화를 이겨낼 수 없다, 즉 세속주의에 대해 항복한다"는 한 예로 여겨질
수 있다. 그러나 이런 사실을 알기란 어렵다. 교회의 세속화에 대한 자료들, 청중을
조작하고, 통계에 지나치게 몰두된 모습이어서 이는 "수적, 영적인 교회 성장에 관
한 연구를 하지 못하도록 방해한다고 하는데, 이는 분명히 논리적 주장이라기보다
는 기초위원회에 의거한 압력단체들의 주장과 더 일치한다.

105) Segundo, p.67.

106) King, *Strength to Love*(London: Collins, 1974), p. 22.

107) Button, *The comfortable Pew*(Philadelphia: Lippincott, 1965), p. 80.

108) 누가복음과 요한복음에는 *euangelion*이 명사형으로 사용되지 않았다. 마태복음
에서는 4회, 마가복음에서는 8회, 바울 서신서들에서는 16회, 베드로전서에는 1회,
계시록에서 1회 사용되었다. 동사형 *euangelizomai*는 마태복음에 1회, 누가복음

10회, 사도행전에서 15회, 바울 서신서에서 21회, 히브리서에서 1회, 베드로전서에서 3회, 그리고 요한계시록에서 2회 사용되었다.

109) 같은 문맥에서, 20, 21, 25절에서 "소식"으로 번역된 말씀은, 22절(삼하4:10 참조)에서 "이 소식으로 말미암는 상"으로 번역되었다.

110) 이사야서의 여러 본문들(특히 40:9; 41:27; 52:7 및 61:1)이 메시아 대망과 관련하여 랍비 문학에서 중요한 역할을 하였다. 해방의 복된 소식을 가져오는 자는 메시아 혹은 예언자 엘리야 혹은 익명의 사자로 언급된다. 그의 메시지는 이스라엘뿐만 아니라 이방인도 위한 것이며, 그 내용은 메시아적 회복 혹은 구원과 관련 있다.

111) Friedrich, "Euangelion" in *Theological Dictionary of the New Testament*, edited by Gerhard Kittel and Gerhard Friedrich, Translated by Geoffrey W. Bromiley(Grand Rapids: William B. Eerdmans, 1964~1976), 2: 724.

112) Friedrich, 2: 706.

113) Ladd, *The Presence of the Future: The Eschatology of Biblical Realism*(1964; Grand Rapids: William B. Eerdmans, 1974), p. 139. Italics his.

114) 복음에 대한 바울의 요약(고전15:1~3; 딤후2:8)은 구약성경이 신약 메시지의 하부 구조로서 중요함을 보여준다. 로마서1:1~4에서 예수님의 죽음에 대해 침묵하는 것이나 고린도전서15:1~3에서 성육신을 언급하지 않은 사실은 복음 전체를 한 부분에서 요약하여 제시하려 했다고 볼 수 없게 만든다.

115) Cullmann, *The Christology of the New Testament*, Rev. ed., translated by Shirley C. Guthrie and Charles A.M. Hall(1955; Philadelphia: Westminster Press, 1963), pp. 203~233.

116) Ladd, pp. 114~121을 보라.

117) 갈라디아서 1장은 복음 전파(8,11절)가 그리스도의 전파(16절) 및 믿음을 전파함(23절)과 동일한 것임을 보여준다.

118) Origen, *Commentary on Matthew*, bk. 14, sect. 7.

119) 마태복음 19:29의 "내 이름을 위하여"가 누가복음 18:29에서는 "하나님나라를 위하여"로 대치되었다.

120) Green, *Evangelism in the Early Church*(London: Hodder & Stoughton, 1973), pp. 60, 61.

121) 신약성경에서 언급된 구약의 예언들은 다음과 같다. 이사야 53장(행3:18; 4:27; 8:32~35; 눅22:37; 막15:28); 시편2:7(행13:33; 히1:5; 5:5; 롬1:4); 시편16:10(행2:24~31; 13:34~37); 시편69:9(롬15:3,4).

122) Ridderbos, *Paul and Jesus: Origin and General Character of Paul's Preaching of Christ*, translated by David H. Freeman(Philadelphia: Presbyterian and Reformed Publishing Co., 1958), p. 31.

123) "그리스도께서 우리 죄 때문에 죽으셨다"는 말씀 뒤에는 "우리의 죄 때문에 넘겨준"(사53:12, 70인역) 고난 받는 종의 모습이 놓여있다. Santos Sabergal은 주장하기를, "그리스도론적 고백의 바울신학적 맥락은 그리스도에 대한 충성을 강조하는 반면, 마치 바울신학의 '~을 위한(휘페르) 공식'이 유지되는 것처럼, 우리의 죄를

위한 구성은 위 이사야서의 고통당하는 종 야훼의 메시아적 형상과 매우 관련 있다.”*(Christos: Investingación exegética sobre la cristología joanina*[Barcelona: Editorial herder, 1972], p.146). 이사야 53장은 또한 예수께서 그의 생명을 “많은 사람을 위한 대속물”(사53:10참조)로 주는 것이 그의 사명이라고 정의한(막10:45) 근거가 되며, 또 초기의 설교에서(예를 들어, 행8:32이하) 예수에 대한 특성을 묘사하는 근거가 된다(사53:10 참조). 다른 문맥에서는 예수의 죽음을 “나무에 매달아 죽였으며”(행5:30, 10:39, 13:29; 갈3:10; 신21:22 이하 참조), 화목제물(롬3:25)이시고, 스스로 우리의 죄의 결과를 짊어지는 수단(고후5:21) 되신다고 묘사한다. 레온 모리스Leon Morris는 “중심되신 그리스도를 주제로 하는 풍부한 신약의 가르침의 목적과 몇 번이고 십자가를 바라보는 특별한 방법을 이해하는 데 열쇠가 되는 것은, 그리스도께서 우리를 대신하셨다는 사실을 아는 것이다. … 지불해야 할 대가가 있었는가? 그는 지불하셨다. 이겨내야 할 승리가 있었는가? 그는 이기셨다. 감당해야 할 형벌이 있었는가? 그는 감당했다. 직면해야 할 심판이 있었는가? 그는 직면했다. 신약성경이 증거하는 것은 인간의 곤경을 보시고, 그리스도께서 인간이 있어야 할 자리에 오셔서, 인간이 감당해야 할 모든 요구를 완성하셨다.”(Leon Morris, *The Cross in the New Testament*[Grand Rapids: Eerdmans, 1965], pp.405-6).

124) 이 동사의 시제(*estaurōmenos*, "curcified")가 나타내는 것은, 십자가에 대한 과거의 역사적 사건을 강조하기 위한 것이 아니라, 높으신 주님의 현재 상태를 강조하기 위한 것이다(계5:6참조).

125) 마태복음 11:4-5과 12:28을 보면, 예수님의 사역에서 치유는 분명히 하나님나라가 임하는 표적으로 해석되었다. 그러므로 치유를 보면서 영원한 나라의 불멸이 예상된다(마25:34, 46참조). 가끔 sozein(구원하다)는 동사가 육체적 치유와 관련되어 사용된다고 하는데, 그것은 우리의 주제와 상관없다.(막5:34과 10:52; 눅17:9을 보라).

126) 복음 안에서 만들어진 하나님의 아버지됨과 하나님나라 사이의 관계는, 그가 다스리는 축복에 참여하려면, 하나님과의 개인적 관계가 얼마나 중요한가를 보여준다. “하나님나라에 있으려면, 하나님나라의 복음을 받아들이고, 구원을 경험해야 한다.”(Ladd, p.203).

127) 바울의 가르침에서 의롭다하심의 법적인 의미의 중요성에 관해선, 모리스Morris의 pp. 240-47을 보라.

128) Green, "Methods and Strategy in the Evangelism of the Early Church" (제1차 로잔회의에서 발표된 논문), p.3.

129) 예수님께서는 자신의 삶을 제자들에게 삶의 모범으로 제시하셨다. 이것은 마가복음 10:45 및 요한복음 13:15의 말씀에서 분명하게 볼 수 있다. 고후8:9, 빌2:5, 갈6:2 참조.

130) William Sanday와 Arthur C. Headlam이 지적한 대로, “이 구절(롬14:17)은 하나님나라 안에서의 인간의 삶을 그리고 있다. 여기에 사용된 용어들은 그리스도인과 하나님과의 관계가 아니라 다른 사람들과 관련한 그리스도인의 삶을 의미한다. ‘의’ 는 하나님과 인간의 관계를 지칭하는 전문용어가 아니라 ‘옳음’ 혹은 ‘정의로운 거래’ 를 의미한다. ‘평화’ 는 다른 사람들 사이에서의 평화로서 이것이 그리스도

인의 특징이 되어야 한다. '기쁨'은 공동체 안에 성령께서 내주하심으로 말미암아 오는 기쁨이다"(The Epistle to the Romans, 5th ed., *International Critical Commentary series*(Edinburgh: T. & T. Clark, 1902), p. 392.

131) 제임스 패커, 『복음전도란 무엇인가』, 조계광 역 (생명의 말씀사. 2012).

132) Ladd는 다음과 같이 말하였다. "회개는 하나님께서 미래에 어떤 일을 행하실 것이기 때문에 요청되어진 것이 아니다. 하나님께서 '지금' 행동하고 계신다는 사실 때문에 회개의 요청이 중요한 것이다. 사실상 우리는 회개에의 부르심 자체가 하나님 나라의 행동이라고 말할 수 있을 것이다."

133) Morris, p. 261.

134) Forsyth, *The Principle of Authority in Relation to Certainty, Sanctity and Society*(London: Independent Press, 1952), p. 13.

135) Minear, *Eyes of Faith*(London : Lutterworth Press, 1948), p. 181을 보라.

136) Arthur F. Holmes, *Faith Seeks Understanding: A Christian Approach to Knowledge*(Grand Rapids: William B. Eerdmans, 1971). p. 135.

137) 전통의 문제를 '교회 안의 세속화'의 형태로 이해한 것으로는 F. F. Bruce, *Traditions Old and New*(Exeter: Paternoster Press, 1970), pp. 163~174를 보라. 그러나 우리는 교단이 발전하는 데 있어서는 신학적 요소보다는 인종이나 사회, 경제 및 문화적 요인들이 우선한다는 Richard Niebuhr의 주장에 귀 기울여야 할 것이다(*The Social Sources of Denominationalism*(Hamden, Conn.: Shoe String Press, 1954))을 보라.

138) Smart, *The Strange Silence of the Bible in the Church : A Study in Hermeneutics*(London : SCM Press, 1970), pp. 53,54.

139) 주석에 있어서 과학적 방법론조차도 해석자의 문화적 배경에 의해 영향을 받기 마련이다. 예를 들어, 헬라어의 중간태는 서반아어로 직접 번역이 가능하나 영어에서는 힘든 것과 같은 경우다.

140) Rubingh, "The African Shape of the Gospel," HIS 33(October 1972): 9ff. "원시적 견해"라는 용어는 John V. Taylor, *The Primal Vision: christian Presence amid African Religion*(Philadelphia: Fortress Press, 1963)에서 빌려온 것이다. 여기에서 그는 아프리카 사람들은 우주와 인간은 하나의 전체를 형성하며 그 조화는 어떠한 대가를 치루더라도 지켜져야 하는 것으로 믿고 있음을 설명하고 있다.

141) 이 문제에 관해서는, Robert J. Blaikie, *Secular Christianity and the God Who Acts*(London: Hodder & Stoughton, 1970)를 보라.

142) Arthur Holmes, *Faith Seeks Understanding* (Grand Rapids: Eerdmans, 1971), pp. 125~131의 인격적 지식의 속성에 관해 논의한 내용에서 가져온 것이다.

143) Pierce Beaver의 논문 "The Missionary Image Today,"(*Mission in the 70's*, ed. John T. Boberg and James A. Scherer[Chicago: Chicago Cluster of Theological Schools, 1972], p. 47.)에 대한 아너Ahner의 답변.

144) Nida, Message and Mission: *The Communication of the Christian Faith*(New York: Harper, 1960), pp. 171~188을 보라. David J, Hesselgrave는

모든 메시지가 부호화되고 해석되는 문화의 일곱 가지 측면을 다음과 같이 지적하
였다. 즉, 세계관, 인식과정, 언어형식, 행동양식, 의사전달 수단, 사회구조 및 동기
들이다("Dimensions of Crosscultural Communication," *Practical
Anthropology*, January~February 1972, pp. 1ff).

145) 이 점에 관하여는 Charles Kraft, "Ideological Factors in Intercultural
Communication," *Missiology: An International Review*, 2(July 1974).
295~312를 보라.

146) Jacob A. Loewen은 메시지가 현실과 연관 있는 것이 되려면 그것이 문화 안의 특
별한 필요들에 대해 직접적으로 언급하는 것이어야 함을 인정하고 있으나, "진정으
로 연관 있는 메시지는 직접적 필요뿐만 아니라 많은 기본적 문제들에 대하여 언급
하는 것이어야 한다. 하나님께로부터 오는 진정한 메시지로서의 복음은 인간과 사
회 모두의 새롭게 갱신된 존재 이유를 제공해 주어야 할 것이다"고 지적하였는데,
옳은 관점이다("The Church: Indigenous and Ecumenical." *Practical
Anthropology*, November–December 1964, p. 244).

147) Hesselgrave, p.1.

148) Lamberto Schuurman, *El Cristiano, la Iglesia y la revolucion*(Buenos Aires:
Editorial La Aurora, 1970), p. 87.

149) Miguez Bonino, intro. in Rubem Alves, *A Theology of Human Hope*
(Washington, D. C.: Corpus Books, 1969), p. 1.

150) 내가 처음 이 글을 쓴 이래로, 라틴아메리카에는, 특히 브라질에, 로마 가톨릭 단체
들의 놀라운 신학적 폭발적인 증가가 있었다. 라틴아메리카 해방 신학자들은 기독
교 민중 단체들의 평범한 사람들에게 강한 영향력을 끼쳤다. 그러한 증가는 오늘날
의 로마 가톨릭 안에서 가장 의미 있는 발전 중의 하나이다. 그에 반해서, 세계에서
이 지역의 보수적 복음주의는 대부분 "수입된 신학"에 계속해서 의존한다. 스페인
어나 포르투갈어로 출판된 복음주의 책자들 가운데 라틴아메리카 저자에 의해 쓰인
출판물은 3프로에도 미치지 못한다.

151) Shenk, "Theology and the Missionary Task," *Missiology: An International
Review* 1(July 1973): 296.

152) 선교사 운동과 서구 '권력' 사이의 강한 유대는 이러한 연구의 한계를 넘어선다.
여기서는, 선교가 너무 자주 그들의 경제 권력을 사용하여 신학적 교육과 문서에,
결국 신학에 영향을 준다고 말하는 것으로 충분하다. 결정적 문제가 선교사나 설상
가상으로 선교 실무진의 손에 있는 한, 주류 사회의 교회가 진정한 토착 교회로 발
전할 기회는 없다. 그들의 필요는 계속해서 그들 상황의 외부에서 밝혀질 것이고,
선교사들의 사역은 계속해서 사업단체처럼 활동할 것이다. 확실히 신학적 문제는
권력의 문제와 분리될 수 없다.
선교와 서구의 식민지 지배 사이의 관계에 대하여는, Jacob Loewen's essay
"Evangelism and Culture," in *The New Face of Evangelicalism*, ed. C. Rene
Padilla(London : Hodder & Stoughton, 1976)를 보라. 또한 Orlando E. Costas,
"Captivity and Liberation in the Modern Missionary Movement," in *Christ*

Outside the Gate : Mission Beyond Christendom(Maryknoll, N. Y.: Orbis Books, 1982), pp. 58~70을 보라.

153) 서구의 선교사들이 전세계로 가지고 나간 신학적 방법론은 분명하게 헬라철학의 문화적 영향을 반영하고 있다. 즉, 히브리 전통과 밀접하게 연관 있는 기독교신앙의 구조를 제대로 전달해주지 못했음이 사실이다. 헬라철학의 요소들은 교회 역사 초기에 서구 기독교 신학에 들어왔는데, 예를 들면 영혼 불멸에 관련한 사상 등이었다(이 점에 관하여는 Oscar Cullmann, *Immortality of the Soul or Resurrection of the Dead: The Witness of the New Testament*(London: Epworth Press, 1958)를 보라).
현대 서구의 철학적 전통으로부터 신학과 선교에 들어온 영향으로는 합리주의적 인식론, 개인주의, 유물주의 및 현실을 지나치게 협의적으로 파악하는 것 등이다.

154) Sosa, "Some Considerations on the Theological Positions of Evangelicals in Latin America," *pensamiento Cristiano* 8(March 1961): 232-41. 이 글에서 발견할 수 있는 복음전도와 신학 사이의 똑같은 단절은, 라틴아메리카의 교회들이 직면한 "중요한 문제들"은 "복음에 대한 효과적인 의사소통"과 관계있다는 의견을 강조한다. "유럽과 북아메리카의 세속화된 기독교에 관한 신학적 강조"(William R. Read, Victor M. Monterroso, and Harmon A. Johnson, *Latin American Church Growth*, (Grand Rapids: Eerdmans, 1969), p.351)와 관계된 것이 아니다. 그러한 의견이 라틴아메리카에서 나온 복음전파의 신학적 연구가 아니라 대신 북아메리카 선교학의 실용적 연구라는 것은 역설이다.

155) 수년간의 선교사역의 결과 아프리카 기독교가 서구적 특징을 갖게 된 사실에 관하여는 Dean S. Gilliland, "The Indigenous Concept in Africa," *Missiology: An International Review* 1(July 1973) 343~356을 보라.

156) 이 점에 관하여는 Charles Denton, "The Protestant Mentality: A Sociological Approach," *Practical Anthropology*, May~June 1964, pp. 105이하를 보라. 같은 현상은 사무엘 루즈 가르시아(Samuel Ruiz García)가 "The Incarnation of the Church in Indigenous Cultures"(*Missiology: An International Review* 1(July 1973):21-7에서 지적한 것처럼, 라틴아메리카 가운데에서 발견된다. 루즈 가르시아는 "속에는 이방인을 채워넣은 기독교적 틀로 만든 샌드위치 종교는, 문화적 환경에서 사람들의 진정한 근심과 문제에 복음의 메시지를 나타내는데 실패한 선교사의 사역의 결과다"(p.21)라고 진술했다.

157) 상황화(contextualization)와 혼합주의(syncretism) 사이의 차이에 관해서는 Nida, pp. 185-6를 보라.

158) Kraft, "Ideological Factors in Intercultural Communication," *Missiology: An International Review* 2(July 1974): 304를 보라.

159) Bürki, "The Gospel and Human Culture," in *The Gospel Today*(London: IFES, 1975)를 보라.

160) Kraft, "Dynamic Equivalence Churches," *Missiology: An International Review* 1(July 1973):39~57을 보라.

161) *The Smalkald Articles*에서 루터(Luther)는 "우리가 사단을 주와 신으로 경배하지 않는 것처럼, 사단의 사도인 교황과 적그리스도를 정부의 머리 혹은 주인으로 받아들일 수 없다. 왜냐하면, 이미 몇몇 책(*Obras de Martin Lutero*[Buenos Aires: Edition Paidós 1971], 5:176)에서 보여준 것처럼, 교황의 정부는 영혼과 육체를 영원히 왜곡하는 거짓과 살인으로 이루어졌다"라고 말한다. 조지 밀리건(George Milligan)의 견해에 의하면, "몇몇 훌륭한 예외를 제외하고는, '교황 또는 교황 정치를 적그리스도'와 동일시하는 것은, 2세기 동안 개신교 해석학자들의 지배적 관점이었다고 전해진다."(*St. Paul's Epistles in the Thessalonians*[1908: reprint, Grand Rapids: Eerdmans, 152], p.169).

162) 적그리스도라는 말은 오직 요한 서신서에만 사용되었다(5번). 그러나 그 개념은 분명히 다른 서신서에도 마찬가지로 나타난다.

163) R. A. Cole, *The Gospel according to St. Mark: An Introduction and Commentary*(London: Tyndale Press, 1961), p.202를 보라.

164) 명사 '가증한 것(to bdelugma)'은 중성 명사였는데, 남성 분사로 수정된다(est ēkota).

165) Geerhardus Vos, *The Pauline Eschatology*(Grand Rapids: William B. Eerdmans, 1961), p. 118.

166) 레온 모리스(Leon Morris)가 다음과 같이 진술한 것은 옳다. "교회의 메시지가 한 가닥 종말론적으로 보이는 것이 훨씬 낫다. 그것은 특히 마지막을 고대하는 열정을 잘 표현한다."(*Apocalyptic* [Grand Rapids: Eerdmans, 1972], p.86) 그러나 그의 말이 진리라고 인정한다면, 현재와 밀접하게 연관된 예수님의 사역에 대한 종말론적 가치를 반드시 회복해야 한다. 예수님께서는 과거와 미래를 동시대적으로 보신다.

167) 본 논의의 목적상 우리는 '현대화'에 대한 다음과 같은 정의를 받아들인다. "현대화란 기술 수단에 의해 경제 변혁에 뿌리를 두는 제도들의 확산 또는 성장이다"(Peter Berger Brigitte Berger, Hanifried Kellner, *The Homeless Mind*(New York: Vintage Books, 1973), p. 9.

168) *The Homeless Mind*, p.9를 보라.

169) 레이몬 아론(Raymond Aron), *La Era Tecnológica*(Montevideo: Editorial Alfa, 1968)

170) 마오(Mao)의 죽음 이래로 중국에서 일어나는 일을 아주 잘 설명하는 것은, 오늘날 발생하는 '컨버전스 시스템'이다. 이것은 이념적 차원에서 자본주의 모델과 사회주의 모델 사이의 급진적 차이점을 부정하는 것은 아니다. 그러나 그럼에도, 실제로 두 체제 모두 물질적 가치를 추구하고, 경제적으로 기본적 삶의 기준을 정의한다. Octavio Paz가 멕시코의 상황에 대하여 말한 것은, 라틴아메리카의 다른 많은 나라에도 똑같이 적용할 수 있다. "오늘날 멕시코에서는, '진보'에 대하여 어떤 확신도 없으면서 우리 사회의 흐름의 변화를 보고싶어 하는 별난 사람 몇몇을 제외하고, 도저히 조정할 수 없이 나누어진 극좌 극우 둘 다, 몹시 위험스러운 진보를 향한 숭배에는 똑같이 동의한다."(*El Ogro Filantrópico*[Tobasco, Mexico: Joaquín Mortiz,

1979], p.65).

171) Aron, *La Era Tecnológica*, p.65.

172) 이 책의 2장 "복음전도와 세상"을 보라.

173) 이 책의 3장 "그리스도인이 된다는 의미" p.107 '현대 세계의 구조'를 보라.

174) 세속주의에 의해 지배당하는 사회의 가장 두드러진 특징들 가운데 하나는 이성에 대한 믿음이다. 이러한 관찰을 토대로 우리는 현대사회가 비종교적이 아니라 이성에 대한 믿음에 헌신하고 있다고 말할 수 있을 것이다. Eduard Heimann의 말을 빌리면, "현대 백인 사회의 기본 개념은 이성이다. 이성과 이성에 의해 창조된 과학을 사회 건설의 주축으로 만듦으로써, 현대사회는 이전 시대뿐만 아니라 동시대의 비서구사회와도 구별 되었다. 사실상 동양과 서양, 현대사회의 자유주의자와 평등주의자들 사이를 근본적으로 연결시키는 사회적 삶의 고리는 과학적 이성에 대한 상호 인정이다.: *Reason and Faith in Modern Society* (Middletown, Conn.: Wesleyan University Press, 1961, p. 19.

175) Paz, *El ogro Filantrópico*, p.10.

176) 자끄 엘륄, 『하나님의 정치와 인간의 정치』(대장간 역간, 2012).

177) 이와 같은 이데올로기들이 다른 나라들에서도 활개치고 있다. 미국에 대해 언급하면서 Richard J. Barnet는 다음과 같이 말한다. "국가 안보는 현대의 마력이다. 다른 마력과도 같이, 국가안보라는 말은 절대권력과 신비를 가지고 있다. 국가안보라는 미명하에 그 어떤 것도 공격의 대상이 되며 어떤 위험도 무릅쓰게 되며 또한 어떤 희생도 요구될 수 있다. 집회를 방해하고, 도청을 하고, 의회에서 속임수를 쓰는 그 모든 것이 국가안보라는 이름으로 자행된다"("Challenge to the Myths of National Security," *New York Times Magazine*, 1 April 1979).

178) 뉴비긴(Newbigin), *A Faith for This One World?*(London: SCM Press, 1961), pp.112-13.

179) Neill, *A History of Christian Missions* (Harmondsworth, Middlesex: Penguin Books, 1964), p. 572.

180) David Auletta et al., *Misión nueva en un mundo nuevon*(Buenos Aires: Editorial Guadalupe, 1974), p. 34.

181) 1947년 중국에서는 로마 가톨릭만 3백만으로 추정된다. 거기엔 또한 5,441명의 외국인 선교사들, 2,798명의 중국인 사제, 5,112명의 중국인 수녀들, 257개의 고아원, 29개의 출판사, 20명의 주교, 1명의 추기경이 있었다. 그러나 1966년 이후, 중국에는 겉으로 드러난 로마 가톨릭은 없었다(Auletta, p.27을 보라). 레슬리 라이얼(Leslie T. Lyall)에 의하면, "알바니아와 함께 세계에서 유일한 공산주의 국가가 되어 교회를 지하로 내몰았다는 중국에 대한 좋지 않는 평판이 있다"고 했다(*New Spring in China* [Grand Rapids: Zondervan, 1980], p.178). 그러나 기독교에 대한 모든 핍박이 있었음에도, 중국 도시에도 시골에도 생존자들이 여전히 남아있다.

182) Neill, pp. 564-565.

183) 이 문제에 관해선 이 책의 3장, p.107을 보라.

184) 이것은 정글 속에 있는 사람들에게 복음을 전파하는 것이 중요하지 않다는 의미로

받아들여서는 안 된다. 여기에서 강조하고자 하는 사실은 선교사들이 고립된 소수 무리에게 선교의 관심을 집중하는 한편, 도시에 살고 있는 수백만 명의 사람들에게는 무관심한 불균형을 지적하는 것뿐이다. *Latin American Church Growth*, ed. William R. Read, Victor M. Monterroso, and Harmon A Johnson(Grand Rapids: William B. Eerdmans, 1969), p. 303을 보라.

185) Sheppard, *Built as a City: God and the Urban World Today*(London: Hodder & Stoughton, 1974), p. 16.

186) 도시의 성장에 관해선, 이 책의 3장 p.108을 보라.

187) Boyd, *Christian Encounter*(Edinburgh : Saint Andrews Press, 1961), p. 19.

188) 1976년 1월 1일자로 북아메리카에는 37,221명의 개신교 해외 선교사들이 있었다 (35,969명이 미국에서 왔고, 1,252명이 캐나다에서 왔다) 1920년 이후 선교사들의 수적 증가는 주로 북아메리카 출신 선교사들의 수적 증가 때문이었다(see *Mission handbook: North American Protestant Ministries Overseas*, ed. E. Dayton [Monrovia, CA: MARC, 1976], p.24).

189) 로날드 사이더(Ronald J. Sider), 『가난한 시대를 사는 부유한 그리스도인』 (IVP, 2009).

190) Auletta, p. 87.

191) 1975년 7월 20일자의 "라틴아메리카 방문 보고"라는 제목이 붙어 있는 Hendrik Hart의 편지.

192) Warren, Partnership: *The Study of an Idea*(London: SCM Press, 1956),p. 11.

193) Hatfield, *Eternity 25*(November 1974):38.

194) Solzhenitsyn, "Repentance and Self-Limitation in the Life of the Nations," in *From under the Rubble*(Boston: Little, Brown, 1975), pp. 1005~143.

195) Solzhenitsyn, p. 121.

196) Solzhenitsyn, p. 138. 강조는 그가 한 것임.

197) E. F. Schumacher, *Small Is Beautiful*(London: Abacus, 1975), p. 16.

198) Sabato, *Hombres y engranajes, Obras y Ensayos*(Buenos Aires: Editorial Sudamericana, 1974) p. 269.

199) McGavran, *Understanding Church Growth*(Grand Rapids: William B. Eerdmans, 1970), p. 198.

200) J. B. Lightfoot, quoted by F. F. Bruce in *The Epistle to the Ephesians* (London: Pickering & Inglis, 1961), p. 33.

201) Guthrie, *Galatians*, New Century Bible Commentary(Grand Rapids: William B. Eerdmans, 1973), p.110.

202) Mackay, *God's Order: The Ephesian Letter and the Present Time*(London: Nisbet, 1953), p. 84.

203) 초대교회의 여성의 지위에 관한 간략한 개관으로는 Joachim Jeremias, *New Testament Theology: The Proclamation of Jesus*(London: SCM Press, 1971), pp. 223~227을 보라.

204) Jeremias, *Jesus' Promise to the Nations*(London: SCM Press, 1958)을 보라.

205) E. A. Judge, *The Social Patterns of Christian Groups in the First Century*(London: Tyndale Press, 1960), p. 55을 보라.

206) Wagner, *Our Kind of People: The Ethical Dimensions of Church Growth in America*(Atlanta: John Knox Press, 1979), pp. 10. 122, 123. 만일 유대인과 이방인 모두 와그너가 주장하는 대로 '수많은 동질집단'으로 나누어져 있었다면, 예루살렘교회가 헬라주의자들과 히브리파 사람들 두 부류로만 나뉘어져 있었다고 주장하는 근거는 무엇인가?

207) McGavran, *The Clash between Christianity and Culture*(Washington. D. C.: Canon Press, 1974), p.23.

208) McGravran, *The Bridges of God: A Study in the Strategy of Missions* (London: World Dominion Press, 1955),p. 10.

209) Michael Green, *Evangelism in the Early Church*(Grand Rapids: William B. Eerdmans, 1970), p. 114.

210) McGavran, *The Bridges of God*, p. 24.

211) Filson, *A New Testament History*(London: SCM Press, 1965), p. 124.

212) Wagner, p. 124

213) Schlatter, *The Church in the New Testament Period, trans. Paul P. Levertoff* (London: SPCK, 1961), p. 59.

214) Judge, pp. 52. 58.

215) Manson, "The Problem of the Epistle to the Galatians," in Studies in *the Gospels and Epistles*, ed. Matthew Black(Philadelphia: Westminster Press, 1962), p. 181.

216) Wagner, p. 99.

217) Wagner, p. 132.

218) Bruce, *New Testament History*(Garden City, N. Y.: Doubleday, 1969), p. 288.

219) Bruce, p. 287.

220) 이 점에 관하여는 W. M. Ramsay, *St. Paul the Traveller and the Roman Citizen, 3d ed*(1898: rpt., Grand Rapids: Baker Book, 1960), p. 169를 보라. 우리는 여기서 Wagner 자신도 "로마 영토 내에 있었던 대부분의 회당 공동체들은 그 중심 구성원들이 헬라 지역에 사는 유대인들이었고, 유대교로 개종하고 할례까지 받은 이방인 개종자들과 이방인으로서 유대교 신앙으로 개종하거나 할례를 받지는 않았지만 유대교의 율법을 지켰던 사람들, 즉 하나님을 경외하는 자들로 구성되어 있었음"을 인정하고 있다는 점을 주목할 필요가 있다(Our Kind of People, p. 127). 만일 유대교의 배경 속에서 그러한 형태가 가능했다면, 신약의 교회들이 동질 그룹 단위로 구성되었다는 Wagner의 주장은 말도 안 되는 가정에 근거하고 있으며 따라서 일고의 가치도 없음을 볼 수 있다.

221) Tippett, *Church Growth and the Word of God*(Grand Rapids: William B.

Eerdmans, 1970), p. 34.

222) McGavran, *The Bridges of God*, pp. 27~31.

223) Bruce, pp. 276-277.

224) Bruce, pp. 276-277.

225) 이 점에 관하여는 Jeremias, *Jesus′ Promise to the Nations*, pp. 71-72; 또한 Manson, *Jesus and the Non-Jews* (London: Athalone, 1955)를 보라.

226) Wagner, p. 133을 보라.

227) Bartchy, *First Century Slaves and I Corinthianns*(Missoula, Mont.: University of Montana Press, 1973), p. 182.

228) Manson, "The Corinthian correspondence (I)," in *Studies in the Gospels and the Epistles*, ed. Matthew Black (Philadelphia: Westminster Press, 1962), pp. 190~209.

229) Barrett, *A Commentary on the First Epistle to the Corinthians* (London: Adam & Charles Black, 1971), p. 263.

230) Munck, *Paul and the Salvation of Mankind* (1959; rpt., Atlanta; John Knox Press, 1971), pp. 135~167.

231) Wagner, p. 150을 보라.

232) Bruce, p. 394.

233) Minear, *The Obedience of Faith: The Purpose of Paul in the Epistle to the Romans* (London:SCM Press, 1971)를 보라.

234) Wagner, pp. 130-131을 보라

235) Minear, pp. 16-17.

236) Minear, p. 33.

237) Green, pp. 117-118.

238) Bruce, *Commentary on the Epistle to the Colossians* (London: Marshall, Morgan & Scott, 1957), p. 277.

239) 이 점에 관하여는 Orlando E. Costas, "Church Growth as a Multidimensional Phenomenon," in *Christ Outside the Gate: Mission Beyond Christendom* (Maryknoll, N.Y.: Orbis Books, 1982), pp. 43~57을 보라.

240) McGavran, *Understanding Church Growth*, pp. 198~216를 보라

241) Clowney, "The Missionary Flame of Reformed Theology," in *Theological Perspectives on Church Growth*, ed. Harvie M. Conn(Nutley, N.J.: Presbyterian and Reformed Publishing Co., 1976), p. 145.

242) Wagenr, p. 96.

243) McGavran, *The Clash between Christianity and Culture*, p. 20.

244) Lesslie Newbigin, "What Is A Local Church Truly United?" *The Ecumenical Review 29*(April 1977): 124.

245) Wagner, p. 147.

246) Poulton, *People under Pressure*(London: Lutterworth Press, 1973), p. 112.

247) Martin Hengel, *Property and Riches in the Early Church: Aspects of a Social History of the Early Church* (London: SCM Press, 1974), pp. 12~22을 보라

248) Hengel, p. 26.

249) Santa Ana, *Good News to the Poor: The Challenge of the Poor in the History of the Church* (Maryknoll, N. Y.: Orbis Books, 1979). 가난한 자들을 향한 하나님의 관심에 관하여는 로날드 사이더(Ronald J. Sider), 『가난한 시대를 사는 부유한 그리스도인』 (IVP, 2009)를 보라.

250) *Dictionary of New Testament Theology*, ed. Colin Brown(Exeter: Paternoster Press, 1971), 2: 824~825를 보라.

251) Dussel, "The Kingdom of God and the Poor," *International Review of Mission 68* (April 1979): 124를 보라.

252) 존 하워드 요더, 『예수의 정치학』(IVP 역간)와 Robert Sloan, *The Favorable Year of the Lord: A Study of Jubilee Theology in the Gospel of Luke*(Austin: Scholars Press, 1977을 보라.

253) I. Howard Marshall, *Commentary on Luke*, New International Greek Testament Commentary(Grand Rapids: William B. Eerdmans, 1978), p. 249.

254) Gauthier, *Los pobres, jesús la Iglesia* (Barcelona: Editorial Estela, 1965), p.20.

255) "집단적 인간"이라는 개념은 한 집단의 사람들은 한 개인과 마찬가지로 한 단위와 같으며, 또한 전체 집단은 마치 개인이 전체 그룹의 투영인 것처럼 그 집단의 개개 구성원들로 대표된다고 본다. 이 개념과 그것의 성경 해석에서의 역할에 관하여는 Russell P. Shedd, *Man in Community*(London: Epworth Press, 1958)를 보라. "내 형제들 가운데 지극히 작은 자"에 대한 해석이 마태복음 25:31~46을 해석하는 데 기초가 된다. 예수님께서는 자신이 제자들과 하나됨을 강조하셨다(마10:40~42; 막9:41 참조).

256) R. T. France, *The Gospel of Mark: A Commentary on the Greek Text* (Grand Rapids, Michigan: Rerdmans 2002), p.398,

257) Hengel, p. 32를 보라.

258) Hengel pp. 54~66을 보라.

259) Xenohpon, *Memorabilia*, bk 1, sec 6, line 10.

260) A. D 70년 이전에 랍비들 사이에서 그 공식이 사용되었는지에 관하여는 확실한 자료가 없다. P. Volz와 함께 W.D. Davies 역시 "그 용어 자체가 사용된 것보다 그 용어가 나타내주는 개념은 훨씬 오래 전부터 있어 왔다"고 믿고 있다(The Setting of the Sermon on the Mount[Cambridge: Camgridge University Press, 1964], p. 183). 우리는 예수님께서 최초로 두 시대를 구분하여 지칭하셨을 가능성이 있음도 배제하여서는 안 된다. 막1:30; 눅18:30; 마12:32를 보라.

261) Ladd, *The Presence of the Future: The Eschatology of Biblical Realism*(Grand Rapids, William B. Eerdmans, 1974), p. 93.

262) Cullmann, *Christ and Time*, trans. Floyd V. Flison(London: SCM Press, 1962), pp. 81ff.

263) Ladd, *The Presence of Future*, pp. 318이하를 보라.

264) Ladd, *A Theology of the New Testament*(Grand Rapids: William B. Eerdmans, 1974), p.111.

265) Newbigin, *Sign of the Kingdom*(Grand Rapids: William B. Eerdmans, 1980), p.19.

266) 아서 존스톤, "The Kingdom in Relation to the Church and the World" (paper presented at the Consultation on the Relationship between Evangelism and Social Responsibility, Grand Repids, 19~26 June 1982), p. 28.

267) 존스톤, p. 29; cf. p. 44.

268) 존스톤, p. 17.

269) 이 두 가지 견해들 가운데 존스톤은 전자의 견해를 부정하고 후자를 받아들이고 있다. Joachim Jeremias가 정확하게 지적한 대로, "유대교에서나 신약성경의 어느 부분에서도 하나님의 통치가 인간의 마음에 있는 것으로 가르치는 내용은 전혀 없다. 그와 같은 영적 이해는 예수님이나 초대교회 전통이 받아들인 것이 아니다"(*New Testament Theology: The Proclamation of Jesus*, trans, John Bowden [London: SCM Press, 1971], 1:101.

270) 존스톤, p. 23.

271) Pannenberg, *Theology of the Kingdom of God, ed. Richard John Neuhaus*(Philadelphia : Westminster Press, 1974), p. 91.